国家社会科学基金"十三五"规划2018年度教育学一般课题"以教育信息化推进民族地区城乡义务教育一体化发展的路径与机制研究"（课题批准号：BMA180042）研究成果

教育信息化
促进城乡义务教育一体化
发展研究

安富海◎著

中国社会科学出版社

图书在版编目（CIP）数据

教育信息化促进城乡义务教育一体化发展研究／安富海著 .—北京：中国社会科学出版社，2020.12

ISBN 978-7-5203-7825-3

Ⅰ.①教… Ⅱ.①安… Ⅲ.①义务教育—城乡一体化—发展—研究—中国 Ⅳ.①G522.3

中国版本图书馆 CIP 数据核字（2021）第 021965 号

出 版 人	赵剑英
责任编辑	张　林
特约编辑	周维富
责任校对	冯英爽
责任印制	戴　宽

出　　版	中国社会科学出版社
社　　址	北京鼓楼西大街甲 158 号
邮　　编	100720
网　　址	http：//www.csspw.cn
发 行 部	010-84083685
门 市 部	010-84029450
经　　销	新华书店及其他书店

印刷装订	三河弘翰印务有限公司
版　　次	2020 年 12 月第 1 版
印　　次	2020 年 12 月第 1 次印刷

开　　本	710×1000　1/16
印　　张	21.5
插　　页	2
字　　数	343 千字
定　　价	118.00 元

凡购买中国社会科学出版社图书，如有质量问题请与本社营销中心联系调换
电话：010-84083683
版权所有　侵权必究

前　言

我国是一个由56个民族组成的中华民族多元一体的大家庭，每一个民族都是这个大家庭中不可分割的一部分。一部中国史，就是一部各民族交融汇聚成多元一体的中华民族的历史。各民族之所以团结融合，多元之所以聚为一体，源自各民族文化上的兼收并蓄、经济上的相互依存、情感上的相互亲近，源自中华民族追求团结统一的内生动力。党和国家历来高度重视各民族经济社会的和谐发展，出台了一系列支持和帮助民族地区发展的计划。新中国成立70年来，各民族都获得了前所未有的发展，取得了举世瞩目的成就。但由于历史文化、地理位置等因素，与全国其他地区相比，民族地区经济社会发展还相对滞后且不够协调，地区之间、城乡之间、民族之间的发展存在较大差距。

教育是影响民族地区经济社会整体发展的核心要素。民族地区教育发展关系到民族地区经济社会的可持续发展，关系到整个国家教育事业的健康和谐发展，也关系到中华民族整体素质的提升和建设人力资源强国的全局。可以说，没有民族地区教育的发展就没有民族地区经济的快速发展和人口素质的不断提升，没有民族地区经济的发展和人口素质的提升，我国全面建成小康社会的目标就难以如期达成。2019年，习近平总书记在全国民族团结进步表彰大会上强调指出："要坚持加快少数民族和民族地区发展，不断满足各族群众对美好生活的向往。要搞好民族地区各级各类教育，全面加强国家通用语言文字教育，不断提高各族群众科学文化素质。"从不同阶段教育对人口素养影响的重要性来看，义务教育在民族地区各族群众科学文化素质提升方面的影响最为重要。研究发现，民族地区义务教育经过70年的快速发展，极大地提升了民族地区各族群众的科学文化素质，为民族地区经济社会发展注入了源源不断的智力资源，但还存在发展质量不高、城乡发展不均衡，无法满足民族地区各族群众对优质教育的需求等问题。城乡义务教育发展不均衡是民族地区城乡义务教育发展面临的主要问题，也是民族地区各族群众最关心的教育问题。从当前民族地区城乡义务教育学校发展现状的比较来看，城乡学校办学条件和教师教学投入等方面虽然存在一定差异，但差异不显著。民族地区义务教育城乡学校的差异突出表现在教师资源和课程资源两个方面。也就是说，影响民族地区城乡义务教育一体化发展最核心的要素是教师和课程。然而，民族地区又存在优质师资数量不足且流动困难等问题。

2015年，习近平总书记在给国际教育信息化大会的贺信中指出："要坚持不懈推进教育信息化，努力以信息化为手段扩大优质教育资源覆盖面。通过教育信息化，逐步缩小区域、城乡数字差距，大力促进教育公平，让亿万孩子同在蓝天下共享优质教育、通过知识改变命运。"信息化是我国全面建成小康社会和实现现代化的必然选择。教育信息化是国家信息化的重要组成部分，是构建信息时代现代化国民教育体系、形成学习型社会、促进科技创新和社会和谐的内在要求，具有基础性、战略性、全局性的地位。以教育信息化带动教育现代化是推进我国教育事业改革发展的战略选择，是推动民族地区城乡义务教育一体化发展的战略选择，也是阻断我国民族地区贫困代际传递的必由之路。

教育信息化具有数字化、网络化、智能化和多媒化的特征，它突破时空局限，催生了个性化、定制化的教育新形态，有助于实现教育公平、促进优质教育均衡发展，为优质教育资源共享、智力资源流动、教师教学共同体建设等提供了条件，能够促进民族地区城乡义务教育一体化发展。只有借助信息技术才能引进优质的教师资源和课程资源，最大限度地盘活民族地区的优质教师资源和课程资源，发挥其辐射作用。从当前我国教育信息化促进教育发展的现状来看，无论是政策引导、理论研究，还是实践探索都在积极有序地推进教育信息化促进教育改革发展，并取得了一定的成效。教育信息化促进民族地区城乡义务教育一体化发展，就是要在深入了解民族地区教育发展实际的基础上，充分利用信息化的优势，借鉴教育信息化促进教育发展的成功经验为促进民族地区城乡义务教育一体化发展服务。具体来说，教育信息化促进民族地区城乡义务教育一体化发展是指在遵循民族地区城乡义务教育发展规律的基础上，借助互联网平台，利用传感技术、计算机与智能技术、通信技术和控制技术，实现民族地区城乡义务教育学校优质课程资源共享、教师智力资源流动和城乡教师教学共同体建设的过程。其实质是通过教育信息化引进优质教育资源、改善民族地区义务教育学校资源配置不均衡的现状，进而变革和重塑民族地区整个城乡教育系统，使民族地区义务教育阶段城乡孩子都能享有公平而有质量的教育。

目 录

第一章 绪论 …………………………………………………………（1）
 第一节 研究价值与意义 ……………………………………（1）
 第二节 研究设计 ……………………………………………（3）
 第三节 核心概念 ……………………………………………（8）
 第四节 研究综述 ……………………………………………（12）

第二章 城乡义务教育一体化政策沿革及推进策略 ……………（33）
 第一节 城乡义务教育一体化政策的沿革 …………………（33）
 第二节 城乡义务教育一体化政策实施中存在问题反思 …（45）
 第三节 推进城乡义务教育一体化政策的策略 ……………（48）

第三章 教育信息化促进民族地区城乡义务教育一体化发展的
   理论基础 …………………………………………………（53）
 第一节 系统论及其运用 ……………………………………（53）
 第二节 共同体理论及其运用 ………………………………（55）
 第三节 教育公平理论及运用 ………………………………（58）

第四章 民族地区城乡义务教育发展现状比较研究 ……………（64）
 第一节 民族地区城乡义务教育学校办学条件比较研究 …（64）
 第二节 民族地区城乡义务教育学校教师队伍建设现状
    比较研究 ……………………………………………（74）
 第三节 民族地区城乡义务教育学校教师教学投入现状
    比较研究 ……………………………………………（104）

第四节 民族地区城乡义务教育学校教师课堂教学现状
比较研究 …………………………………………………… (113)

第五章 民族地区城乡义务教育一体化发展的问题及
推进策略研究 …………………………………………………… (128)
第一节 民族地区义务教育名校集团化办学存在的
问题及推进策略 …………………………………………… (128)
第二节 民族地区城乡义务教育教师交流存在的
问题及推进策略 …………………………………………… (140)
第三节 民族地区城乡义务教育区域教研共同体
建设的问题及推进策略 …………………………………… (149)

第六章 教育信息化促进民族地区城乡义务教育一体化发展的
理论研究 …………………………………………………………… (165)
第一节 教育信息化促进民族地区城乡义务教育一体化
发展的路径及机制 ………………………………………… (165)
第二节 信息技术支持的民族地区义务教育学校数字化
课程资源库建设研究 ……………………………………… (180)
第三节 学习空间支持的民族地区城乡义务教育教师智力
流动的路径与机制研究 …………………………………… (190)
第四节 信息技术支持的民族地区城乡义务教育教师教学
共同体建设的路径与机制研究 …………………………… (198)

第七章 教育信息化促进民族地区城乡义务教育学校数字化
课程资源共享的问题及对策研究 ……………………………… (211)
第一节 研究设计 ………………………………………………… (212)
第二节 民族地区城乡义务教育学校数字化课程资源
共享的现状 ………………………………………………… (216)
第三节 民族地区城乡义务教育学校数字化课程资源
共享存在的问题及原因 …………………………………… (231)

第四节 教育信息化促进民族地区城乡义务教育学校
数字化课程资源共享路径与机制 …………… (235)

**第八章 教育信息化促进民族地区城乡义务教育教师教学共同体
建设的问题及对策研究** …………………………… (250)
第一节 研究设计 ………………………………………… (250)
第二节 民族地区城乡义务教育教师教学共同体建设的
现状 ……………………………………………… (255)
第三节 民族地区城乡义务教育教师教学共同体建设与
运行存在的问题及原因 ……………………… (277)
第四节 教育信息化促进民族地区城乡义务教育教师教学
共同体建设的对策 …………………………… (281)

参考文献 ………………………………………………… (291)

附　录 ………………………………………………… (301)

后　记 ………………………………………………… (334)

第 一 章

绪　论

我国是一个由 56 个民族组成的中华民族共同体。在这个多元一体的大家庭中，民族地区，尤其是西北民族地区因地理位置、历史文化等原因，教育发展相对滞后，且存在量大面广、点多线长等问题。民族地区的教育发展关系到民族地区经济社会的可持续发展，关系到整个国家教育事业的健康和谐发展，也关系到中华民族整体素质提高和建设人力资源强国的全局。可以说，没有民族地区教育的发展就没有民族地区经济的快速发展和人口素质的不断提升。没有民族地区经济社会的快速发展，我国全面建成小康社会的进程就会受到影响。因此，我们必须高度重视和继续加快民族地区教育的发展。当前我们民族地区教育发展中存在的主要问题是城乡义务教育发展不均衡。因此，本研究拟以促进民族地区城乡义务教育一体化发展为突破口，破解民族地区义务教育存在的问题，使民族地区的每个孩子都能享有公平而有质量的教育。

第一节　研究价值与意义

一　城乡义务教育一体化发展是新时代国家对义务教育的战略决策

城乡义务教育一体化发展是新时代我国政府针对城乡教育二元结构所提出的新的发展战略，其本质是促进教育公平、缩小城乡教育差距、实现农村教育的新发展。自 2010 年《国家中长期教育改革和发展规划纲要（2010—2020 年）》提出"建立城乡一体化义务教育发展机制"以来，国家相继出台了一系列促进城乡义务教育一体化发展的政策措施，推进城乡义务教育一体化发展的进程。2016 年，国务院印发了《关于统筹推进县域内城乡义务教育一体化改革发展的若干意见》，明确了县域内城乡义务教育一体化改革与发展的思路。2017年，教育部印发了《义务教育学校管理标准》，提出了城乡义务教育学校建设的标准。党的十九大报告明确指出，"推动城乡义务教育一体化发展，高度重视农村义务教育，努力让每个孩子都能享有公平而有质量的教育"。2018年，中共中央、国务院《关于全面深化新时代教师队伍建设改革的意见》也强调了城乡教师队伍建设问题。2019年，教育部《关于加强和改进新时代基础教育教研工作的意见》中进一步强调指出，要"建立教研员乡村学校、薄弱学校联系点制度，组织教研员到农村、贫困、民族、边远地区学校和薄弱学校持续开展教学指导，帮助乡村学校和薄弱学校提升教育教学质量"。然而，要进一步落实国家关于义务教育的发展战略，真正实现城乡义务教育一体化发展目标，还需要加强理论研究和实践探索。

二　民族地区城乡义务教育一体化发展面临许多特殊问题

促进城乡义务教育一体化发展是一项关系义务教育发展全局的系统工程，不仅需要国家重视和政策引导，还需要各地根据地方实际，创新发展的方式方法，因地制宜地科学推进。近年来，在国家促进义务教育均衡发展系列政策的引导下，我国民族地区城乡义务教育学校在硬件建设方面的差距明显缩小，但在学校管理机制、教师专业水平、课程资源建设、教学改革实践等影响学生发展的核心要素方面差距仍然很大，而且这种差距还呈现出进一步拉大的趋势。因此，我们应该从政策和理论两个方面引导和支持民族地区城乡义务教育一体化发展。然而，我国民族地区"大杂居，小聚居"的居住特点和教师队伍中数量不足、优质师资稀缺、民族成分多样、宗教信仰各异的现实决定了民族地区推进城乡义务教育一体化发展具有一定的特殊性和复杂性。如在校长教师交流方面，不仅要考虑交流校长教师的交通、住宿、待遇等普遍性的问题，还要考虑交流校长教师的民族成分、宗教信仰等民族文化的问题，更要考虑原本比较稀缺的优质师资的合理配置问题。在数字化课程资源建设和共享方面，不仅要关注课程资源质量的问题，更要关注课程资源的适切性问题。如果不考虑民族地区的这些特殊性和复杂性，直接复制发达地区推进城乡义务教育一体化发展的模式和方法，不仅不会促进民族地区城乡义务教育一体化发展,而且会造成"削峰填谷"、低位均衡的局面和文化上的冲突。

三 教育信息化是促进民族地区城乡义务教育一体化发展的重要手段

我国民族地区,尤其是西北民族地区大都存在交通不方便、人口比较稀少、居住比较分散、民族文化多元等问题。这种居住环境导致学校与学校之间的距离相对较大,校与校之间的交流合作、资源共享等也会因为距离遥远而变得更加困难,以至于许多学校和教师都把校与校之间的教研活动、资源共享等当作负担。信息技术正在成为中国教育发展的新引擎。信息技术与教育的深度融合极大地改进了教育资源的供给方式,提升了教育资源的适应性服务能力,在一定程度上解决了因距离而产生的资源共享困难的问题。信息技术与课程教学的深度融合扩大了优质课程资源的覆盖面,为创新教学模式、变革学习方式提供了条件、搭建了平台。本研究充分利用信息技术传递速度快、资源共享范围广、信息处理能力强等优势,以民族地区城乡义务教育发展状况为研究场域和样本,以"保峰填谷"的方式促进民族地区城乡义务教育"高位均衡"发展为目的,在综合分析文化生态、政策和制度等影响民族地区城乡义务教育一体化发展的诸多要素的基础上,从政府、大学、企业、义务教育学校四方协同的角度尝试探索促进民族地区城乡义务教育一体化发展的路径与机制。这种利用教育信息化的优势,基于民族教育实际的理论研究和实践探索不仅可以为推进我国民族地区城乡义务教育一体化发展提供理论指导和实践策略,也能为创新我国城乡义务教育一体化发展理论提供实践依据。

第二节 研究设计

一 研究目标

本研究选取了西北民族地区具有代表性四个县(区)的八所义务教育学校作为研究场域,将主管教育的政府负责人、教育行政部门的负责人、学校的校长、教师、学生、学生家长、电教中心负责人、教研室负责人作为研究对象。主要实现三个方面的目标:一是通过民族地区城乡义务教育一体化发展现状的研究，了解民族地区城乡义务教育发展中存在的差异及其机制障碍；二是借助系统论、共同体理论和教育公平理论，利用教育信息化的优势建立推进民族地区城乡义务教育一体化发展的实践路径和长效机制；三是通过个案研究探索城乡数字化课程资源共享路径和城乡教师教学共同体建设的模式。

二　研究思路

前期研究发现，师资因素是影响城乡义务教育一体化发展的核心因素。因此，本研究首先从学校建设，教师配置，教师的专业发展、教学投入、课堂教学等维度深入了解民族地区城乡义务教育学校的差异及其表现。然后分别从师资因素、资源因素、机制因素三个方面探讨它们具体是如何影响民族地区城乡义务教育一体化发展进程。其次，理清三个因素之间相互影响、相互制约的复杂关系。最后，借助系统论、共同体理论和教育公平理论，利用教育信息化传递速度快、资源共享范围广、信息处理能力强等优势，在政府、大学、企业、义务教育学校四方协同的基础上，从名校集团化办学、智力流动、资源共享、教师教学共同体建设四个维度探讨推进民族地区城乡义务教育一体化发展的实践路径和长效机制。

三　研究内容与研究方法

研究内容一：民族地区城乡义务教育一体化发展的现状调查研究。

本研究采用问卷调查、面对面访谈的方法，首先收集民族地区主管教育的政府负责人，教育行政部门的负责人，义务教育学校的校长、教师、学生，教研室负责人等关于城乡义务教育一体化发展的关注内容及范围。其次，基于扎根理论将收集到的资料进行编码，获得民族地区城乡义务教育一体化发展的内容。在此基础上，参考国家相关政策和相关研究成果，基于当地文化生态情境，编制符合民族地区城乡义务教育一体化发展的调查工具。选取西北民族地区4个具有代表性县（区）的八所义务教育学校进行调查，了解民族地区城乡义务教育一体化发展的现状。最后，通过比较研究的方法对民族地区城乡义务教育学校教师专业发展、教师教学行为、教师教学投入、教师课堂教学现状进行比较研究，深入了解民族地区义务教育学校城乡教师之间具体存在哪些差异和问题。

研究问题二：影响民族地区城乡义务教育一体化发展的师资因素、资源因素、机制因素研究。

本研究采用问卷调查、访谈、观察和文本分析法，以民族地区义务教育学校的校长、教师、学生及学生家长为研究对象。通过对城乡两类学校校长、教师、学生及学生家长的调查和访谈，对学校相关制度文本和教师教学与学习文本的查阅，对相关教师课堂教学的深度观察，然后在对比的基础上探讨民族地区城乡义务教育学校师资、资源、机制在哪些方面、如何影响学校发展。探讨民族地区城乡义务教育学校课程资源建设情况（包括学校自己建设和获取外界优质资源情况）、教师课程资源的使用及需求情况。深入了解城乡义务教育学校之间课程资源建设中存在的问题、差距及原因和城乡义务教育学校校际课程资源共享存在的障碍。从组织的建立、运行及各组织之间的关系等方面进行整体性探讨，深入了解影响民族地区城乡义务教育一体化发展的机制障碍。

研究内容三：教育信息化推进民族地区城乡义务教育一体化发展的路径与机制研究。

本研究共包括三个子研究。子研究1：民族地区义务教育学校教师智力流动的路径与机制研究。基于我国民族地区教师队伍中数量不足、优质师资稀缺、民族成分多样、宗教信仰各异的现实，利用信息化的优势和相关政策机制将优质学校的教师智力智源聚集在网络学习空间，让教师智力资源能在城乡学校之间流动起来，为农村薄弱学校发展服务。子研究2：民族地区义务教育学校优质教育资源汇聚与共享的方式和机制研究。通过政府购买服务、高校参与研发、企业提供支持和义务教育学校选择使用的四方协同模式，将区域内外适合民族地区义务教育学校的优质教育资源聚合起来，并通过一定的机制使优质的教育资源能够在城乡校际实现无障碍共享。子研究3：民族地区义务教育学校城乡教师教学共同体建设研究。利用信息化的优势，在机制合理的运行下，建立城乡教师专业发展共同体，引导城区学校教师与农村学校教师建立互助小组，做到精准帮扶，实现城乡教师专业素质和教学研究能力的同步提升。

四 研究工具

(一) 问卷调查工具

1. 问卷调查工具。本研究所采用的《民族地区城乡义务教育一体化发展现状调查问卷》是在文献研究和咨询相关学科专家建议的基础上自编而成的。

(1) 问卷的编制过程

问卷的编制过程分为拟定大纲、撰拟问卷题目、征求专家建议、预测和修正定稿五个步骤，分述如下：

第一，拟定大纲。在文献研究的基础上，结合前期民族地区调查研究的发现，从教师个人基本信息、教师职业认同、教师教学、师生关系及处理学生问题的方式方法、教师学习、教学投入、资源运用、信息技术应用、城乡教师交流、城乡教师教研、教师培训等方面初步拟定了调查问卷的大纲。

第二，撰拟问卷题目。根据问卷大纲和文献研究所得，结合各个维度的需要，给每一个维度下拟定3—5个问题。

第三，征求专家建议。问卷编制完成后，送请相关学科专家，民族地区教育行政官员、校长、教师提出修改建议。根据建议修订问卷，形成预测问卷。

第四，预测。研究团队深入民族地区发放预测问卷80份，并对预测问卷进行了统计分析。

第五，修正定稿。根据预测问卷分析和教师访谈结果，及时修正问卷中出现的问题，形成正式问卷。（见附录一）

(2) 问卷内容

本研究的教师问卷主要由开放性问题、封闭性问题以及半开放半封闭问题组成，旨在全面了解民族地区义务教育学校城乡教育一体化发展现状、存在的问题及需求，为政策制定提供有针对性的意见和建议。教师问卷编制的内容主要包括教师个人基本信息（所在学校、性别、教龄、年龄、毕业学校及专业、职称、任教科目）、教师职业认同、教师教学、师生关系及处理学生问题的方式方法、教师学习、教学投入、资源运用、信息技术应用、城乡教师交流、城乡教师协同教研、教师培训等十一个问题。

2. 访谈提纲

根据研究目的，本研究访谈的对象主要包括教育行政部门的负责人，教研及教师培训部门的负责人，义务教育学校校长、教师和学生。所涉及的访谈内容主要包括义务教育城乡学校办学、教师管理、教师流动、教师教学、教师学习等方面存在的问题、需求和建议（见附录二）。

3. 学校基本情况调查表

根据研究需要，本研究拟定了《学校基本情况调查表》，包括学校占地面积、校舍建筑面积、运动场地、体育设施、图书资料、功能室、信息化教学设备、网络，师资和办学经费等方面的内容。旨在了解义务教育城乡学校基础设施、师资数量和办学经费等方面的差异（见附录三）。

4. 课堂观察表

根据研究目的，本研究设计了《课堂观察表》，课堂观察分为教师和学生两个方面、十个观察维度、三十五个观察点。学生方面主要观察点为：学习准备、课堂倾听、自主学习、课堂互动、目标达成。教师方面主要观察点为：教学环节、媒介呈示、师生对话、教学指导、教学管理。课堂观察主要了解义务教育城乡学校课堂教学的差异及原因（见附录四）。

（二）调查及访谈的对象

1. 问卷调查对象

根据研究需要，本研究在甘肃、青海、宁夏、新疆四省区的民族地区各选取了四所学校（城区两所、农村两所），采用分层随机抽样的方法对所选取的学校的教师进行了问卷调查。共发放问卷1200份，回收976份，回收率为81.3%。

2. 访谈对象

本研究的访谈对象主要包括五类群体：一是教育行政部门的负责人；二是教研及教师培训部门的负责人；三是义务教育学校校长；四是义务教育学校教师；五是义务教育学校学生。

（三）问卷及访谈资料的处理

1. 问卷资料的处理

关于封闭性问题，本研究主要运用SPSS19.0统计软件根据研究需要进行统计分析。对于开放性问题，先将其通过关键词提取的方式进行整理归类，然后通读整个问卷的开放性问题的答案，补充和修正前期的整理和分类，然后进行相关的分析和讨论。

2. 访谈资料的处理

对不同类型的访谈内容进行整理、分类和归纳，然后结合调查结果进行综合分析和讨论。

第三节 核心概念

教育信息化促进民族地区城乡义务教育一体化发展研究主要涉及教育信息化、民族地区、城乡教育一体化、教育体制、教育机制五个核心概念。

一 教育信息化

教育信息化的概念是20世纪90年代伴随着信息高速公路的兴建而提出来的。美国克林顿政府于1993年9月正式提出建设"国家信息基础设施"，其实质是发展以Internet为核心的综合化信息服务体系和推进信息技术在社会各领域的广泛应用，特别是把IT在教育中的应用作为实施面向21世纪教育改革的重要途径。美国的这一举动引起世界各国的积极反应，许多国家相继制订了推进本国教育信息化的计划。我国自20世纪90年代末开始重视信息技术对社会发展的积极作用。随着网络技术的迅速普及，整个社会发展与信息技术的关系逐渐密切，人们越来越关注信息技术对社会发展的影响，这种影响也逐渐渗透到教育改革和发展之中，"教育信息化"的提法也开始出现了。教育信息化既具有"技术"的属性，同时也具有"教育"的属性。从技术属性看，教育信息化的基本特征是数字化、网络化、智能化和多媒化。数字化使得教育信息技术系统的设备简单、性能可靠、标准统一；网络化使得信息资源可共享、活动时空少限制、人际合作易实现；智能化使得系统能够做到教学行为人性化、人机通信自然化、繁杂任务代理化；多媒化使得信息媒体设备一体化、信息表征多元化、复杂现象虚拟化。从教育属性看，教育信息化的基本特征具有开放性、共享性、交互性与协作性四个特性。开放性打破了以学校教育为中心的教育体系，使得教育走向社会化、终身化、自主化；共享性是信息化的本质特征，它使得大量丰富的教育资源能为全体学习者共享，且取之不尽、用之不竭；交互性能实现人—机之间的双向沟通和人—人之间的远距离交互学习，促进教师与学生、学生与学生、学生与其他人之间的多向交流；协作性为教育者提供了更多的人—人、人—机协作完成任务的机会。[1] 关于教育信息化的具体概念？学者们可谓见仁见智。祝智庭认为教育信息化是指在教育领域全面深入地运用现代化信息技术来促进教育改革和教育发展的过程，其结果必然是形成一种全新的教育形态——信息化教育。[2] 李克东认为教育信息化是指在教育与教学领域的各个方面，在先进的教育思想指导下，积极应用信息技术，深入开发、广泛利用信息资源，培养适应信息社会要求的创新人才，加速实现教育现代化的系统工程。[3] 在借鉴前人研究成果的基础上，本研究认为，教育信息化是指运用现代化信息技术促进教育变革和教育发展的过程。具体来说，包括依托网络、多媒体、人工智能和卫星通信等技术，打破地域界限，汇聚优质资源，实现资源共享，促进教师专业发展和学生健康成长的过程。

二 民族地区

民族地区或少数民族地区的概念在学术界是一个比较难界定的概念，可以是自然概念中的少数民族聚集区，也可以是政治概念中的民族自治区域。也就是说，民族地区可以是我国民族区域自治地方的总称或抽象的少数民族聚居区的总称，或是特指某个或几个自治区、自治州、自治县（旗），甚至是指自治乡，也有的将"民族地区"定位为民族八省区。民族自治地方就是截至1999年底全国已有的155个民族自治地方，其中包括内蒙古、新疆、西藏、宁夏、广西5个自治区、30个自治州、20个自治县（旗）；"民族八省区"指包括5个自治区和少数民族人口较多的云南、贵州、青海三个省。中国的少数民族主要分布在西部、北部等边

---

[1] 杨晓宏：《全面解读教育信息化》，《电化教育研究》2005年第1期。
[2] 祝智庭：《教育信息化：教育技术的新高地》，《中国电化教育》2001年第2期。
[3] 李克东：《在思与行中一路走来——李克东教授与一线教师谈教育信息化》，《中国信息技术教育》2006年第3期。

疆地区。通常意义上所提到的民族地区指的是以少数民族为主聚集生活的地区。本研究所提到的民族地区是指自然概念中的少数民族聚集区。[①]

三 城乡教育一体化

城乡教育一体化是城乡一体化的衍生概念。城乡一体化是指一定区域范围内城市与乡村在政治、经济、文化等方面发展的有机结合，形成以城带乡、以乡促城、相互依存、互补融合、协调发展的城乡关系，逐步消除城乡二元结构格局，实现城乡共同发展、共同繁荣。有学者认为城乡教育一体化是指统筹城乡教育发展，整合城乡教育资源，打破城乡二元经济结构和社会结构的束缚，构建动态均衡、双向沟通、良性互动的教育体系和机制，促进城乡教育资源共享、优势互补，推动城乡教育相互支持、相互促进，缩小城乡之间的教育差距，有效消除地域、经济等原因导致的教育不公平，改变农村地区教育的落后状况，使均衡化的公共教育服务覆盖城乡全体居民，实现城乡教育均衡发展、协调发展、共同发展。[②] 有学者认为，城乡教育一体化是指在教育发展中，把城市教育置于由城市和乡村所构成的同一个大系统之中，打破城乡二元经济结构和社会结构的束缚，把它们视为同一个整体，以系统的思维方式，推动城乡教育相互支持、相互促进、协调发展。[③] 有学者认为，城乡教育一体化是我国政府为破解城乡教育二元结构、推动城乡教育公平与和谐发展、满足城乡教育发展需求的部署，是在公平正义的核心价值取向下，打破城乡二元对立局面，建设城乡教育共同体。[④] 有学者从行政区划及隶属关系维度将城乡教育一体化分为三个层级。一是县域内的城乡教育一体化。县域内的城乡教育一体化是以县政府为统筹主体，在县域范围内对各级各类教育进行协调统筹，对县镇和乡村学校教育资源进行合理均衡配置，对各级各类学校的空间与功能结构进行布局设计、调整和安排。

[①] 安富海：《地方性知识与民族地区地方课程研究》，中国社会科学出版社2016年版，第8页。

[②] 褚宏启：《城乡教育一体化：体系重构与制度创新——中国教育二元结构及其破解》，《教育研究》2009年第11期。

[③] 王克勤：《论城乡教育一体化》，《普教研究》1995年第1期。

[④] 陈丽：《远程教学中交互规律的研究现状述评》，《中国远程教育》2004年第1期。

二是市域内的城乡教育一体化。市域内的城乡教育一体化是以地级市或计划单列市为统筹主体,对辖域内区县以及区县内的各级各类学校进行统筹协调、对教育资源进行合理均衡配置、对学校空间与功能结构进行布局调整安排。市域城乡教育一体化要比县域城乡教育一体化复杂,因为它不仅要对县区行政主体及县区内各级各类学校进行"双重统筹",而且还增加了对第三级教育进行统筹这一新维度。三是省域内的城乡教育一体化。省域内的城乡教育一体化是以省、自治区和直辖市为统筹主体,虽然在统筹内容上与市域统筹没有本质差别,但由于受区位、交通、经济基础、产业结构、城镇化水平、多民族状况等因素影响,省域内的各县市区之间发展不平衡问题更加突出,城乡统筹的难度也最大。[①] 本研究所涉及的城乡义务教育一体化是县域内城乡义务教育一体化,是指以县级政府为主体,整合县域内教育资源,促进县域内城乡教育资源共享、优势互补,推动城乡教育相互支持、相互促进,缩小城乡之间教育差距的过程。

四 教育体制

体制是指组织机构及其运行规则。教育体制是指教育机构及其运行规则。具体来讲,教育体制包括教育机构和教育规范两个范畴。教育机构又包括教育实施机构和教育管理机构。教育实施机构主要指的是各级各类学校;教育管理机构主要包括各级各类教育行政机构和各级各类学校内部的管理机构。学校教育机构与一定的规范相结合,形成了各级各类学校的教育体制;教育管理机构与一定的规范相结合形成了各级各类教育管理体制,其中教育行政机构与一定的规范相结合,形成了各级各类教育行政体制;学校内的管理机构与一定的规范相结合,形成了各级各类学校的管理体制。在教育体制中,教育机构与教育规范的关系是,前者是教育体制的载体,后者是教育体制的核心。在教育体制中,学校教育体制与教育管理体制这两个子体制系统的关系是,前者是教育体制构成和运行的前提,后者是整个教育体制得以构成和运行的保障。在教育管理体制中,教育行政体制是指国家对宏观教育的管理体制,学校管

[①] 邬志辉:《城乡教育一体化:问题形态与制度突破》,《教育研究》2012年第8期。

理体制是指微观教育的管理体制。① 本研究所提到的教育体制是指县域内相关教育机构及其运行规则。

五　教育机制

机制是指各个部分之间的相互关系及其运行方式。引申到教育领域所形成的教育机制是指教育现象各部分之间的相互关系及其运行方式。这些方式即机制主要有如下三种基本类型和九种子类型。一是教育的层次机制，包括宏观、中观和微观三种机制；二是教育的形式机制，包括行政计划式、指导服务式和监督服务式三种机制；三是教育的功能机制，包括激励、制约和保障三种机制。② 教育体制和教育机制虽然相互关联，但各自关注的重心完全不同，改革的方式和路径也完全不同。教育体制改革的内涵是教育机构和教育规范即教育制度这两个要素的改革，其核心是教育制度的改革，即教育机构职责权限制度的改革；教育体制改革的外延是各级各类学校教育体制和各级各类教育管理体制的改革。而教育机制改革的内涵是教育现象各部分之间的相互关系及其运行方式的改革，外延是教育层次机制改革，包括宏观、中观和微观三种机制的改革。教育的形式机制改革包括行政计划式、指导服务式和监督服务式三种机制改革，以及教育的功能机制改革，包括激励、制约和保障三种机制的改革。③ 本研究所提到的教育机制是指县域内涉及城乡义务教育一体化发展的各个部分之间的相互关系及其运行方式。

第四节　研究综述

一　教育信息化促进民族地区城乡义务教育一体化发展相关文献综述

城乡教育一体化是城乡一体化的重要组成部分，是教育领域贯彻落实党的十七届三中全会提出"建立促进城乡经济社会一体化"发展战略

---

① 孙绵涛：《教育体制理论的新诠释》，《教育研究》2004 年第 12 期。
② 孙绵涛、康翠萍：《教育机制理论的新诠释》，《教育研究》2006 年第 12 期。
③ 孙绵涛：《我国城乡教育一体化体制改革与机制创新研究》，《教育理论与实践》2011 年第 8 期。

的具体表现。自 2008 年 10 月以来,学者们对城乡教育一体化发展问题进行了深入的理论研究和实践探索。主要包括以下七个方面。

(一) 城乡义务教育一体化的含义及特征研究

1. 城乡义务教育一体化含义研究

有学者将城乡教育一体化划分为城乡义务教育一体化、城乡学前教育一体化、城乡职业教育一体化和城乡继续教育一体化四种类型,认为每种类型都应有各自的概念。① 有学者从城乡社会整体出发,将城乡教育置于由城市和乡村所构成的同一个大系统之中,以系统思维方式来推动城乡教育相互支持、相互促进、协调发展,共同实施教育的现代化。② 也有学者在此基础上将城乡教育一体化划分为制度、空间、时间、发展内涵四个维度,强调了城乡师生的权利与机会均等、城乡空间内的互动发展、一体化实践的渐进性以及学校之间发展的多样化。③ 有学者在区分城乡概念的基础上,将城乡教育一体化分为两种类型:一种是基于教育差距的城乡之间一体化;一种是城市地区内部的,如城市居民和农民工及其子女的教育问题,将体制机制视为一种有效的解决手段。④ 有学者从城乡教育的问题视角出发,在考虑新型城乡关系、教育公平与教育质量的前提下,从制度、机制入手,构建文化交流渠道,实施倾斜政策,形成城乡教育一体化的动态发展。⑤ 也有学者强调城乡义务教育一体化是城乡之间的互动发展,并将一体化分为基础设施、学校规划、教师队伍建设、教学经费、教育教学管理、城乡教育教学质量六个指标。⑥ 城乡义务教育一体化发展不是一蹴而就、一步到位的,而是动态发展的过程,"一体化"既是目标,也是过程。⑦ 据此,有学者将城乡教育一体化划分为三个

---

① 张乐天:《城乡教育一体化:目标分解与路径选择》,《复旦教育论坛》2011 年第 6 期。
② 王克勤:《论城乡教育一体化》,《普教研究》1995 年第 1 期。
③ 郭彩琴、顾志平:《城乡教育一体化的困境与应对措施》,《人民教育》2010 年第 20 期。
④ 褚宏启:《教育制度改革与城乡教育一体化——打破城乡教育二元结构的制度瓶颈》,《教育研究》2010 年第 11 期。
⑤ 凡勇昆、邬志辉:《试论城乡教育一体化的理论内涵及其政策意义》,城乡教育一体化与教育制度创新——2011 年农村教育国际学术研讨会,2011 年,第 9 页。
⑥ 柳世平:《城镇化进程中区域推进城乡义务教育一体化对策分析——以郑州市二七区为例》,《内蒙古师范大学学报》(教育科学版) 2015 年第 6 期。
⑦ 王正惠:《城乡义务教育一体化发展研究综述》,《上海教育科研》2015 年第 9 期。

阶段：初级一体化——机会均等、中级一体化——资源配置均等与高级一体化——教育质量和教育成就均等。① 也有学者提出了三个推进层级：县域内的城乡教育一体化、市域内的城乡教育一体化、省域内的城乡教育一体化。② 还有学者将城乡教育一体化划分为城乡分割、初步统筹、基本统筹、整体协调和全面融合五个阶段。③

2. 城乡义务教育一体化特征研究

关于城乡义务教育一体化特征的研究主要从整体性特征和指标性特征两方面展开。有学者指出城乡义务教育一体化具有长期性、阶段性、历史性和空间性等特征。④ 并认为一体化过程是一个动态发展持续变化且具有阶段性特征的渐变过程，会经历"自发生长""政府干预"和"高度自治"三个发展阶段。⑤ 也有学者进一步指出不平衡性、多样性特征应根据不同地区的特点，从多个维度进行研究，以形成地域特色。⑥ 还有学者从一体化指标角度考虑，提出城乡教育一体化的特征为城乡教育目标共识、教育观念互通、教育地位互认、教育资源共享、教育责任共担、教育优势互补、教育困难互助和教育活动共同参与。⑦

学者们关于城乡义务教育一体化的含义及特征的研究中主要强调了统筹城乡教育发展，整合城乡教育资源，打破城乡二元经济结构和社会结构的束缚，构建动态均衡、双向沟通、良性互动的教育体系和机制，促进城乡教育资源共享、优势互补，推动城乡教育相互支持、相互促进，

---

① 张金英、陈通：《城乡教育一体化的理论与指标体系建构》，《中国农机化》2010 年第 4 期。

② 邬志辉：《城乡教育一体化：问题形态与制度突破》，《城乡教育一体化与教育制度创新——2011 年农村教育国际学术研讨会论文集》，教育部人文社会科学重点研究基地东北师范大学农村教育研究所，2011 年，第 12 页。

③ 吕信伟、柯玲：《教育一体化水平监测与评价研究——以成都市为例》，人民出版社 2013 年版，第 71 页。

④ 李潮海、于月萍：《城乡教育一体化若干基本问题的思考》，《现代教育管理》2010 年第 4 期。

⑤ 李玲、黄宸、薛二勇：《新阶段城乡义务教育一体化发展评估研究》，《教育研究》2017 年第 3 期。

⑥ 张海楠：《城乡教育一体化进程中乡村学校文化转型的影响因素研究》，硕士学位论文，天津师范大学，2014 年。

⑦ 李玲、宋乃庆等：《城乡教育一体化：理论、指标与测算》，《教育研究》2012 年第 2 期。

缩小城乡之间的教育差距等要素。

（二）城乡义务教育一体化的价值及相关概念关系研究

1. 城乡义务教育一体化价值研究

学者们普遍认为，实施和推进城乡义务教育一体化具有两方面的价值。一是实现教育公平的需要。由于长期以来种种的制度和价值选择的偏差，导致城乡教育的差距明显，致使我国目前任何重大、宏观的教育问题，都不可避免地面对城乡教育发展不均衡这一最大国情。[1] 而城乡教育一体化就是在教育公平的核心价值取向下提出的，要求打破城乡二元僵局，建设城乡教育共同体，通过城乡教育的相互扶持、相互作用，逐渐消解城乡教育之间的差距。[2] 二是推进社会和谐发展。突出的城乡教育差距，已不能满足社会对教育质量的需求，城乡义务教育分治的思维定式需要及时克服。[3] 近年来，国家已经从体制机制方面回应了这一现实问题，进行了城乡义务教育一体化改革，体现了统筹规划的国家立场，有助于推动改革不断深化发展，有助于促进人的全面发展，满足社会需要。

2. 城乡义务教育一体化相关概念关系研究

与城乡义务教育一体化的相关概念主要包括与城乡一体化的关系、与城乡经济社会发展一体化的关系、与城乡教育一体化的关系、城乡教育均衡发展的关系四个方面。第一，城乡教育一体化由城乡一体化衍生而来，是城乡一体化进程的一部分。关于城乡一体化的研究最初是从经济领域开展的，近年来的研究逐渐从经济领域向教育领域转变，城乡教育一体化的概念也就逐渐被人们所熟识；[4] 教育的发展受很多因素的影响，教育的一体化离不开经济与政府的政策与制度支持，城乡一体化无疑为教育一体化提供了保障。[5] 第二，城乡教育一体化通过提供智力和精

---

[1] 高树仁、李潮海：《城乡一体化：教育发展新范式的内生与他构》，《中国教育学刊》2015年第9期。

[2] 李玲、宋乃庆等：《城乡教育一体化：理论、指标与测算》，《教育研究》2012年第2期。

[3] 周晔：《城乡义务教育一体化治理及其路径探析》，《当代教育科学》2015年第4期。

[4] 杨卫安、邬志辉：《移植与创新——城乡教育一体化与城乡经济一体化的差别研究》，《教育理论与实践》2014年第10期。

[5] 李潮海、于月萍：《城乡教育一体化若干基本问题的思考》，《现代教育管理》2010年第4期。

神支持的方式促进城乡经济社会一体化,而城乡经济社会一体化以城乡经济发展模式和城镇化道路的选择方式体现其作为城乡教育一体化的物质保障。① 经济的发展不仅为教育发展提供原动力,其发展水平、发展模式在很大程度上影响了教育的发展水平以及教育发展的方向,而教育的发展主要体现在经济发展的速度和质量方面。第三,城乡义务教育一体化是城乡教育一体化的一部分。城乡教育一体化的核心目标是进一步缩小城乡教育差距,实现农村教育的新发展。关于两者的关系,有学者提出城乡教育一体化包括基础教育、职业教育、继续教育等各级各类教育的一体化,基础教育是重点,义务教育是重中之重,两者是推进城乡教育均衡发展、实现教育公平的重要途径。② 第四,城乡教育一体化比城乡教育均衡发展的内涵更丰富,从城乡教育均衡到城乡教育一体化是发展理念的变革;而城乡教育统筹是处理城乡教育关系的基本方法。③ 也有学者认为三者内涵中强调的重点不同,均衡强调教育资源的平等分配以达到相对均衡;统筹强调从总体上谋划城乡教育的良性互动;一体化强调互动互助,以实现城乡教育公平、协调发展。④ 但三者承担着共同的教育使命,承担的角色却不相同,对于一体化而言,均衡是阶段性目标,统筹是技术手段。⑤

(三)城乡义务教育一体化的理论基础及政策依据研究

1. 理论基础研究

关于城乡义务教育一体化发展的理论基础的研究,主要关注到一体化理念的来源、一体化的目标及实践思维。从理念的来源看,有学者认为城市发展理论与和谐社会理论阐释了城乡义务教育一体化是历史发展的必然;教育公平理论与共同体理论为城乡义务教育一体化提供了目标基础,提出一体化旨在促进教育公平,并使乡村教育目标与城市教育目

---

① 郭彩琴、顾志平:《城乡教育一体化的困境与应对措施》,《人民教育》2010年第20期。
② 张旺:《城乡义务教育一体化发展研究》,教育科学出版社2017年版,第5页。
③ 杨卫安:《城乡教育一体化:问题指向、内涵阐释与方法论选择》,《湖南师范大学教育科学学报》2015年第5期。
④ 李玲、宋乃庆等:《城乡教育一体化:理论、指标与测算》,《教育研究》2012年第2期。
⑤ 王正惠:《城乡义务教育一体化发展研究综述》,《上海教育科研》2015年第9期。

标趋同,将城乡教育视为一体。① 从实践思维的角度来看,系统论与控制论、思维的辩证要求我们用系统的、辩证的思维方式去看待城乡义务教育一体化,找出城乡之间的矛盾与内在联系,并将城乡教育中的问题纳入到统一的范畴中去解决。②

2. 政策依据研究

城乡义务教育一体化的研究是随着政策的变化而不断深入的,自1995年起,该研究大致经历了三个阶段,三个阶段皆有不同的政策依据。第一,探索阶段。由于城乡教育二元结构的进一步加剧,1994年,国务院发布的《中国教育改革与发展纲要》实施意见(中发〔1993〕3号)要求加强教育的统筹发展,到2000年实现"普九"任务。城乡教育一体化发展作为城乡经济体制改革、社会变革的重要组成部分逐渐开始启动。③ 2005年教育部发布了《关于进一步推进义务教育均衡发展的若干意见》,按照《意见》的要求各地方都进行了积极探索,并形成了自己的发展模式。2010年中共中央、国务院颁布了《国家中长期教育改革和发展规划纲要》,明确提出了建立城乡教育一体化的义务教育发展机制的战略目标,至此关于城乡教育一体化的概念被官方正式提出。第二,发展阶段。2012年,国务院《关于深入推进义务教育均衡发展的意见》(国发〔2012〕48号)指出要缩小城乡之间、区域之间、学校之间的差距,合理配置教师资源。"均衡"成为这个阶段城乡义务教育实践和研究的"热词"。从校舍、资源等配置入手逐渐缩小城乡学校之间的配置差距。但在理论研究和实践探索中,也有学者逐渐开始提出"义务教育一体化发展"概念和思路。第三,成熟阶段。随着2016年《国务院关于统筹推进县域内城乡义务教育一体化改革发展的若干意见》的颁布,城乡义务教育一体化作为一个专有名词被政府、学术界和实践领域广泛使用,一体化的研究也逐渐从宏观转向微观,从硬件转向软件,从物转向人,如乡村小规模学校、寄宿制学校、控辍保学,关于城乡义务教育一体化的研究

---

① 李玲、宋乃庆等:《城乡教育一体化:理论、指标与测算》,《教育研究》2012年第2期。
② 曲铁华:《城乡义务教育一体化:理论基础与必然性》,《河北师范大学学报》(教育科学版)2017年第3期。
③ 王克勤:《论城乡教育一体化》,《普教研究》1995年第1期。

也从之前的城乡教育一体化中抽离,形成了专门的研究领域和研究队伍。因此,不同政策引导下的城乡义务教育一体化的研究内容和实践方式存在一定的差异,但总体来说,是一种层层递进、不断深化的演进过程。

3. 评价指标体系研究

评价指标是影响城乡义务教育一体化推进的重要因素,对城乡义务教育一体化发展具有一定的导向功能。有学者认为教育质量和教育投入是衡量城乡义务教育一体化发展的两个重要因素,并从城乡教育机会、资源配置、质量以及成就的角度构建了城乡教育一体化评价指标,指出各个指标的权重分别为25%、40%、35%。也有学者认为质量比重占38%,经费投入占22%,学校建设与师资配置各占12%,教育管理体制机制与学校规划各占8%,并给出了相应的指标计算方法。[①] 一些学者细化了指标体系,进行了体系的立体化建构,如有学者划分了一、二、三级指标体系及权重,从学校布局与结构、办学条件、文化软实力建设、特殊群体教育、教育教学效果等方面进行设计;并将一级指标细化,共设置了20项考查的关键要素;在三级指标中具体到考核观测点。[②] 也有学者在前人的基础上,以师资配置、经费投入、硬件资源配置、课程教学、学生质量为维度,构建了包含25个指标项目的评估指标体系。[③] 评价指标体系的研究推进了城乡义务教育一体化发展的步伐。

(四)城乡义务教育一体化发展的影响因素研究

1. 体制机制影响研究

在影响城乡义务教育一体化发展的众多影响因素中,体制机制是学者们讨论最多的因素之一。有学者指出影响城乡义务教育一体化发展的因素为教育政策输入渠道不畅通;利益相关者之间的冲突"阻滞"政策执行过程;政策执行者的能力欠缺;教育政策执行监督体制存在缺陷。[④]

---

① 秦建平、张惠、李晓康:《现代化进程中的城乡教育一体化评价研究》,《教育发展研究》2015年第1期。

② 何万国、杨正强:《重庆市城乡初中教育一体化指标体系研究》,《现代中小学教育》2014年第1期。

③ 李玲、黄宸、薛二勇:《新阶段城乡义务教育一体化发展评估研究》,《教育研究》2017年第3期。

④ 魏国、张振改、严绍龙:《贫困县执行城乡义务教育一体化政策的壁垒与突破》,《教学与管理》2017年第7期。

有学者认为各级政府之间权责不够明确、"以县为主"体制在推进城乡教育一体化方面重心偏低以及促进城乡教育一体化的问责机制不健全是影响城乡义务教育一体化发展的重要因素,① 有学者明确指出城乡义务教育一体化推进中存在问责主体单一,问责客体模糊;问责标准缺失,问责内容狭窄;问责程序失范,问责力度不大的问题。② 也有学者认为经济效益是影响城乡义务教育一体化推进的关键。③ 单一的办学体制,④ 忽视多元办学主体的参与,城乡学校办学互动互惠机制未建立,⑤ 也是导致了城乡义务教育差距的扩大重要原因。有学者对义务教育的投入体制进行了研究,指出目前城乡投入差异明显,流动人口的教育投资缺乏,政府对农民工子女义务教育问题的教育投入责任,以及省以下各级政府的经费保障责任仍不够明确。⑥ 有学者认为城市内部和农村内部义务教育经费投入差异有变大的趋势,生均办学条件经费差异最大。⑦ 有学者通过梳理我国农村义务教育投入体制的改革路径,指出投入体制中的城乡二元价值取向依然存在;农村义务教育发展未突破基层政府投入为主的框架使得农村义务教育缺乏农民参与,由"村落中的国家"转向"悬浮型有益品"。⑧ 有学者对城乡义务教育师资配置及流动问题进行了研究。有学者指出重点学校在选派教师轮岗、支教和挂职的过程中,存在流于形式、

---

① 范魁元、王晓玲:《城乡教育一体化背景下的教育管理体制改革研究》,《教育科学研究》2011年第6期。
② 张旺、李慧:《城乡义务教育一体化进程中的教育问责制建构》,《教育理论与实践》2016年第13期。
③ 秦玉友、宋维玉:《农村学校布局调整的"经济"与"不经济"》,《南京社会科学》2018年第1期。
④ 褚宏启:《教育制度改革与城乡教育一体化——打破城乡教育二元结构的制度瓶颈》,《教育研究》2010年第11期。
⑤ 高莉、李刚:《城乡教育一体化背景下的办学体制改革研究》,《教育科学研究》2011年第6期。
⑥ 褚宏启:《教育制度改革与城乡教育一体化——打破城乡教育二元结构的制度瓶颈》,《教育研究》2010年第11期。
⑦ 闫德明:《城乡义务教育经费投入一体化水平实证研究——以X省为例》,《教育发展研究》2015年第3期。
⑧ 曲铁华:《中国农村义务教育投入体制变迁及改革路径》,《社会科学战线》2017年第2期。

应付、功利的情况，且被选派的教师容易成为"三不管"人员。① 也有学者指出我国城乡教师流动仍然没有摆脱"城市中心"的窠臼，城乡之间师资配置依然严重不均其原因主要在于经济利益的驱动、个人价值取向差异以及城乡二元体制结构的影响。②

2. 学校文化及课程取向影响研究

由于历史、环境及需求等多方面因素的影响，在学校文化和课程取向方面，城区学校与和乡村学校有很大的区别。在学校文化方面，乡村学校虽然有其厚重的文化底蕴，也长期坚守自身的本体化使命，但缺乏对城乡教育一体化的全面理解，将本土化与城乡教育一体化对立起来，使得乡村学校文化逐渐失去本土化的特色。③ 有学者进一步指出乡村学校文化迷失自我、失去内涵、消退特色、放弃自觉。④ 也有学者将文化视为城乡义务教育一体化的阻力，指出由于城乡文化不同，使二者没有共同的教育发展理念，缺乏城乡一体观，导致课程文化的价值取向偏向城市，教师文化阻碍教育改革。⑤ 在课程取向方面，乡村学校更加强调对国家课程的忠实执行，而城市学校会在严格遵循课程标准要求的基础上结合学生实际开发适合学生发展的校本课程。有学者指出，当前关于城乡义务教育课程价值取向的研究，基本都是立足城市或者城乡一体化的背景来讨论农村义务教育课程价值取向，或用城市话语霸权来讨论整个义务教育课程价值取向问题，缺乏对城乡义务教育课程价值取向的结构、层次的进一步研究。⑥

---

① 熊才平、吴瑞华：《以信息技术促进教师资源配置城乡一体化》，《教育研究》2007年第3期。

② 余应鸿、董德龙、胡霞：《城乡教师流动及其一体化发展机制研究》，《教育理论与实践》2013年第31期。

③ 赵恕敏、纪德奎：《城乡教育一体化进程中乡村学校文化的定位与转型》，《社会科学战线》2013年第3期。

④ 纪德奎：《城乡教育一体化进程中乡村学校文化的冲突与调适》，《教育发展研究》2013年第21期。

⑤ 方晓田、靖东阁：《论我国城乡教育一体化的文化阻滞力》，《高等农业教育》2014年第10期。

⑥ 王汉江：《论城乡义务教育课程价值取向的"同"与"异"》，《教育导刊》2016年第12期。

（五）城乡义务教育一体化实践模式研究

有学者指出建构城乡教育一体化实践模式需要包括以人为本的城乡教育一体化理念体系；良性互动的城乡教育一体化结构体系；面向市场的城乡教育一体化体制体系和三位一体的城乡教育一体化保障体系等几个方面。[①] 有学者从学校一体化发展的角度出发，通过制度创新，从形、构、质三个方面，探讨了城乡学校一体化的五种阶段性模式，即异形异构异质模式、同形异构异质模式、同形同构异质模式、同形同构同质模式、特色优质模式。[②] 在城乡教育一体化的大背景下，各省区也相继进行了一体化的实践，形成了自己独具特色的区域实践模式。一是高度统筹的成都模式。成都市根据独特的空间结构，采取全域视角，三圈联动的方式，统筹规划三圈的教育发展，形成了主城—郊区城区、郊区城区—农村地区这样两个辐射圈；又采取了三化为纲，六位一体的策略，将均衡化、现代化、国际化作为城乡教育一体化的发展目标，提出发展规划城乡一体化、办学条件城乡一体化、队伍建设城乡一体化、教育质量城乡一体化、评估标准城乡一体化、教育经费城乡一体化；并鼓励实验，百花竞发，使各区县因地制宜、大胆探索，形成各自的推进模式。形成了六个一体化，创新了一体化发展的管理制度和机制，形成了独具特色的成都模式。[③] 二是名校集团化办学的杭州模式。杭州市自2001年起，出台了一系列旨在推进名校集团化办学的政策，要求组建以优秀学校为龙头、跨地区、跨类别学校的教育集团，并发挥优秀学校的教育教学优势和品牌效应，通过资产和人员重组、输出教育管理，实行连锁办学，使龙头学校在教育理念、学校管理、教育科研、信息技术、教育评价、校产管理等方面统一管理，实现管理、师资、设备等优质教育资源的共享，从而优化教育资源配置，改造薄弱学校，提高办学质量和办学效

[①] 冯博：《城乡教育一体化与和谐发展》，《重庆社会科学》2008年第2期。
[②] 张爽、孟繁华、陈丹：《城乡学校一体化发展模式探究》，《中国教育学刊》2013年第8期。
[③] 刘秀峰、廖其发：《城乡教育一体化的成都模式及启示》，《教育与教学研究》2012年第7期。

益。① 该措施使多名教师加入了城乡互助活动,覆盖面逐渐扩大,在教育品质等方面成效明显,广大农村学生也因此受益。② 三是优质教育资源共享的寿光模式。寿光市以校舍安全工程和标准化学校建设为重点,在基础设施上下功夫;以"送教下乡"、集中培训和教育干部轮岗为重点,加快推进城乡师资队伍一体化;建立城乡教育共同体,开展"送教下乡""导师团"巡回指导、教育领导干部轮岗等活动,以及"名师带动""走出去、请进来"的办法提升师资水平;重视教育城域网的应用,不断充实更新教育资源库,让城乡师生都能通过网络接受与时代同步的优质教育,充分发挥该网集电子政务、信息发布、资源共享、远程教育、视频点播于一体的特点,建立、充实、完善资源库,实现了"校校通""室室通""教师户户通",开展了"网上教研"活动。并将这些措施全面推进,以局长为组长,统一领导,进行监督。形成了以信息化带动教育现代化的特点,实现了城乡优质教育资源共享。③ 四是城乡学校捆绑式发展的武侯模式。武侯区立足城乡一体化和管理体制创新,调整学校管理的权力结构,将原属乡(镇)管理的18所中小学划归区教育局直管,搭建城乡共享公共教育资源的工作平台;积极探索城乡学校"捆绑发展"新模式,将12所村小,与城区品牌小学一一结对、联体,形成12个"城乡教育共同体",采取"两个法人单位、一个法定代表人、一套领导班子,独立核算、独立核编"的办法进行统一管理,从而形成了城乡学校联合互动、协同发展的运行机制;加大了城乡学校干部交流力度,重新组建一套统一的领导班子管理学校;在提升专业水平方面,城乡学校制定了短期、中期、长期教师互派、交流、学习措施;将教研员分组派往12所小学进行捆绑"蹲点"服务;积极探索"校本与大校本培训结合"的继续教育模式,把培训效果与评聘、晋职、评优挂钩,融"学习、培

---

① 张金英:《城乡教育一体化的动力机制及战略研究》,硕士学位论文,天津大学,2010年。
② 王莉萍、蔡峻:《浙江杭州"名校集团化"办学之路》,http://www.urbanchina.org/n/2014/0828/c369544-25558425.html,2014年。
③ 王鑫福:《寿光市教育局:加快教育城乡一体化全力打造优质教育品牌》,http://wf.people.com.cn/GB/202199/205925/13377052.html,2016年。

训、实践"于一体；并通过微型科研，促进教师发展。① 五是辐射郊区的"奉贤模式"。上海市从薄弱郊区入手，加大对郊区学校建设的投入力度；加强配套商品房基地学校和幼儿园建设；进一步推进农民工子女学校纳入民办教育管理工作；扩大郊区优质教育资源；大力提升郊区师资队伍的整体素质；延长中心城区到郊区工作的中学高级教师退休年龄；给予支教教师生活补贴；进一步提高郊区中小学教师收入水平等。大力推进优质教育资源向郊区辐射，包括继续深化区县教育对口合作交流。探索建立健全对口交流区县联席会议制度、教师培训学分互认制度、专家聘任共享制度等。通过加大对农村学校的指导力度、组织郊区县学科带头人牵头开展学科教研活动、推进现代教育技术的应用等措施大力提升农村学校教育质量。② 六是教育信息助力的"上饶模式"。有学者针对江西省上饶市城乡义务教育存在的优质资源短缺、信息化设备落后等实际情况。通过政府投一点、企业拿一点、学校筹一点、学生补一点的方式，有效解决了信息化设备落后的问题，再通过与发达地区、当地师范院校的教育学院和优质学校牵线搭桥，充分利用信息化手段为农村地区的学校提供优质的教育资源和优质的教育服务，快速提升了当地农村薄弱学校的教育质量，有效地满足了老百姓对优质教育资源的渴望。③

（六）城乡义务教育一体化推进策略研究

学者们关于推进城乡义务教育一体化发展策略的研究主要关注了五个方面的问题。第一，明确政府权责，加强教育管理。有学者提出我国教育管理体制需明确从国家到自然村的权责划分，并加强各级政府对城乡教育统筹规划的领导与管理。也有学者从财政职责的角度考虑，指出了中央政府承担对省级政府财政转移支付职责；省级政府承担最主要的财政职责；县乡政府承担力所能及的财政职责。④ 关于建立健全教育问责

---

① 应雄、赵雅莉、汪光辉：《统筹城乡教育的"武侯模式"》，《成都日报》2005年10月19日第4版。

② 教育部：《上海市启动促进城乡教育一体化发展的七项举措》，http://www.edu.cn/info/jiu/xin_ xi_ zi_ xun/200902/t20090212_ 358240. shtml，2009年。

③ 任友群等：《"十三五"贫困县域教育信息化的推进模式研究》，《中国电化教育》2017年第1期。

④ 周晔：《城乡义务教育一体化的时代意蕴、形态与政府财政职责厘定》，《当代教育与文化》2014年第5期。

制度方面的研究,有学者指出重点强化对区域党政主要领导的考核与问责,将推进城乡教育一体化纳入政府绩效考核和官员施政约束的评价体系。① 也有学者提出国家层面应组建城乡义务教育一体化问责委员会,引入异体问责,通过建立问责标准体系,拓宽问责范围;规范问责程序,加大问责力度等策略,建构与城乡义务教育一体化发展目标和需求相适应的教育问责制。② 有学者从文化学的角度研究认为,村小撤并应将文化收益作为依据,兼顾学校布局和文化布局。③ 也有学者将距离与质量和当地特点综合考虑,认为小规模学校既要兼顾农村学生"就近入学"和"接受高质量教育"的需求,又要考虑当地的人口流动、数量等特点,确保不同类型、不同规模学校的合理并存。④⑤ 还有学者从公益性的角度研究认为,学校布局应避免损害弱势群体的利益和影响乡村文化的传播,要将乡村发展与城镇化进程联系起来考虑。⑥ 有学者从经济效益角度考虑,认为适度的学校撤并体现出积极的经济学意义,此过程也需将家庭距离、边际效益以及教育价值等问题考虑到位,使撤并合理适度。⑦ 第二,均衡师资配置。面对乡村师资不足、师资力量薄弱等问题,学者们的研究主要从师资的配置与专业发展、师资流动等方面考虑。师资配置与专业发展方面。有学者利用信息技术手段弥补乡村教师在数量与质量方面的欠缺,通过网络平台加强城乡之间的沟通与交流,实现城乡优势互补,实现城乡一体化课堂教学,实现城乡教师一体化协同发展,促进城乡教育和谐发展。⑧ 有学者指出要改革教师资源配置机制,并提出建立

---

① 范魁元、王晓玲:《城乡教育一体化背景下的教育管理体制改革研究》,《教育科学研究》2011 年第 6 期。
② 张旺、李慧:《城乡义务教育一体化进程中的教育问责制建构》,《教育理论与实践》2016 年第 13 期。
③ 龙宝新:《村小"消逝"现象的文化学思考》,《中国教育学刊》2012 年第 6 期。
④ 汪明:《关于农村中小学合理布局的几点思考》,《教育研究》2012 年第 7 期。
⑤ 郭清扬:《义务教育均衡发展与农村寄宿制学校建设》,《教育与经济》2014 年第 4 期。
⑥ 王海英:《农村学校布局调整的方向选择——兼谈农村学校"撤存"之争》,《东北师大学报》(哲学社会科学版)2010 年第 5 期。
⑦ 秦玉友、宋维玉:《农村学校布局调整的"经济"与"不经济"》,《南京社会科学》2018 年第 1 期。
⑧ 熊才平、吴瑞华:《以信息技术促进教师资源配置城乡一体化》,《教育研究》2007 年第 3 期。

农村教师特殊津贴制度、实行义务教育阶段教师身份的公务员化、强化农村教师培训机制、深化农村中小学人事分配制度改革等举措。[1] 也有学者认为城乡教师人事制度不科学,提出重建人事制度,优化教师队伍,如同工同酬、适当增加农村教师编制等。[2] 有学者进行了师资配置政策体系的构建,从数量和质量两方面构建师资编制标准,依据城乡学校同等地位,并向"弱势学校"倾斜、激励与强制相结合、稳定为主、流动为辅的原则,以政府为主导、市场为辅的手段构建师资配置政策体系。[3] 有学者提出建立农村义务教育师资专业发展平台,以学生人数为参考配置专业教师,保证学科教师和主干学科教师享有同等待遇和发展空间,完善城乡义务教育师资交流体制,实现校际师资资源共享以建设城乡一体化的师资配置体系。[4] 还有学者提出统筹城乡师资配置,合理核定义务教育学校教职工编制,实行教职工编制城乡、区域统筹和动态管理,完善教师招聘机制,着力解决乡村教师结构性缺员和城镇师资不足问题。[5] 第三,促进师资合理流动。有学者提出从建立城乡教师流动一体化管理机制、城乡学校经费投入一体化机制、完善城乡教师交流合作一体化机制、健全城乡教师流动管理问责制度四个方面进行城乡教师流动一体化发展机制的构建。[6] 也有学者提出应从流动教师的确定、调动、任用、激励、监督和评价着手,以规范城乡间教师的合理流动。[7] 还有学者提出完善教师流动政策体系,通过设置编制流动标准,健全管理制度,丰富流动模式,延长流动年限的方式,促进教师合理流动,此过程应注意尊重教师意愿,引导和激励教师合理双向流动,强化教师培养和培训,从源头缩

---

[1] 王鹏炜、司晓宏:《城乡教育一体化进程中的教师资源配置研究——以陕西省为例》,《陕西师范大学学报》(哲学社会科学版) 2011 年第 1 期。

[2] 刘丽丹、刘俊强:《城乡义务教育一体化的制度瓶颈与破解路径研究》,《教育评论》2017 年第 7 期。

[3] 吴孝:《试论城乡义务教育一体化师资配置政策路径》,《教育评论》2016 年第 1 期。

[4] 王广飞、符琳蓉:《城乡教育一体化推进义务教育均衡发展的困境与对策》,《农村经济》2018 年第 3 期。

[5] 李帅超:《城乡义务教育一体化研究》,硕士学位论文,郑州大学,2016 年。

[6] 余应鸿、董德龙、胡霞:《城乡教师流动及其一体化发展机制研究》,《教育理论与实践》2013 年第 31 期。

[7] 余必健、谭净:《城乡教育一体化背景下县域中小学流动教师管理机制探究》,《教育与教学研究》2015 年第 11 期。

小城乡师资质量差距,依法推进教师流动工作。[①] 第四,创新体制机制。如前所述,体制机制是学者们关于城乡义务教育一体化发展谈论的较多也较深入的问题之一。体制是关于机构设置、权力划分、职责分配的制度安排,是具有目的性、强制性的;机制是为了调动制度承受者按照制度设计者的意图积极行动所涉及的整套规范体系,具有规律性、自愿性。[②] 科学的体制机制是推进城乡义务教育一体化发展的重要保障。有学者认为要大力支持民办教育发展,清理并纠正对民办学校的各种歧视政策,制定完善促进民办教育发展的优惠政策,解决优质学校数量不足问题。[③] 也有学者指出办学体制方面缺乏城乡一体化的视角,因此在办学体制改革中,需要采取多种方式开展城乡学校的互惠互动,从政府管理、多元办学主体参与、城乡学校互动互惠机制的建立以及打工子弟学校规范化管理等方面进行改革。[④] 有学者指出应该明确各级政府解决城乡教育差距问题的经费保障责任与解决农民工子女义务教育问题的教育投入责任,建立中央政府、输入地政府与输出地政府的分担机制,扩大公共财政覆盖城乡教育尤其是农村教育和流动人口教育的范围。[⑤] 也有学者提出要加大对农村义务教育投入,完善农村义务教育经费保障机制;加大省级政府的财政转移支付力度,缩小县(区)间义务教育投入差距;完善义务教育财政管理制度;加强义务教育财政法制建设。[⑥] 也有学者认为在城乡义务教育一体化背景下,应构建城乡一体化的义务教育投入体制;建立乡村社会与农村义务教育的有机联系,对乡村社会进行制度化赋权,

---

[①] 邱芳婷:《县域城乡教育一体化教师流动的现实问题与对策》,《教育探索》2016年第2期。

[②] 邬志辉:《当前我国城乡义务教育一体化发展的核心问题探讨》,《教育发展研究》2012年第17期。

[③] 褚宏启:《教育制度改革与城乡教育一体化——打破城乡教育二元结构的制度瓶颈》,《教育研究》2010年第11期。

[④] 高莉、李刚:《城乡教育一体化背景下的办学体制改革研究》,《教育科学研究》2011年第6期。

[⑤] 褚宏启:《教育制度改革与城乡教育一体化——打破城乡教育二元结构的制度瓶颈》,《教育研究》2010年第11期。

[⑥] 闫德明:《城乡义务教育经费投入一体化水平实证研究——以X省为例》,《教育发展研究》2015年第3期。

提高农村义务教育在县乡政府目标函数中的权重。① 第五，重新定位课程与乡村文化。重视文化因素。关于该方面的研究，主要从乡村文化、一体化文化的视角展开。有学者认为要重新定位乡村学校文化，实现由教育现代化到本土化、乡土价值挖掘到校本文化开发、培养目标一极化到一体化、变革真空地域到教改实验区的转型。② 也有学者认为应促进乡村文化的转型与变迁，构建生态文化场，促进城乡文化交流，建立文化认同桥梁，关注乡村学校中人文个体，整合多元文化，开发特色校本文化。③ 也有学者认为需要通过构建文化共同体、建立稳健的转型机制、开展改革实验等途径来进行有效乡村文化的调适。④ 有学者认为应从匡正原有的观念文化，建立创新的制度文化，破解固有的方式文化来进行城乡基础教育一体化的文化重构与动力聚合。⑤ 也有学者提出依赖于对文化多样性的理解和文化自觉的精神，可以形成城市和农村共同认可的"基本秩序和共处守则"、以宽容和对话为特征的教育方式来培养既体现本文化特质又能理解、尊重异文化的文化主体。⑥ 还有学者提出构建"和而不同"的城乡文化关系，通过制度创新消解文化阻力。⑦ 有学者指出城乡教育一体化背景下，城乡课程价值取向应有所差异，并将城乡义务教育课程价值分为"自然"回归的实现、文化关怀、社会价值、人的发展四方面。⑧

---

① 曲铁华：《中国农村义务教育投入体制变迁及改革路径》，《社会科学战线》2017 年第 2 期。

② 纪德奎、张海楠：《城乡教育一体化进程中乡村学校文化的本土化选择》，《中国教育学刊》2013 年第 10 期。

③ 张海楠：《城乡教育一体化进程中乡村学校文化转型的影响因素研究》，硕士学位论文，天津师范大学，2014 年。

④ 纪德奎：《城乡教育一体化进程中乡村学校文化的冲突与调适》，《教育发展研究》2013 年第 21 期。

⑤ 陈大兴：《城乡基础教育一体化的文化逻辑与现实冲突》，《教育文化论坛》2010 年第 5 期。

⑥ 魏峰：《城乡教育一体化：基于文化视角的分析》，《复旦教育论坛》2010 年第 5 期。

⑦ 方晓田、靖东阁：《论我国城乡教育一体化的文化阻滞力》，《高等农业教育》2014 年第 10 期。

⑧ 王汉江：《论城乡义务教育课程价值取向的"同"与"异"》，《教育导刊》2016 年第 12 期。

（七）教育信息化促进城乡义务教育一体化发展的研究

教育信息化依托网络技术和多媒体技术，借助于现有的通信网络，打破地域的界限，实现信息资源的共享，扩大优质教育资源的覆盖面，可以部分解决基础教育资源配置不均衡的问题，有效地促进城乡义务教育一体化发展。有学者认为，信息化对于义务教育乃至整个基础教育的变革与发展均具有革命性的影响，它通过信息技术优化教育教学过程，进而变革和重塑整个教育系统。一定要抓住机会利用好信息化促进义务教育的变革与发展，促进义务教育优质均衡发展和教育公平。① 数字学校建设、教学模式创新、城乡牵手与家校共建以及全媒体适切性资源建设是信息化促城乡义务教育一体化发展的有效路径。② 有学者提出了云环境下面向区域教育资源共享的分层框架模型。该模型以整体观的视角推动城乡义务一体化资源的建设。③ 有学者从系统科学的视角出发，分析了信息化促进优质教育资源共享系统的核心要素，提出了信息化环境下优质教育资源共享的结构——功能分析框架，并基于此框架探讨了当前实践中影响共享效率的三个典型问题：不同地区学校信息化基础设施和终端设备条件差异巨大；数字化资源建设与使用缺乏有效机制；对于资源共享效率缺乏科学评价和评估方法。④ 在复杂性科学理论的启示下，从微观到宏观层面提出了提高资源共享的有效途径，有学者认为要充分与国家信息中心、网络公司积极合作，实现县域内教育应用服务的精准供给，以数据挖掘技术深入分析上述多维度海量数据，促进县域内城乡义务教育一体化发展。⑤ 有学者认为以信息化促进义务教育均衡发展的核心是教

---

① 黄荣怀等：《教育信息化促进基础教育变革的影响因素研究》，《中国电化教育》2016年第4期。

② 杨宗凯：《"三通两平台"促进教育教学创新——以苏州教育信息化发展实践为例》，《中国教育信息化》2014年第12期；胡永斌、黄荣怀：《精品资源共享课的资源建设和开放共享现状调查——信息化促进优质教育资源共享研究（一）》，《电化教育研究》2015年第2期。

③ 刘清堂等：《云环境下区域教育资源共享的分层框架设计研究》，《中国电化教育》2016年第12期。

④ 田俊、王继新、王萱：《"互联网＋在地化"：乡村学校教学质量提升的实践研究》，《中国电化教育》2019年第10期。

⑤ 任友群等：《教育信息化：推进贫困县域教育精准扶贫的一种有效路径》，《中国远程教育》2017年第5期。

育信息化一体化,从信息化的视角来看,影响农村教育教学质量提高的不仅是网络和计算机等硬件环境,还有支持课程教学的教学资源以及实施课程和教学的教师信息化教学能力,这三者构成了信息化影响教育均衡发展的关键因素。因此,以提升教育质量为基本价值取向和目标的均衡不能将条件均衡、过程均衡和结果均衡线性或条块地分割,而应以结果均衡为导向,过程均衡为手段,条件均衡为前提,统筹推进教育信息化一体化,系统优化教育教学资源的配置。①

二 教育信息化促进民族地区城乡义务教育一体化发展的文献分析

文献研究发现,学者们关于城乡义务教育一体化发展的研究无论是理论探讨还是实践探索方面都取得了巨大的成就,在一定程度上促进了城乡义务教育一体化发展。在理论研究方面,厘清了城乡义务教育一体化发展的内涵,明确了存在的问题与障碍,在一定范围内确定了评估指标、分析框架和实践路径;在实践探索方面,大部分研究都能结合当地的实际、结合相关理论和政策,探索具有本地特色的、适合本地实际的城乡义务教育一体化发展模式,极大地促进了当地城乡义务教育一体化发展。信息化在促进城乡义务教育一体化发展方面的巨大优势已得到普遍认同,但大多研究还停留在理论探索层面,实践领域的推进也主要集中在中东部地区。具体来说,还存在五个方面的问题。一是政策研究中的城乡二元化倾向明显。就已有的城乡义务教育一体化的政策进行分析,其城乡二元化倾向明显,仍然以城市思维为主导,多强调城市教育对乡村教育的输入,如城市教师去乡村支教、鼓励特岗教师去农村学校等措施,这些举措的初衷是为乡村教育的发展助力,然而,这种举措存在一定的不确定性和暂时性,为乡村教育的发展也会带来一些潜在的影响,使乡村教育、乡村学校更加薄弱,并逐渐沦为城市学校、教师的试验田。反观乡村教育对城市教育的输出,主要是农村优质资源的单向流动,这种现象使城乡教育两极分化越来越明显。因此,应转变制定政策的思维路径,实现城乡双向互动。二是实践模式探索的地域差距显著。城乡义

---

① 彭红光、林君芬:《以信息化促进义务教育均衡发展的机制和策略》,《中国电化教育》2010年第10期。

务教育一体化的研究多是从大范围的角度开展，其实践模式的介绍、借鉴也多以发达地区为主，如上海、山东、杭州等地，对于欠发达地区的实践研究相对较少，特别是民族地区，由于经济、地域等问题，其整体教育质量欠佳，针对这一现状，民族地区如何享受到优质的课程资源与教师？城乡义务教育一体化如何实现？又如何达到全国意义上的城乡义务教育一体化？类似问题的研究还较为缺乏或不够深入。三是县域内的一体化研究不足。文献梳理发现，城乡义务教育一体化的研究中，多从"城"与"乡"两个大的范围进行探索，改革策略的城乡对立明显，只有近几年的文献中，出现关于县域内城乡义务教育一体化的研究，而城乡本就是一个相对的概念，有学者就提出对乡村来说，镇区为城；对城市来说，镇区为乡，并由此提出了县域内一体化、市域内一体化与省域内一体化的推进层级。显然，我们较多地关注了传统的城乡教育二元结构，对各区域内的教育一体化与各区域间的教育一体化关注不够。四是体制机制研究针对性不强。关于城乡义务教育一体化体制机制的研究中，目前多涉及教育管理、教育投入、办学、招生、师资等宏观层面，在一定程度上形成了体制机制研究的框架，但从政策实施到落地生根也需要更多微观层面的体制机制研究作为保障。就已有研究文献来看，这方面的研究略显薄弱，使一些政策措施在执行的过程中缺乏体制机制的保障，导致执行过程不顺畅，政策福利无法落地生根。五是课程与文化的研究相对薄弱。就目前文献来看，现有论文成果多集中于政策、体制机制以及师资等方面，关于城市和乡村的课程与文化研究相对薄弱，已有的研究也多从乡村文化的视角，关注到乡村文化的定位与转型等。然而，教育问题虽然有其客观内容，必须尊重文化传承和人的发展的客观规律，但从本质上来说它是主观的，具有社会历史性和文化制约性。因此，在城乡义务教育一体化的背景下，对于乡村文化、城市文化以及城乡的课程取向等方面的研究有助于进一步探索推进一体化的策略建议，这方面亟待加强。

总之，随着人民生活水平的提高，老百姓对公平而有质量的教育的向往更加迫切，当前城乡义务教育一体化发展的进展情况与国家的要求和广大老百姓的需求之间还存在很大的差距，还需要更加深入的理论研究和实践探索。国家城乡义务教育一体化发展战略的重心应该在西部，而西部农村地区和民族地区是西部城乡义务教育一体化发展的重中之重，这些地区在城乡义务教育一体化发展方面面临许多特殊性和复杂性的问题，需要有针对性的深入研究。文献研究中也可以看出，基于民族地区特殊和复杂教育实际的城乡义务教育一体化发展的研究，不仅数量不多，而且高水平的研究成果匮乏。当前关于民族地区城乡义务教育一体化发展研究的成果不能很好地为民族地区城乡义务教育一体化发展提供科学的理论指导和有效的实践策略。因此，需要从以下几个方面深入推进城乡义务教育一体化研究，以期能为推进民族地区城乡义务教育一体化发展提供切实可行的理论指导和实践策略。第一，转变城乡二元化的政策思维。城乡二元化、城市思维为主导的政策制定，必然会使乡村教育沦为城市教育的附属品，因此，需要转换政策思维，改变城市教育向农村教育的输入模式，以一体化、城乡互动的思维，处理城乡义务教育一体化中的问题，将农村教育与城市教育地位并重，实现城乡的双向互动。第二，加强对欠发达地区的一体化探索。我们应在借鉴已有研究成果的基础上，在扩大研究范围的同时，将研究细化，关注一些特殊的、薄弱的地域，探索适切性的一体化道路。如加强民族地区城乡义务教育一体化的研究，一些民族地区相比汉族地区经济能力较弱，因此，"以县为主"的行政管理体制在民族地区的执行能力略显不足，此时，是否需要将管理权利上移，实施高位统筹等。又如贫困县、贫困地区如何发展教育一体化，如何形成自己的模式以解决优质的课程资源与教师资源共享等问题，需要在今后的研究中着力探索，积极寻找推进欠发达地区的教育一体化措施，努力使欠发达地区的教育达到全国意义上的一体化。第三，致力于县域内的一体化研究。针对区域内的一体化研究不足的问题，笔者认为应加强县域内的城乡义务教育一体化研究，打破城乡对立，将城乡传统的结构划分进一步细化，从村镇、镇县、县市、市省、省际的角度，逐级开展研究，从相对小的区域范围到最后实现全国范围的一体化。当然，这样的划分并不意味着绝对的割裂，而是具有交叉性，如村镇实现一体化后，村镇以一个整体再与县开展一体化，整个过程应是同步双向开展，逐级评估的过程。第四，完善微观层面的体制机制。生态系统理论中将人的生存环境划分为微观、中间、外部、宏观以及时间五个系统，并指出了不同的背景因素对个体的影响。而城乡义务教育一体化的研究中关于宏观系统的政策、体制机制的研究已取得一定的成果，涉及投入、办学等方面，为体制机制的研究提供了方向。但是，关于微观的系统研究较少，使政策在执行的过程中缺乏相应的体制机制保障，如乡村学校中，由于缺少代课教师，教师无法外出学习，学校又基于上级的硬性指标，不得已选派学校的无关人员外出，从而导致培训专业户的出现。又如学校的教师招聘、城市教师怎样与农村学校交流等方面的问题，需要加强微观层面的体制机制研究，来保障执行的顺畅性。第五，加强城乡义务教育一体化的"软件"方面的研究。城乡义务教育一体化并不意味着城乡一样化，也不代表农村教育城镇化，因而失去农村教育的特色。目前的城乡义务教育一体化中，多关注到城乡义务教育的硬件配置、校舍建设等"硬件"方面，一体化指标体系的研究中"硬件"指标也占比重较大，追求城乡学校在硬件配置等方面的齐全化，而对一体化中的"软件"方面，相关研究略显薄弱，如城乡义务教育一体化背景下的城乡课程取向、城乡文化的冲突与转型，以及硬件操作方面的技术、城乡教师编制安排等问题急需研究，以避免城乡教育一样化，失去各自的优势与特色。第六，重视信息技术在推进城乡义务教育一体化发展中的作用。20世纪80年代以来，信息技术在促进教育发展中的作用日益凸显。近年来，随着虚拟现实、增强现实、人工智能、类脑智能、大数据等技术的快速发展，使得新信息技术逐渐变成教育的新引擎。它能最大限度地聚合优质资源、共享优质资源，并能实现有效的交流活动。这些优势正好能够解决民族地区因居住环境、文化因素带来的资源共享困难、交流互动不便等问题。因此，需要进一步加强信息技术在推进民族地区城乡义务教育一体化发展中作用的研究。

第二章

城乡义务教育一体化政策沿革及推进策略

教育政策作为国家一项重要的公共政策，其实施效果对国家教育发展具有重要影响。城乡教育一体化是城乡经济社会一体化的客观要求和重要组成部分，是促进教育公平、实现城乡和谐发展的重要举措，已经成为新时代我国城乡教育发展的战略任务和重要目标。事实上，城乡教育，尤其是城乡义务教育一体化发展问题是我国教育政策长期关注的问题之一，既呈现出阶段性的特征，又保持着相对统一的目标；既有政策关注焦点的适当调适，也有政策执行重心的轻微变化。梳理城乡义务教育一体化政策历史，对于推进城乡义务教育一体化发展，实现每个孩子都能享有公平而有质量的教育的目标具有重要意义。

第一节 城乡义务教育一体化政策的沿革

一 从城乡二元体制到城乡一体化发展

（一）城乡二元体制的产生与发展

城乡二元体制是指在城乡之间实行两种不同的制度安排及运行模式。新中国成立之初，我国积贫积弱，百废待兴，1953年国家实施了第一个五年计划，开始了大规模的经济建设。大量农村人口流入城市务工，极大地促进了城市的发展。但同时也导致了农村的发展步伐变慢，因为农村剩余的劳动力不足以支持和满足农村社会的正常发展。更为严重的是出现了农副产品短缺的局面和粮食市场混乱的现象。为了控制粮食市场混乱的局面，国家出台了《关于实行粮食计划收购和计划供应的命令》，形成了国家对粮食市场计划收购、计划供应的统购统销体制，限制了农副产品的自由流动，致使农民失去了对自己生产的农副产品的支配权，堵死了城乡间商品流通的渠道，同时又禁止农民自由流向城市。国家还规定城镇非农业人口一律实施居民口粮分等定量，居民凭证购买口粮。这些规定显然是将农村人排除在外的，限制了农村人在城市取得口粮的可能性。1953年以后，政府通过农业生产合作社来限制土地和人口流动。1958年1月9日，全国人大常委会第九十一次会议通过并正式颁布了《中华人民共和国户口登记条例》，将中国社会的全部人口以出生地为基础划分为非农业人口和农业人口，两种户口类型不能随意转换，城乡人口的自由流动受到了限制。政府通过户籍管理制度将城乡分割为两个不同的利益群体，并与教育、医疗、养老、就业等制度紧紧捆绑在一起，基本上把农村人口排除在国家社会福利之外。在城乡二元体制下，城乡间相互封闭、相互隔绝、生产要素无法自由流动，加上国家重视城市发展的战略，致使农村长期处于缓慢发展状态。① 1978年，十一届三中全会以后，城乡的二元体制逐渐松动，城乡关系逐渐开始由市场来调节，政府对城乡关系控制逐渐减弱。从1979年开始，国家大幅度提高了农副产品的收购价格，1985年1月1日，中共中央、国务院发布的"中央一号文件"《关于进一步活跃农村经济的十项政策》取消了统购统销制度，促进了农村经济的增长，城乡经济开始出现良性循环的局面。1985年之后，以城市为重点的经济改革全面展开，城乡联系和交流不断加大，经济活力进一步增强。但新的城乡关系新的矛盾又出现了。伴随着城市改革的加快，各种资源又一次大量涌向城市，城乡关系逐渐走向失衡，工业高速增长，农业低速发展，城乡居民收入及生活差距再次拉大。从此，我国的城市走上了一条特殊的发展道路，城乡不均衡发展成为常态。②

（二）统筹城乡发展推进城乡一体化

2002年十六大明确提出"统筹城乡经济社会发展"的思想。2003年十六届三中全会提出了科学发展观，强调按照"统筹城乡发展、统筹区

---

① 刘应杰：《中国城乡关系演变的历史分析》，《当代中国史研究》1996年第2期。
② 徐同文：《城乡一体化体制对策研究》，人民出版社2011年版，第35页。

域发展、统筹经济社会发展、统筹人与自然和谐发展、统筹国内发展与对外开放"的要求推进各项事业的改革与发展,建立有利于逐步改变二元经济结构的体制。2005年12月29日,胡锦涛签署第46号主席令,宣布全面取消农业税。2007年,党的十七大报告首次使用了"城乡经济社会发展一体化"这一概念,并在国家政策层面确立城乡一体化的发展目标,强调建立"以工促农、以城带乡"的长效机制,形成了城乡经济社会发展一体化的新格局。2008年10月,党的十七届三中全会指出,我国总体上已经进入"着力破除城乡二元结构、形成城乡经济社会发展一体化新格局"的重要时期。2011年3月,十一届全国人大四次会议表决通过的《中华人民共和国国民经济和社会发展第十二个五年规划纲要》,强调要按照统筹城乡发展的要求,推进基本公共服务均等化,建立健全城乡发展一体化制度。此外,在2004—2012年的九个中央一号文件中,都重点强调要促进农村经济社会发展,加大城乡统筹力度,促进农业农村持续稳定发展。2012年党的十八大指出,加快完善城乡一体化体制机制,着力在城乡规划、基础设施、公共服务等方面推进城乡一体化发展,促进城乡要素平等交换和公共资源的均衡配置,形成以工促农、以城带乡、工农互惠、城乡一体的新型工农关系、城乡关系。[①] 2017年,党的十九大报告指出,要坚持农业农村优先发展,按照产业兴旺、生态宜居、乡风文明、治理有效、生活富裕的总要求,建立健全城乡融合发展体制机制和政策体系,以城市群为主体构建大中小城市和小城镇协调发展的城镇格局,加快农业转移人口市民化。完善统一的城乡居民基本医疗保险制度和大病保险制度。完善失业、工伤保险制度。建立全国统一的社会保险公共服务平台,统筹城乡社会救助体系,完善最低生活保障制度等,全面推进城乡一体化发展。

二 我国城乡教育二元发展时期

（一）城乡教育二元结构的形成与发展

新中国成立初期,城乡二元结构逐渐形成并直接影响着国家对城乡教育政策的安排,城乡教育也因此形成了二元发展的格局。1953年,政

[①] 张旺:《城乡义务教育一体化发展研究》,教育科学出版社2017年版,第35页。

务院发布的《关于整顿和改进小学教育的指示》提出，在农村，为适当解决农村子女入学问题，应根据需要与自愿的原则，提倡民办学校（包括完全小学），充分发挥群众自己办学的积极性。对于少部分乡村公立学校，其办学经费由各县人民政府统筹解决，如有不足，应该在群众自愿的原则下筹款备料，或采取群众献工献料等办法加以解决。新中国成立初期，在政府财政不足的情况下，我国实行的"统收统支、分级管理"的教育管理和投入体制，使得政府主要负责城镇公办学校的教育管理和经费投入。在广大农村地区则主要依靠农民自己通过征收附加公粮或者教育事业附加费，甚至发动群众筹款备料，这些政策措施带来的直接后果就是农村掀起了一股兴办民办学校的高潮，农村产生了大量的民办学校。《关于整顿和改进小学教育的指示》明确提出要限制农村公办小学发展，鼓励民办小学（包括完全小学）的发展，使得公办学校在农村的发展遭受抑制。由此我国教育形成了城市以公办学校为主，农村以民办学校为主的格局。1958年1月，第一届全国人大常委会议通过并公布实施《中华人民共和国户口登记条例》，以城乡分割的二元户籍为特征的中国现代户籍制度正式确立，人为地将居民分为农业人口和非农业人口，在限制城乡人口自由流动的同时，将居民划分为两种身份截然不同的群体。在这种户籍制度的影响下，城乡在政治、经济、文化、教育等各个方面的差距越来越大，造成了城乡教育之间的不公平，拉大了城乡教育之间的差距。最直接的表现在政府对于城乡义务教育财政投入的不公平，这种教育资源的不合理分配使得城乡教育差距越拉越大。

从新中国成立到1966年，这一个时期我国教育体制基本都是在模仿和照搬"苏联模式"。在苏联"精英化"教育发展路径的指引下，国家的教育重心逐渐上移。培养专门人才的高等教育获得优先发展，在中小学阶段实行重点学校制度，甚至出现了重点班。城市教育为国家重点关注的对象，农村教育逐渐式微，城乡教育差距逐渐拉大，两者出现了功能和层次上的差别，城市教育逐渐演化成为升学而准备的"精英教育"。而农村教育逐渐沦为低层次、低端生产力输出者的教育，这严重伤害了农村学校及学生升学的积极性。

（二）城乡教育二元结构的深化

1978年，党的十一届三中全会决定把党和国家的工作重点转移到以经济建设为中心的社会主义现代化建设上来。政府逐步松动了户籍制度的限制，取消了统购统销制度和人民公社制度，农村教育出现了由于制度变迁而导致的"体制真空"问题。针对这种问题国家鲜有补偿措施，而是把重点转移至高等教育以及提高教育质量上，因此造成了农村地区大量教师流向城镇地区。无奈之下，只能大幅撤并农村中小学，农村学校数量锐减。教育资源大量流向城市，农村教育遭到忽视，造成了农村教育严重衰退。为解决这一问题，1983年5月中共中央、国务院发布了《关于加强和改革农村学校教育若干问题的通知》，提出了在传统农业向现代农业转化的新形势下办好农村教育的任务和措施。但这一重大决定并未使农村教育"体制真空"问题得到彻底解决，农村教育的衰退局面也并没有得到根本改观。1985年5月，中共中央发布了《中共中央关于教育体制改革的决定》，明确规定把发展基础教育的责任交给地方，有步骤地实行九年义务教育，实行基础教育由地方负责、分级管理的原则，在实践中逐渐转化为"县办高中、乡办初中、村办小学"的办学模式，进一步加剧了城乡教育的不均衡态势。1992年3月，教育部颁布的《中华人民共和国义务教育法实施细则》第五条规定，农村的义务教育以县为单位组织进行，并落实到乡（镇）。第二十九条规定，依法征收的教育附加费，由乡级人民政府负责统筹安排，主要用于支付国家补助，集体支付教师工资，改善办学条件和补充学校公用经费等。第三十条规定，实施义务教育的学校新建、改建、扩建所需资金……在农村由乡村负责筹措，县级人民政府对有困难的乡、村可酌情予以补助。1994年7月颁布的《国务院关于〈中国教育改革和发展纲要〉的实施意见》明确提出了到2000年时我国基本实现"两基"目标。面对"普九"的攻坚任务，举债办教育就成为县乡两级政府的主要选择，这就在客观上造成了普遍存在的"普九欠债"问题。

三 城乡义务教育从不均衡逐渐走向均衡发展时期

改革开放以来，义务教育经历了从非均衡发展到均衡发展的政策变迁历程。[①] 自2002年教育部在《关于加强基础教育办学管理若干问题的

---

① 王星霞:《义务教育发展政策变迁：制度分析与政策创新》,《河南大学学报》（社会科学版）2017年第2期。

通知》中提出要积极推进义务教育阶段学校均衡发展时起,均衡发展就成为义务教育全面普及之后的战略性任务。

(一) 义务教育非均衡发展阶段

十一届三中全会以后,改革与发展成为整个时代的主旋律。我国义务教育也迎来了一个大发展的历史时期。在扩大规模和提高质量的双重要求下,义务教育走上了"地方办学、分级管理"的发展路径。此外,城市优先发展的一贯安排和重点学校制度的重建,使义务教育"非均衡"的趋势得到进一步强化。众所周知,综合国力的竞争实质就是人才的竞争,归根到底是教育的竞争。因此,改革开放以来,我国政府提出了要"像抓经济工作那样抓教育"的发展战略目标。发动广大群众集体办学的方法就是新时期基础教育发展的基本模式。这一思想在1985年5月27日颁布的《中共中央关于教育体制改革的决定》中得到了体现,规定"地方办学、分级管理",并在次年颁布了《中华人民共和国义务教育法》,使地方承担义务教育经费的筹措和适当收取学杂费的做法以法律的形式确定下来。"地方办学、分级管理""人民教育人民办、办好教育为人民"成为这一时期义务教育的行动纲领,中央政府也因此将义务教育的责任进行最大限度地下放,甚至连贫困地区的义务教育,国家在"补助"与"自助"的权衡下,也更加重视地方的"自助"作用。由于不同地方、不同级别的人民政府之间的财力相差巨大,使义务教育产生了明显的区域差别、城乡差别。此外,由于县、乡财政的短缺,尤其是乡镇一级的财政更是短缺,很多地方出现了拖欠教师工资的情况,甚至有些地方的教师两年都拿不到工资。"群众支持办教育"的收费政策,也在现实中逐渐演变成教育乱收费、以优质教育资源换取高额"择校费"等现象,大大加重了学生家庭的经济负担,也使教育公信力逐渐下降,从而引起人们对教育公平问题的强烈关注。另外,我国的现代化建设战略是一种梯度发展战略,这一发展战略是以不均衡为"发展起点"和"发展代价"的。梯度发展战略暗含"效率优先、兼顾公平"的发展理念是"短缺社会"的必然选择。1985年出台的《中共中央关于教育体制改革的决定》,对义务教育的发展沿袭了此战略,即根据我国经济、文化发展不平衡的现状,各地区义务教育的内容因地制宜,各不相同。全国可以大致划分为三类地区:一是约占全国人口四分之一的城市、沿海各省中的经济发达地区和内地少数发达地区。在这类地区，相当一部分已经普及初级中学，其余部分应该抓紧按质按量普及初级中学，在1990年前后完成。二是约占全国人口一半的中等发展程度的镇和农村。在这类地区，首先抓紧按质按量普及小学教育，同时积极准备条件，在1995年前后普及初中阶段的普通教育或职业和技术教育。三是约占全国人口四分之一的经济落后地区。在这类地区，要随着经济的发展，采取各种形式积极进行不同程度的普及基础教育的工作。对这类地区教育的发展，国家尽力给予支援。国家还要帮助少数民族地区加速发展教育事业。地方各级人民代表大会根据本地区的情况，制定本地区的义务教育条例，确定本地区推行九年制义务教育的步骤、办法和年限。梯度发展的结果必然导致全国义务教育发展不均衡。[1] 改革开放后，我国恢复了重点学校制度，重点学校制度的重建对义务教育阶段的学校之间的均衡发展更是雪上加霜。1977年5月，邓小平同志在《尊重知识，尊重人才》中针对我国现代化建设急需人才的状况指出：办教育要两条腿走路，既注意普及，又注意提高。要办重点小学、重点中学、重点大学。要经过严格考试，把最优秀的人集中在重点中学和重点大学。这是关于建设重点学校的明确指示。当时在教育资源不足的情况下，以"效率优先"的重点学校政策，迅速培养了大批国家建设所需要的优秀人才，极大地促进了国家经济社会的快速发展，但也给学校之间造成了越来越大的差距，义务教育发展的不均衡成为必然。

（二）义务教育政策由非均衡发展向均衡发展转变时期

1. 义务教育均衡发展政策的提出与初步发展

第一，落实"分级管理、以县为主"的教育管理体制。2002年党的十六大提出了"全面建设小康社会"的目标，在教育发展方面，提出了要坚持教育创新、深化教育改革、加大对教育的投入和对农村教育的支持，全面推进素质教育。2002年4月，国务院办公厅下发了《关于完善农村义务教育管理体制的通知》，进一步明确了"分级管理，以县为主"的教育管理体制，强调了农村义务教育是涉及农村经济社会发展全局的

---

[1] 王星霞：《义务教育发展政策变迁：制度分析与政策创新》，《河南大学学报》（社会科学版）2017年第2期。

一项战略任务,通过具体的划分,明确各级政府责任,加强对农村义务教育的领导和管理。这种义务教育管理体制被简称为"以县为主",包括以下几方面:一是县政府对本地农村义务教育负有主要责任;二是县政府要抓好中小学的规划、布局调整、建设和管理;三是县财政统一发放教职工工资;四是县教育行政部门统一负责中小学校长、教师的管理;五是县教育行政部门负责指导全县学校的教育教学工作。对财政困难的县,省财政或中央财政应实施义务教育专项转移支付政策。①"以县为主"体制的提出,强化了义务教育发展中地方政府的责任,重点是将农村义务教育的责任主体由原来的乡镇政府提升到县级政府,变三级办学为两级办学,以消除或降低由税费改革给义务教育发展带来的负面影响。"以县为主"体制的实施,给农村教育带来了巨大变化。以往的以农村集体和农民个体集资为主的供给方式让位给县级人民政府,同时中央和省级财政的扶持力度也有所加大。这些举措体现了政府开始全面承担义务教育供给责任的强大决心,农村大面积拖欠中小学教职工工资的现象也因此得到有效遏制并逐渐杜绝,为城乡义务教育均衡发展做好了政策准备。2002年《教育部关于加强基础教育办学管理若干问题的通知》首次提出积极推进义务教育阶段学校均衡发展的目标。2004年2月,教育部颁发了《2003—2007年教育振兴行动计划》,重点推进农村教育改革与发展,进一步落实"在国务院领导下,由地方政府负责、分级管理、以县为主"的农村义务教育管理体制。2005年12月,国务院颁布的《关于深化农村义务教育经费保障机制改革的通知》再次明确了"分级管理、以县为主"的体制,建立了中央和地方按比例分担的农村义务教育经费保障机制,做出了全部免除农村义务教育阶段学生的学杂费,提高农村义务教育阶段中小学公用经费保障水平等规定,指明了农村义务教育经费保障机制改革的时间节点、责任主体、实施路径和具体步骤。通过上述一系列的政策推动,不仅有效确立了"分级管理、以县为主"的义务教育管理体制,明确了从中央到省市,县区到乡镇各级政府的权责和分担比例,而且针对政策实施过程中出现的问题给予了及时有效的解决。2006年6月,第十一届全国人大常务委员会通过了新修订的《中华人民共和国义务教

---

① 柳斌:《科教兴国战略要首先落实在义务教育上》,《人民教育》2001年第10期。

育法》规定要进一步加大对农村教育经费保障的力度、加强对贫困地区的支持。"素质教育"首次被写入义务教育法,体现"以学生为本"的教育理念,并将义务教育均衡发展纳入了法制轨道。由于城乡差异化发展的时间较长,所以短期内不可能彻底转化,加之随着我国经济实力大幅提升,城乡、区域、经济社会发展不平衡又一次开始凸显。针对这一现实,党中央审时度势,在2007年党的十七大中提出了建立以工促农、以城带乡长效机制,形成城乡经济社会发展一体化新格局的战略决策,首次使用了"城乡经济社会发展一体化"这一概念。2009年,教育部召开的全国推进义务教育均衡发展的经验交流会,对推进义务教育均衡发展的意义、目标、关键环节、实施责任与要求等进行了全面部署。

第二,实行"各级政府分担、经费省级统筹、管理以县为主"的义务教育财政政策。2001年,《国务院关于基础教育改革与发展的决定》的出台,标志着我国第二次义务教育财政分权体制的开始。这次义务教育财政分权体制改革明确了以县为主、地方政府负责的政策思路,把义务教育办学的责任,落实到了县级层面,使我国农村义务教育由"人民办"转向了"政府办",是农村义务教育管理体制的一次历史性跨越。同时还规定了各级政府需要通过转移支付来加大对偏远地区、贫困地区、少数民族地区义务教育的补助与扶持。然而,从整体效果来看,这次改革只是将义务教育的管理权从乡镇政府上移到了县级政府,县级政府承担了义务教育支出的主要责任,却没有从根本上改变我国农村义务教育不合理的财政分权体制现状。[①] 针对这一问题,2003年,《国务院关于进一步加强农村教育工作的决定》中强调确保税费改革后农村义务教育的投入不低于改革前的水平并力争有所提高,《决定》将义务教育的财政责任提升到省级层面,明确了省级政府要切实均衡本行政区域内各县财力,逐县核定并加大对财政困难县的转移支付力度。2005年5月,教育部印发了《关于进一步推进义务教育均衡发展的若干意见》。这是第一个全面阐述义务教育均衡发展的政府文件。《意见》指出要将农村义务教育全面纳入公共财政保障范围,建立中央和地方分按比例分担的农村义务教育经

---

① 王静静:《甘肃省会宁县城乡义务教育一体化问题研究》,硕士学位论文,西北师范大学,2013年。

费保障机制。要把义务教育工作重点进一步落实到办好每一所学校和关注每一个孩子健康成长上来。有效遏制城乡之间、地区之间和学校之间教育差距扩大的势头,积极改善农村学校和城镇薄弱学校的办学条件,逐步实现义务教育的均衡发展。保障义务教育投入,分担县级政府义务教育投入压力,2006年新修订的《中华人民共和国义务教育法》第十四条规定,义务教育经费投入实行国务院和地方各级人民政府共同负担,省、自治区、直辖市人民政府负责统筹落实的体制。然而,综观义务教育政策我们也发现,21世纪以来,关于义务教育经费投入政策的设置,主要关注于农村义务教育经费投入问题,尚没有从城乡统筹视角考虑义务教育经费投入问题。如"一费制""两免一补""免费义务教育"等政策,都重点强调了农村义务教育经费的投入问题以及县域在统筹义务教育经费方面的责任。

第三,加强教师编制、岗位管理,建立农村中小学教师工资保障机制和教师交流制度。为有效落实2001年国务院出台的《关于基础教育改革与发展的决定》中关于中小学教师编制内容。2001年10月,中央编办、教育部、财政部联合下发了《关于制定中小学教职工编制标准的意见》,明确了在小学,城市、县镇和农村的师生比分别为1∶19、1∶21和1∶23。2003年,教育部发布了《关于贯彻〈国务院办公厅转发中央编办、教育部、财政部关于制定中小学教职工编制标准意见的通知〉的实施意见》,进一步明确了不同教育层次和不同地域中小学的班额数,并按照编制标准的师生比进行折算,给出了每班配备教职工的参考数,其中特别指出农村小学的班额和配备教职工数由各地酌情制定。2005年,教育部《关于进一步推进义务教育均衡发展的若干意见》中明确指出核定教师编制要向农村学校倾斜,新增教师要优先满足农村学校、城镇薄弱学校的需求。总之,这一时期制定的教职工编制标准为我国义务教育学校教师资源配置提供了依据,一定程度上有利于保障教师队伍的稳定和发展。2006年,教育部印发的《关于大力推进城镇教师支援农村教育工作的意见》,明确了城镇教师支援农村教育对于加强农村教师队伍建设,缩小城乡教师队伍差距的重要意义,指出要认真组织县域内城镇中小学教师定期到农村任教,并规定了城镇教师到农村支教服务期限,以及支教人员的来源和结构,指出支教人员在支教期间的工作实绩作为教师评优、评奖、晋升的重要依据，以鼓励和支持城镇教师到农村支教。同年，新修订的《中华人民共和国义务教育法》明确指出，县级人民政府教育行政部门应当组织校长、教师的培训和流动。这一规定为实行县域内教师交流制度提供了重要的法律依据。对于促进城乡义务教育学校师资力量的均衡发展起到了一定的作用。

城乡义务教育均衡发展政策的初步确立阶段最重要的特点是重视和加大农村义务教育的发展，以缩小城乡义务教育之间的差距。20世纪末，我国实现了基本普及九年义务教育的宏伟目标，保障了广大儿童接受义务教育的权益。然而从整体实施效果来看，城乡义务教育不均衡问题还非常明显。农村义务教育发展水平薄弱，与城市之间差距依然大。经费投入不足、办学条件差、师资力量薄弱、辍学率高等问题在农村义务教育发展中表现尤为明显。可喜的是无论是中央还是地方政府都重视这些问题并在下决心改变这一现状。[1] 农村义务教育量大面广、基础薄弱、任务重、难度大，是实施义务教育的重点和难点，因此重视农村义务教育成为21世纪之后国家推进城乡义务教育统筹发展政策的突破口。农村义务教育的发展水平对整个义务教育的推进和城乡统筹义务教育发展目标的实现具有至关重要的影响甚至决定意义。从政策发展的历程中我们也不难发现，国家在不断强化义务教育发展中的国家责任。从"以乡镇为主"到"以县为主"教育管理体制的改革，再到逐步确立国务院统一领导、加强省级统筹与规划、以县为主的城乡统筹义务教育发展思路都是这方面思想的集中体现，义务教育均衡发展得到了国家高度重视并有了新的政策保障。

2. 义务教育均衡发展政策的深化

进入21世纪，我国义务教育也走上了全面普及、促进内涵发展的新阶段。2010年1月，教育部发布的《关于贯彻落实科学发展观　进一步推进义务教育均衡发展的意见》指出，要把均衡发展作为义务教育的重中之重，要以县级行政区域内率先实现均衡为工作重点，大力推进区域内学校与学校之间义务教育均衡发展，积极鼓励有条件的地方努力推进

---

[1] 宋永忠、张乐天、顾建军：《城乡统筹背景下义务教育均衡发展研究》，南京师范大学出版社2016年版，第4页。

区域与区域之间义务教育均衡发展。2010年7月颁布的《国家中长期教育改革和发展规划纲要（2010—2020年）》明确提出了率先在县（区）域内实现城乡均衡发展，逐步在更大范围内推进，到2020年"基本实现区域内均衡发展的目标。为落实《纲要》，2011年，教育部与27个省份和新疆生产建设兵团签订了推进义务教育均衡发展备忘录，明确了分地区推进义务教育均衡发展的目标和任务。2012年1月，教育部出台了《县域义务教育均衡发展督导评估暂行办法》，强化了县域内义务教育均衡发展督导和评估内容。2012年9月，国务院颁布了《关于深入推进义务教育均衡发展的意见》，确立了义务教育均衡发展的指导思想、基本目标、政策措施和体制保障。2012年10月，国务院印发了《关于深入推进义务教育均衡发展的意见》，提出了新形势下推进义务教育均衡发展的基本目标。2012年11月，党的十八大报告以"办好人民满意的教育"为指导思想，提出"均衡发展义务教育"的新理念，实现了义务教育均衡发展政策的提升。2014年7月，《国家教育体制改革领导小组办公室关于进一步扩大省级政府教育统筹权的意见》指出要切实统筹管理义务教育，把均衡发展义务教育作为重中之重，认真履行义务教育均衡发展备忘录，实现每一所学校符合国家办学标准。系统推进以政府办学为主体，办学主体多元、办学形式多样的办学体制改革。推进中小学教师职称改革，建立和完善县域内教师交流制度。[①] 2014年9月，教育部、财政部、人力资源和社会保障部发布《关于推进县（区）域义务教育学校校长教师交流轮岗的意见》，明确了实现校长教师交流轮岗的工作目标、方法、相应激励机制的具体内容。相比已有相关政策，这一政策对教师交流轮岗的规定更为具体、详细，有利于实现教师交流轮岗的制度化、常态化，也利于激发教师交流轮岗的积极性和主动性。各地根据《意见》的要求，针对具体情况，制定了本地教师交流政策的落实计划和实施措施，这些政策的出台为统筹城乡义务教育发展所需要的师资奠定了基础，促进了城乡义务教育均衡发展。

回顾我国义务教育发展政策我们发现，我国义务教育的发展目标经

[①] 宋永忠、张乐天、顾建军：《城乡统筹背景下义务教育均衡发展研究》，南京师范大学出版社2016年版，第4页。

历了一个由满足数量逐渐向提高质量，由均衡发展到城乡一体化发展的缓慢过程。[①] 随着21世纪我国构建社会主义和谐社会目标的确立，缩小教育差距、平等对待每一个儿童、实现教育公平，逐渐成为义务教育发展在基本实现普及之后的更高层面的目标和追求，其内涵包括在行政区域内办学条件、师资水平、教育效果的均衡，外延包括区域之间、城乡之间、校际之间、群体之间的均衡。在具体实施方面，强调资源配置的均衡化。强调城乡教育经费投入的统筹规划；重视薄弱学校建设与农村学校布局调整；统筹师资配置，加大农村教师队伍建设。这一时期关于教师资源配置的政策突出表现为两个特点：一方面，力争从城乡一体化发展的角度来统筹教师资源配置，强调区域特别是县级政府在这方面的职责。另一方面，继续出台各种措施加大农村教师队伍建设，提高农村义务教育师资水平。农村义务教育阶段学校教师特设岗位计划、免费师范生教育、农村中小学教师工资保障机制、城乡教师流动等政策相继出台。

第二节　城乡义务教育一体化政策实施中存在问题反思

进入21世纪以来，国家更加重视社会公平，为义务教育均衡发展政策的出台和实施营造了良好的环境。2003年9月17日，国务院明确要求，到2007年全国农村义务教育阶段贫困家庭都能享受到"两免一补"的政策优惠。2005年12月，国务院颁布了《关于深化农村义务教育经费保障机制改革的通知》，决定从2006年春季开始，对西部地区农村义务教育阶段学生全部免收学杂费；2007年，中部地区和东部地区农村义务教育阶段中小学生全部免除学杂费。全国义务教育阶段中小学生免除学杂费政策的实施，有效提高了义务教育阶段学生的入学率，也有效地治理了中小学乱收费的现象，使义务教育得到了稳步发展。2014年12月，国务院办公厅发布了《国家贫困地区儿童发展规划（2014—2020年）的

---

① 薛二勇：《强化省级统筹推进城乡教育一体化发展的政策创新》，《教育研究》2014年第6期。

通知》，要求针对贫困地区制定义务教育阶段学校标准化的时间表、路线图，解决农村义务教育中寄宿条件不足、大班额、上下学交通困难、基本教学仪器和图书不达标等突出问题。实现教师工资规范化，缩小学校之间教师工资差距，促进教师资源均衡配置和合理流动，缩小学校之间师资水平差距。这些政策的实施显示了各级政府追求义务教育均衡发展的决心和努力，也不断消解了业已存在的"义务教育城市优先发展、经济发达地区率先发展、重点学校重点发展"的教育"非均衡"发展的格局。但由于长期存在的地区之间的差距、城乡之间的差距、学校之间的差距，使城乡义务教育发展不均衡的"大局面"难以在短期内得到根本改变。[①] 从城乡义务教育一体化政策推进的现状来看，当前城乡义务教育一体化政策实施中还存在许多亟待进一步解决的问题。

一 "经济优先"的发展思路影响义务教育一体化发展政策的有效落实

教育具有基础性、奠基性、长期性等特点，因此其功能也具有滞后性，不可能在短期内实现跨越式发展。一般情况下，一种教育政策的效益可能会在若干年之后才能真正体现出来。因此，一部分领导干部不愿意在这种短期内政绩显示度不够的教育事业中投入更大的精力，仍然按照"经济优先"的发展思路领导当地发展。对城乡义务教育一体化发展中涉及经费和人事的政策重视不足，设计不全、支持不够，致使在城乡义务教育一体化政策实施中经费保障不充足，人力资源不到位，工作安排无序化。近年来，国家大力推进"精准扶贫"，对贫困地区尤其是民族地区给予了大力的政策和经费支持。在获得教育经费后，一些贫困地区和民族地区政府将这部分资金补贴到当地经济发展中去，这种"经济优先"的思维方式和发展思路不仅违背了国家政策，而且严重影响了贫困地区和民族地区未来发展的质量，更为重要的是还会导致让贫困现象永久地持续下去，最终走向代际传递。

---

① 王星霞：《义务教育发展政策变迁：制度分析与政策创新》，《河南大学学报》（社会科学版）2017年第2期。

二 当地政府对城乡义务教育一体化的发展定位不清晰

调查发现，许多贫困地区和民族地区的行政领导对城乡义务教育发展的定位存在不清晰、不准确的现象，不能深入理解和正确认识国家大力推进城乡义务教育一体化战略的核心思想和目标追求。一部分行政领导认为城乡义务教育一体化发展就是让农村义务教育发展得和城市的一样，所以将全部精力放在解决农村教育的问题上，对城镇教育的发展重视不够，支持不足，甚至出现了"削峰填谷"的局面，城镇老百姓怨声载道，对此现象强烈不满。另一部分行政领导则认为，城乡义务教育一体化就是在经费投入方面和学校硬件建设方面实现城乡一体化，体育器材中的篮球、乒乓球等都是全县统一配发。有些民族地区的教育行政领导要求城乡学生穿同样的校服。这些做法虽然都触及了城乡义务教育一体化发展的一个方面，但也存在机械教条问题。出现这些问题都是对国家城乡义务教育一体化发展的战略思想学习不深入、理解不到位导致的。

三 城乡教育体系建设滞后于城镇化进程

研究发现，城乡教育发展中既没有运用城乡一体化的策略建设教育体系，也没有建成城乡一体化的教育体系。没有从功能区划、空间布局上统筹规划城乡教育体系，而是分开规划、区别对待，把城乡教育作为两个分离的子系统来考量。无论是贫困地区还是民族地区都存在城乡教育体系建设严重滞后于城镇化进程的问题，城镇化的速度远远超越了现行的城乡教育体系的服务范围，主要表现在进城务工农民子女教育、农村留守儿童教育和进城务工农民职业培训三个方面。进城务工农民是农民与市民间的第三个社会群体，是伴随着城镇化进程新生的社会第三元。有学者依此为基础提出了"三元社会结构"的概念。随着社会的三元结构日渐清晰和快速发展，教育的"三元结构"也随之显现，进城务工农民随迁子女的教育问题备受关注。流动人口子女就学问题产生的根本原因是市场经济进程中人口的社会流动性日益增强与教育接纳性不足之间的矛盾，以流动人口为代表的弱势群体的教育边缘化问题凸显。[①] 在城乡义务教育一体化发展的大背景下，进城务工农民子女教育、农村留守儿童教育是需要特殊关照的两个群体，然而，现实中我们的城乡教育体系对此观照得还不够深入，措施还不够得力。因此需要尽快建立适应新型城镇化进程的城乡义务教育体系。

四 体制机制不畅影响城乡义务教育一体化政策的执行

城乡义务教育一体化发展是一个涉及多个单位、组织和个人的系统工程，也会触碰个别既得利益者的利益。调查发现，贫困地区和民族地区城乡义务教育一体化发展中不仅存在体制机制本身设计和调适不科学的问题，还存在着不同利益群体阻抗的问题。在体制机制的设计方面，由于未能充分认识到城乡义务教育一体化发展的系统性和长期性，所以对长期存在的城乡二元教育体制缺乏重新思考和设计，采用修修补补的局部调整和简单增设一体化发展办公室的做法不足彻底解决城乡义务教育一体化发展的体制障碍。在不同利益群体的阻抗方面，一些既得利益者不愿意牺牲自己的个人利益，如有些地区一些有一定社会影响的公众人物想办法阻止自己孩子的任课老师外出进行交流。另外，有些地方政府在制定政策和执行政策的过程中，还是从政府管理方便角度考虑问题，这样势必导致政策执行过程中政府具有显著的强势利益导向，直接利益相关者因缺乏影响力，成为利益博弈的弱者。当弱势群体的利益得不到回应，他们就会采取非正式手段表达利益诉求，容易引起相关的社会问题。

第三节 推进城乡义务教育一体化政策的策略

一 强化政府责任，建立健全教育问责制度，使城乡义务教育一体化政策落地生根

义务教育公共产品的性质和我国集权化教育财政体制所具备的优势

[①] 褚宏启：《城乡教育一体化：体系重构与制度创新——中国教育二元结构及其破解》，《教育研究》2009 年第 11 期。

决定了政府是实现城乡义务教育一体化发展中责任最大、效率最高的主体。但是地方政府在推动城乡义务教育一体化发展的过程中存在着责任缺失的问题。2018年，陈宝生部长在十三届全国人民代表大会常务委员会第五次会议上的报告强调，推动城乡义务教育一体化改革发展，关乎新型城镇化、脱贫攻坚、乡村振兴和全面建成小康社会等重大战略目标的实现，是一项重大系统工程，必须强化政府责任，加大统筹力度，将城乡义务教育一体化改革发展置于经济社会发展全局中通盘谋划，形成合力，协同推进。因此，在民族地区城乡义务教育推进的过程中首先要强化政府责任，要明确将城乡义务教育一体化发展的情况纳入地方政府的业绩考核之中。除此之外，还应该建立健全问责制度，对于那些在城乡义务教育发展过程中用心不够，用力不足的政府应予以适当的处罚。研究表明，城乡教育一体化过程中明显存在着财力资源投入和整合机制障碍，其直接结果是出现了"资源浪费与投入不足"并存的现象：一方面，有些学校硬件设备闲置，造成资源浪费；另一方面，教育经费投入不足，有些学校教育条件改善程度受到限制，尤其是一些农村学校以及城市薄弱学校。因此，建立科学的教育问责制度、转变官员政绩观念，对促进城乡教育一体化发展具有积极意义。以区域性城乡义务教育质量基本标准、学校办学条件标准、中小学编制标准等为基础，建立综合性的城乡教育一体化评价指标体系，强化教育督导中的"督政"环节，实行严格的问责制度，把推进城乡教育一体化纳入政府绩效考核、官员施政约束的评价体系。重点强化对区域党政主要领导的考核与问责，将推进城乡教育一体化的工作成效与其职务晋升直接挂钩，确保城乡教育一体化战略的落实。

二 严格落实国家教育战略任务，准确把握城乡义务教育一体化发展的价值和目标

推进城乡义务教育一体化发展是新时代国家关于义务教育发展的战略决策，也是全面小康社会的重要组成部分。因此，各地政府必须严格落实并在科学理解和准确把握国家政策的基础上有效推进城乡义务教育一体化发展。有学者研究认为我国农村义务教育在价值选择上存在"离农"与"为农"的悖论，这种悖论的存在既源于城乡二元对立的社会结构,又源于非此即彼的二元对立思维方式。要消解农村义务教育"离农"和"为农"的悖论,就必须首先进行城乡一体化建设和确立城乡一体化的系统化思维方式。走出"离农"和"为农"逻辑困境后,农村义务教育的价值选择应该定位在为城乡共同发展服务上,定位在培养合格公民而不是局限在培养"新型农民"上。[1] 也有学者认为,城乡一体化的教育体系应该为城乡共同发展服务和为人的发展服务,保障农民及其子女的受教育权利,保障城乡弱势群体的受教育权利,要求建立一个覆盖城乡、学有所教的终身教育体系。应该把"尊重基本人权,促进城乡发展"作为建构城乡一体化教育体系的基本定位。[2] 本研究认为,在全面小康社会的大背景下,城乡义务教育一体化发展的价值取向首先应该是而且必须是让城乡每个孩子都能享受公平而质量的教育,城乡义务教育一体化体系应该是也必须是为城乡共同发展服务,为整个国家发展服务,因此应该把城乡义务教育放在一起通盘设计、综合考量、科学调适、有序推进,满足广大人民群众对优质教育资源的需求。

三 健全城乡一体化融合发展的体制机制和政策体系,为城乡义务教育一体化发展扫清制度障碍

城乡一体化融合发展是着眼于当前城乡关系发展实际和未来新型城乡关系发展趋势作出的重大战略部署,也是新时代做好"三农"工作,实现乡村振兴,加快推进农业农村现代化的根本遵循和战略方向。新形势下,我们要不断建立健全城乡一体化融合发展体制机制和政策体系,与时俱进、积极作为,不断满足人民群众对新时代美好生活的需要。当前,城乡土地及户籍等的二元制度仍然阻碍城乡融合进一步发展。深入推进城乡一体化融合发展,进一步深化各项制度改革,打破城乡发展的制度藩篱,推动新型工业化、信息化、城镇化、农业现代化同步发展,加快形成工农互促、城乡互补、全面融合、共同繁荣的新型工农城乡关

---

[1] 邬志辉、马青:《中国农村教育现代化的价值取向与道路选择》,《中国地质大学学报》(社会科学版) 2008 年第 11 期。

[2] 褚宏启:《城乡教育一体化:体系重构与制度创新——中国教育二元结构及其破解》,《教育研究》2009 年第 11 期。

系。要健全多元投入保障机制。我国农村地区基础薄弱、长期投入不足，目前农村居民人均占有的公共资源存量仍远低于城镇居民，农村基础设施较为滞后。实现城乡融合发展，依靠乡村自身积累难以实现自身的发展，需要推动城市资源要素的强力反哺。要增加对农业农村基础设施建设投入，加快城乡基础设施互联互通，加快构建城乡统一的要素市场，推动人才、土地、资本等要素在城乡间双向流动，实现城乡要素融合互动和资源优化配置。要建立健全城乡基本公共服务均等化的体制机制。推动公共服务向农村延伸、社会事业向农村覆盖，优化城乡基本服务的供给模式，加快推进教育、医疗、文化、养老等公共服务资源向农村倾斜，为城乡义务教育一体化发展扫清制度障碍。

四 建立与城乡教育双向一体化相适应的教育制度体系

现行的城乡教育体系必须适时作出调整，建立适应新时代城乡一体化融合发展的教育体系。农民进城务工是对传统城乡二元结构的突破，是农民摆脱土地的束缚走向城镇化的重要通道，它解决了农村大量剩余劳动力的就业问题，为城市补充了大量劳动力。[1] 然而，它是以牺牲农村发展的为代价实现城市发展的。现在城市发展了，就应该反哺农村，促进农村各项事业的快速发展。基于这种认识去理解和推进城乡义务教育一体化就显得合情合理了。"城乡义务教育一体化"所隐含的前提假设是农村教育的存在与发展，而不是农村教育城镇化。然而，由于城镇化的快速推进、农村学龄人口的日益减少、地方政府对农村教育关照力度的不断放缓，导致农村学校大量被撤并，没撤并的农村学校资源配置日益落后，进而出现农村生源和优秀教师的单向"趋城性流动"，其结果必然是农村教育的衰败甚至消亡。乡村学校的撤并或衰败，损害的只能是农村最弱势群体的教育利益。在"教育蕴藏财富"的时代，教育权益的变相被剥夺又会加剧农民子女社会排斥的代际传递，使之无法走出社会底层。要发展农村教育，必须推进城乡义务教育的双向一体化。所谓城乡教育的双向一体化，就是在农村学校布局调整达到一定阶段后，通过破

---

[1] 褚宏启：《城乡教育一体化：体系重构与制度创新——中国教育二元结构及其破解》，《教育研究》2009 年第 11 期。

除城乡二元的教育体制和机制障碍,推动各类教育要素在城市和农村之间双向流动,实现城乡教育资源优化配置、教育要素合理流动和城乡教育互动发展。为此,需要建立城乡教育双向一体化的制度体系。突破纯粹市场化的城乡义务教育要素流动机制,强化政府购买导向的城市教育反哺农村的类市场化新机制。当前,中国已经进入城市反哺农村的新时代,但在城乡存在明显收入差距、生活差距、教育差距的情况下,单纯依靠"无形的手"是无法自动实现优质教育要素资源从城市向农村逆向流动的;在市场经济条件下,我们不能只靠行政命令,而必须建构一种类市场化的教育要素配置机制,构建政府购买城市优质教育要素和服务支援农村、城乡教育共同发展联动评估制度,进而形成一种类市场化的城市教育部门积极自愿援助农村教育发展的机制和教育体系,[①] 以保障城乡义务教育一体化顺利实施并达成应有的目标。

[①] 邬志辉:《城乡教育一体化:问题形态与制度突破》,《教育研究》2012 年第 8 期。

第 三 章

教育信息化促进民族地区城乡义务教育一体化发展的理论基础

推进民族地区城乡义务教育一体化发展是在全面小康社会大背景下，以促进教育公平、满足人民群众对优质教育需要为指向的是一项系统工程。它需要打破城乡二元对立的思维方式和体制壁垒，借助于系统论、共同体理论和教育公平理论等相关理论的研究成果，阐释民族地区城乡义务教育一体化发展的思路，分析民族地区城乡义务教育一体化发展过程中暴露出的问题，提出促进民族地区城乡义务教育一体化发展的可行路径和策略。

第一节 系统论及其运用

系统论是一种适用范围较为广泛的理论。1937 年，生物学家贝塔朗菲（L. Von Bertalanffy）提出了一般系统论原理，奠定了这门学科的理论基础。1952 年，他在发表的《抗体系统论》中阐述了系统论思想。系统论的核心思想是把研究对象作为一个有机整体加以考察，以寻求解决整体与部分相互关系的模式、原则与方法。其基本观点表现在以下五个方面：一是系统的观点。系统的观点是系统论的基本观点，认为系统的整体功能大于部分功能之和。从一个系统中分解出来的部分，同在整体中发挥功能的部分是不同的。如不能把人看成是躯体和五脏六腑的简单相加，而是一个有机组合的整体。系统的性质是不能仅用孤立部分的性质加以解释的，还要取决于组成内部各部分之间的特定关系。二是动态的观点。系统论认为事物不是一成不变的，而是处在不断动态变化之中，应当在动态中协调系统各方面的关系，使系统达到最优化。系统还会与外界环境不断进行物质、能量与信息的交换，产生新的元素。虽然每一种系统都具有相对稳定的一面，但动态变化则是系统的常态。因此，我们认识系统时，要重点把握系统变化和发展的属性，从而掌握协调发展的规律。三是层次的观点。系统不是无序呈现的，而是有序的、分层次呈现的。一般都是由低级有序状态向高级有序状态发展。系统论认为，各种有机体都按照严格的等级组织起来的，具有层次结构。处于不同层次的系统，具有不同的功能。系统的层次越高、可变化和组合的可能性就越复杂，其结构和功能就越多。系统层次的观点，要求我们在做事和做研究时都要关注整体与层次、层次与层次之间相互影响相互制约的关系。四是整体的观点。虽然系统是由要素或子系统组成的，但系统的整体性能可以大于各要素的性能之和。系统的整体性是通过系统内各要素之间进行物质和能量的相互交换、转换，进行信息的传递、交流等多种形式实现的。因此，在处理系统问题时，一定要弄清楚系统的结构与功能的关系，重视提高系统的整体功能，任何要素一旦离开系统整体，就不再具有它在系统中能发挥的作用。五是相关性的观点。系统的相关性也包括系统与子系统、子系统与子系统、系统内部与外部环境之间的关联，主要包括内部相关性、外部相关性和结构相关性。内部相关性指的是系统内各要素之间是相互联系、相互制约、相互依赖的。外部相关性是指系统内部与外部环境是相互联系、制约和影响的。结构相关性是指系统的每一个层级都是相互影响相互制约的。系统论思想对民族地区城乡义务教育一体化发展具有重要借鉴意义。[①] 第一，系统论为民族地区城乡义务教育一体化发展提供了科学的方法论和思维方式。整个教育是由城市和农村两个大的区域所组成的有机整体，是一个复杂的、多因素的巨大系统。而城市和农村两个地区又是教育大系统中的子系统。两个子系统与教育大系统之间、子系统与子系统之间，在产品生产和资源配置上都存在着极其复杂的政治、经济和文化关系。例如，要想使教育系统中的人力、物力、财力等投入与产出之间进行协调发展，必须首先搞清

---

① 张旺：《城乡义务教育一体化发展研究》，教育科学出版社2017年版，第63页。

楚这三个系统相互影响、相互制约、相互作用的关系。运用系统思想和系统方法进行综合平衡，做出两个地区之间的投入与产出综合平衡模型，方才能为推进民族地区城乡义务教育一体化发展提供科学的对策建议。第二，系统方法为研究民族地区城乡义务教育一体化发展提供了科学方法。在推进民族地区城乡义务教育一体化发展的研究中运用系统方法，从学校办学条件、教师配置政策、教师专业发展、课堂教学改革等多方面研究民族地区城乡义务教育存在的差异，可以更加准确地判断民族地区城乡义务教育发展不均衡的原因，分析民族地区城乡义务教育一体化发展存在的问题，进而更加科学地制定推进的路径和具体策略。

第二节　共同体理论及其运用

"共同体"（Community）的理论主要来源于德国社会学家滕尼斯（Fernand Tonnes，1855—1936），他在1887年出版的《共同体与社会》（*Community and Society*）一书中，对人类社会进化的两极进行了对比，在此基础上系统阐述了共同体理论，并直接影响到后世的共同体研究。[①] 其研究范围也逐渐拓展到经济、政治和社会领域，"共同体"（Community）这一概念也因此实现了多次转型。希勒里（G. A. Hillery）在1955年发表的《共同体定义：共识的领域》一文中对94个"共同体"的定义进行了比较系统规范的统计，指出"除了人包含于共同体这一概念之外，有关共同体的性质，并没有完全相同的解释"。在此之后，一些社会学家也对"共同体"的定义进行过统计，贝尔（C. Bell）和纽柏（H. Newby）在1971年就发现，"共同体"的定义已经增至98个。1981年，美籍华裔社会学者杨庆堃统计的"共同体"定义多达140多种。"共同体"定义的数量已随着经济社会的发展而不断增多，"共同体"的内容和特征也发生了不同程度的变化，"共同体"已成为包含地理区域、地域性社会组织、共同情感和互动关系等特征的更为广泛的概念。一般来讲，共同体通常被描述为两种类型：一是地域性类型（如村庄、邻里、城市、社区等地域性社会组织）；二是关系性类型（如种族、宗教团体、社团等社会关系与

---

① ［英］齐格蒙特·鲍曼：《共同体》，欧阳景根译，江苏人民出版社2007年版，第2页。

共同情感)。其中,共同体的关系性类型显得愈来愈突出。美国社会学家费舍尔(C. S. Fischer)研究认为,在剧烈的社会变迁中,一个高度分化且技术化的社会结构,如何保持社会的秩序及成员们的整合,这是讨论"共同体"的核心问题。涂尔干(Emile Durkheim,1858—1917)在共同体的研究途径上更加明确,更加集中。他在1893年发表的《社会分工论》中认为,"机械团结"代表集体类型,是个人不带任何中介地直接系属于社会。而与之相对的"有机团结"则代表了个人人格。因此,"机械团结"的社会在某种程度上是基于所有群体成员的共同感情和共同信仰组成,集体人格完全吸纳了个人人格,表现为集体类型;而"有机团结"的社会是基于功能上的耦合而连接起来,是以个人的相互差别为基础,个体通过自己的专业和别人发生关系。从这个意义上说,在共同体社会中,个人属于集体,社会成员的共同观念远远超过了成员自身的观念,个性没有张扬的机会。依据涂尔干的理论,在第一种意识里,我们与我们的群体完全是共同的,因此我们根本没有自己,而只是社会在我们之中生存和活动;相反,第二种意识却把我们的人格和特征表现出来,使我们变成了个人。马克斯·韦伯(Max Weber,1864—1920)则将"共同体"概念运用得更为宽泛,尽管他运用"共同体"时对其具体适用范围作了限定,如家族共同体、邻里共同体、人种共同体等。具体而言,他在家族共同体上指出,家族共同体是在严格的个人尊卑关系基础上形成的,它在日用品的使用方面实行的是公有制,其关系紧密、牢不可破的特征在对外的关系中体现得更为充分,表现为休戚与共。[①] 他所认为的邻里共同体不同于农村的邻里关系,因为前者仅仅是在地理位置上的接近,它并没有在主观上产生一种共同的特征。

随着现代通信技术的迅速发展,特别是互联网的广泛普及,人们无须再局限于地域束缚中,学者们开始从互动关系角度对社区进行研究。社会网络理论逐渐兴起,并出现了网络社区(Cyber Community)、虚拟社区(Virtual Community)、想象的社区(Imagined communities)等新型社区,社区也因此被赋予了更多新的内涵。布洛克兰(Blokland)就曾将

[①] [德]马克斯·韦伯:《经济与社会》,林荣远译,商务印书馆1998年版,第706—707页。

"想象的社区"描述为"作为认和感觉到我们彼此归属的印象和日常实践而存在"。从这一描述中我们可以看出,新型社区已不再受限于时空的约束,而是可以通过彼此的感觉而交流。这种新型的共同体也因其便捷的交往形式而得到快速的发展。①

针对民族地区城乡义务教育一体化发展来说,本研究拟借用共同体理论的核心要素主要研究两个方面的问题。第一,研究集团化办学问题。集团化办学是当前许多发达地区推进城乡义务教育一体化发展的重要思路和具体措施。集团化办学满足了广大人民群众对优质教育的需求,缓解了择校矛盾,维护了教育公平;也使得许多名校借此机会扩大其社会影响力和美誉度,建立教育品牌。集团化办学作为一项新的制度安排,与人们向往优质教育需求相契合,它扩大优质教育资源,加强校际融合。但由于存在各方利益不一致,学校之间的信息不对称,不同层次、类型、水平的学校间观念冲突和文化冲突等问题,也产生了许多新的问题。一是学校同质化问题。名校牵头引领下的集团化办学,容易形成"连锁店",出现同质化特征,导致集团内成员学校丧失本校特色。名校在向薄弱校输出品牌意识、管理方式、师资队伍的同时,也深刻地影响着各校的学校文化,对每所学校的文化建设有着巨大的冲击。二是名校品牌稀释的问题。集团化办学的初衷是提高薄弱校的教育质量,实现优质教育资源的规模效应;加强校际沟通,保证大多数学生都能享受优质教育资源。但在集团化办学进程中,名校的优质教育资源特别是优秀师资是有限的,过度输出肯定会影响本校发展。名校的优质资源被各校分摊,优秀管理人员和教学人员的大量流动,使得优质教育资源被稀释,带来消费者期望效应递减。名校长期进行帮扶,势必会对名校自身的教学和管理造成巨大的影响,甚至造成优秀教师单向流出,导致自身品牌的美誉度下降和教学质量的滑坡。还可能存在薄弱学校办学自主权萎缩、家长的教育选择权丧失、学校特色消失等问题。本研究拟借用共同体理论和集体行动理论分析名校集团化办学产生的原因,在此基础上研究推进名校集团化办学的路径与方法。第二,研究构建虚拟教师教学

---

① 李慧凤、蔡旭昶:《"共同体"概念的演变、应用与公民社会》,《学术月刊》2010年第6期。

共同体问题。虚拟教师教学共同体其本质是一个交互学习的活动系统，主要包含主体、客体和共同体三大核心要素，以及工具、规则和分工三大调节要素，但在内涵上有其特殊性。具体来说，虚拟教师教学共同体中的主体是参与活动的教师，客体是指教学内容，共同体是基于教学内容、目标或任务组成的教师共同体的集合，工具是教学活动的中介，规则是虚拟教学共同体成员之间协调形成的规则，分工主要指教学活动或任务的分工。此外，由于虚拟教学共同体的虚拟性，其构成要素还应包含作为教师的教学、交流、解决问题支撑平台环境。在虚拟教师教学共同体中，城乡教师之间既有自主性又相互依赖，体现着个体主体性和群体主体性。个体主体性意味着教师个体是在自己原有认知结构的基础上认识和进行教学活动。而群体主体性体现的是教师个体在优秀教师的指导和帮助下，利用一定的资源和工具与虚拟教学共同体中的其他成员交往合作。在虚拟教学共同体中，每个教师都是在一个群体学习系统的支持下认识教学和实施教学活动。作为一种集体行动，虚拟教学共同体还需要一定的规则来指导、管理和完善共同体成员及其交互活动，处理虚拟教学共同体活动内部的各种关系。[①] 然而虚拟教学共同体毕竟不同于传统教学共同体，它有其特殊的运行模式和局限。本研究拟借用共同体理论不仅研究虚拟教学共同体中适合民族地区教师交流、互动和管理模式，为民族地区教师教学提供平台和环境，还要研究虚拟教学共同体的局限性，尽可能地减少这种局限性对提升民族地区城乡义务教育教学质量的影响。

第三节 教育公平理论及运用

平等和公平的问题是人类社会永恒的话题。随着人类文明的进展，公平理念也相应发生了语义转换，赋予了公平不同的含义。从公平理论本身的发展和演变逻辑来看，大体经历了三个最重要的演变脉络：一是亚里士多德时代分配正义理论视野中的公平理论，到罗尔斯时期达到高

[①] 范玉凤、李欣：《活动理论视角下的虚拟学习共同体构建研究》，《中国电化教育》2013年第2期。

峰；二是卢梭开启的平等主义理论，经过不同时期的演变，相对更加丰富；三是竞争公平理论，主要从市场经济理论发端而来，从理论逻辑或知识发生学的角度看，主要与自由竞争和政治竞争理论密切相关，是资本主义社会高度发达特别是经过长时间自由竞争发展后，进入垄断资本主义社会对新问题出现的思考。实际上，上述三种公平理论演变脉络，分别从不同角度提出了对公平的理解：分配正义的公平理论，从正义的角度认识公平问题；平等主义理论，从保障平等的角度解决基本的公平问题，涉及权利与机会平等、人格与尊严平等、法律地位平等，等等；竞争的公平，涉及竞争主体、竞争条件、竞争环境等方面的公平问题。许多关于公平的研究基本都是围绕这三大公平理论脉络的分析。从分配正义的角度探讨公平问题，是西方学术界自亚里士多德以来的传统所开创的主要的公平理论脉络。罗尔斯是西方正义理论的集大成者，也是从正义视角探讨公平问题最系统的一位学者。在他看来，公平是正义的一个内容组成，也是体现正义的一种方式，因此正义无疑也就成了分析公平的主要视角，或者说对正义的理解直接影响对公平的理解。他先后撰写过《正义论》《作为公平的正义——正义新论》和《政治自由主义》等著作探讨正义问题。在这些专著之前，罗尔斯就先后发表过系列论文如《分配的正义》探讨分配正义问题，在《正义论》出版后，他先后发表了《作为公平的正义：政治的而非形而上学的》等论文[1]。罗尔斯的正义论提出了两个重要的基本原则：第一，每个人对与其他人所拥有的最广泛的基本自由体系相容的类似自由体系都应有一种平等权利；第二，社会和经济的不平等应当这样来安排，使它们被合理地期望适合于每一个人的利益；并且依系于地位和职务向所有人开放[2]。在《作为公平的正义——正义新论》一书中，罗尔斯对两个正义原则的表述进行了调整：第一个原则，每一个人对于一种平等的基本自由之完全适当体制（Scheme）都拥有相同的不可剥夺的权利，而这种体制与适用于所有人的

---

[1] 何怀宏：《公平的正义——解读罗尔斯〈正义论〉》，山东人民出版社2002年版，第6—7页。

[2] [美]约翰·罗尔斯：《正义论》，何怀宏译，中国社会科学出版社1988年版，第60—61页。

同样自由体制是相容的;第二个原则,社会和经济的不平等应当满足两个条件:第一,它们所从属的公职和职位应该在公平的机会条件下对所有人开放;第二,它们应该有利于社会之最不利成员的最大利益[①]。按照罗尔斯自己的解释,在第二个原则中,第一项条件是公平的机会原则,第二项条件是差别原则。在两个大的原则中,第一个原则优先于第二个原则;在第二个原则中,公平的机会优先于差别原则。换言之,基本自由或基本权利的保障是他的理论的前提。只有基本自由或基本权利被充分保障或充分满足之后,才能寻求一套背景制度内部发挥作用的分配原则,构成这种背景制度也是基本的平等自由,以及对公平机会的保障内容。在《正义论》中,罗尔斯对第二个原则的解释是:这一原则主要适用于收入和财富的分配,以及那些利用权力、责任方面的不相等或权力链条上的差距的组织机构的设计。对于这一问题,罗尔斯强调:"虽然财富和收入的分配无法做到平等,但它必须符合每个人的利益,同时权力地位和领导性职务也必须是所有人都能进入的。"罗尔斯在总结第二个原则的两个条件时,将第一项原则解释为效率原则,将第二项原则解释为差别原则。他认为,"一种有效率的分配应是一种在其中不可能发现更有利的交换的分配",效率原则是"拥有许多种有效率的结构,每种有效率的安排都比一些别的安排更好"。同时,"凡是一个社会被相应地划分成一些阶层的时候,是有可能在一个时期里使各方的利益得到最大限度的增加的"。关于差别原则,罗尔斯的解释是,"只有在这种期望的差别有利于那些处于较差状况的代表人(在此就是不熟练工人)时才是最可辩护的"。他认为社会地位开放,自由原则条件和企业家的较大期望,最后的结果是有利于整个社会,有利于最少得益者。他认为在第二个原则中,实现了公平的正义的情形是:最少获益的那些人的期望的确是最大限度地增加了。对那些状况较好的人的期望的任何改变都不可能改善境遇变差的人的境况;第二种情况是所有那些状况较好的人的期望至少对较不

---

① [美]约翰·罗尔斯:《作为公平的正义——正义新论》,姚大志译,中国社会科学出版社2011年版,第56页。

幸的那些人的福利有所贡献。① 用"差别原则"和"补偿原则"帮助弱势群体改变不利地位，是罗尔斯公平理论鲜明的价值取向。

教育公平是社会公平的重要组成部分，它是指每个社会成员享有同等的受教育机会和资源配置的权力。教育公平是整个社会公平问题在教育领域的集中反映，是实现社会公平的重要基础，是人类公平正义的永恒追求和理想。追求教育公平是人类社会古老的社会公正观念，是教育发展的基本价值理念，寄予了无数代人的不懈追求和殷切期望。孔子的"有教无类"、孟子的"幼吾幼，以及人之幼"、柏拉图和亚里士多德关于实施义务教育和通过法律保证公民的受教育权利，都是对追求教育公平的深刻阐述，是对人接受教育机会均等的权利的追求。1948年联合国通过的《世界人权宣言》即规定"人人都有受教育的权利"。教育公平既是对社会现实的一种反映，也是对社会现实的一种超越。自古以来，教育就是一种社会"调节器"，它使人们都有公平晋升的台阶，具有促进社会公平的功能。"在社会客观存在经济、社会地位等方面巨大不平等的情况下，教育给人提供公平竞争、向上流动的机会，帮助弱势者摆脱他出身的那个群体的局限，能够显著地改善人的生存状态，减少社会性的不公平。因此可以说，教育一方面在社会流动、社会分化中具有'筛选器'的功能；另一方面又具有'稳定器'、'平衡器'的功能，被视为实现社会平等'最伟大的工具'。"② 教育是可以提供给人们改变自己命运的机会。罗尔斯对社会公平的论述为我们理解教育公平奠定了理论基础。受罗尔斯正义学说的影响，理论界对于教育公平问题的研究，集中于探讨正义三原则在教育公平领域的体现，而且一般采取胡森所提出的起点公平、过程公平与结果公平的分析框架：起点指入学机会，过程指教育条件，结果指学业成功。有学者认为，教育公平是重要的社会公平，其主要内涵包括人人享受平等的教育权利；人人平等地享有公共教育资源；公共教育资源配置向社会弱势群体倾斜；反对各种形式的教育特权。教育公平是现代社会的产物，反映了现代化大生产的客观要求，是现代政

---

① [美]约翰·罗尔斯：《正义论》，何怀宏译，中国社会科学出版社1988年版，第78—79页。

② 杨东平：《中国教育公平的理想与现实》，北京大学出版社2006年版，第7页。

治民主化的重要内容，体现了现代社会文化价值观。教育公平是现代社会的基础性公平，教育公平的实现和扩大对于促进整个社会公平程度的提高、保障人的发展的起点公平、消除知识鸿沟以迎接知识社会的挑战都具有重要意义。① 有学者认为，教育公平包含教育资源配置的三种合理性原则，即平等原则、差异原则和补偿原则。教育资源配置的平等原则包括受教育权平等和教育机会平等两个方面，该原则强调教育起点平等和教育过程平等。教育资源配置的差异原则，是指根据受教育者个人存在的禀赋、兴趣和能力差异，差异性地配置教育资源，以满足其个性充分发展的需要。教育资源配置的补偿原则关注受教育者的社会经济地位的差距，并对社会经济地位处境不利的受教育者在教育资源配置上予以补偿。② 尽管学者们关于教育公平的认识角度不尽一致，但大部分的学者都认为教育公平是人们根据对教育平等事实状况的主观体验所作的一种主观评价。③ 包括教育资源配置、教育机会供求及利用状况，呈现出平等、差异和补偿性特点，其目的主要是通过教育制度的补偿，改变处于不利地位的社会阶层的教育状况。教育资源的配置是教育公平的重要体现和衡量尺度。1967 年，美国人权委员会发表的《公立学校的种族隔离》指出，充足的教育资源虽然不是达到教育机会均等的充分条件，至少是必要条件。然而，在当今社会，教育资源配置上存在很大的差距，特别是城乡之间、区域之间和学校之间。教育公平理论应该从全体与个体、理想与现实、理论与实践、物质与精神、机会与质量等方面加以考量，使教育公平成为人尽其才的教育。教育公平是动态的相对的教育平等。追求教育平等和教育公平是当代我国教育政策基本的价值选择，④ 也是民族地区城乡义务教育一体化发展的价值导向。从民族地区城乡义务教育一体化发展的实际情况来看，教育公平仍然停留在理念层面，这对于促进民族地区城乡义务教育一体化发展还远远不够。本研究拟在借鉴教育公平理论的基础上从两方面做一些探索：一是研究和建立适合民族地区

---

① 石中英：《教育公平的主要内涵与社会意义》，《中国教育学刊》2008 年第 3 期。
② 褚宏启：《教育公平的原则及其政策含义》，《教育研究》2008 年第 1 期。
③ 劳凯声：《变革社会中的教育权与受教育权：教育法学基本问题研究》，教育科学出版社 2003 年版，第 121 页。
④ 刘复兴：《我国教育政策的公平性与公平机制》，《教育研究》2002 年第 10 期。

城乡义务教育一体化发展政策运行机制,为实现民族地区城乡义务教育一体化发展提供必要的机制保障;二是通过建立数字化课程资源库、教师教学共同体等方式实现物质资源共享和智力资源流动,进而使城乡学校都尽可能公平地享有优质的教育资源。

第四章

民族地区城乡义务教育发展现状比较研究

根据研究目标和研究问题，本研究从学校办学条件、教师队伍建设、教师教学投入、教师课堂教学现状四个方面扫描民族地区城乡义务教育发展现状，以期能够进一步了解民族地区城乡义务教育具体差异及主要原因。

第一节 民族地区城乡义务教育学校办学条件比较研究

办学条件是学校发展的基础条件，对学校教育教学质量的提升有重要的影响作用。当前我国民族地区义务教育学校教育教学质量的差异与民族地区城乡学校办学条件究竟有没有关系，本研究通过对甘肃省甘南藏族自治州L县、青海省西宁市D县、宁夏回族自治区W市、新疆维吾尔自治区A市四个民族地区城乡义务教育学校办学条件的现状研究和比较分析，了解民族地区义务教育城乡学校办学条件是否存在差异，这些差异是否会影响民族地区城乡义务教育学校教育教学质量。

一 民族地区城乡义务教育学校办学条件的现状扫描

（一）甘肃省甘南藏族自治州L县义务教育城乡学校办学条件

L县Z小学是一所城区双语类寄宿制学校。学校占地面积32823平方米，校舍建筑面积9355平方米。学校建设的规模和教学辅助用房能够满足学校办学的需要。学校体育运动场建设达到国家标准，直行跑道和环形跑道均符合小学生锻炼要求。体育、音乐、美术等教学用具配备齐全，能满足学生学习和教师教学需要。学生宿舍面积达到国家标准。学校现有图书 20000 册，有专门供学生使用的阅览室，图书资料基本能够满足师生阅读的需要。学校拥有计算机 162 台、接入互联网 160 台、教师专用机 60 台、学生专用机 102 台、拥有计算机教室 2 间，拥有专用教师电子备课室。学校有 DVD 播放机 1 台、扫描仪 1 台、打印机 2 台、教学用电视 2 台、复印机 1 台、录音机 4 台、多媒体教室 21 间（全部安装有交互式电子白板系统），学校拥有个人电脑（PC 机、笔记本）的教师约有 40 位。学校在信息技术资源的获得方面有较为畅通的渠道，教师进行"在线学习"较为便利，学校所提供的支持平台运行良好。

L 县 C 小学是一所城区普通类六年制完全小学。学校占地面积 25540 平方米，校舍建筑面积 4632 平方米。校园建设的规模和教学辅助用房能够满足学校办学的需要。虽然学校体育运动场建设目前还未达到国家标准，仅有足球场和篮球场，跑道和环形跑道等田径场建设不完整，操场上的设备还不能满足体育教学和学生活动需要。但已经列入 2019 年度县级项目预算，2019 年内情况就会得到改善。体育、音乐、美术等教学用具配备齐全，能满足学生学习的需要。学校现有图书 18000 册，生均 46 册，有专门供学生使用的阅览室，这些图书资料基本能够满足师生阅读的需要。学校拥有计算机 62 台且全部接入互联网教师专用机 20 台、学生专用机 42 台，拥有计算机教室 1 间，拥有专用教师电子备课室。学校有 DVD 播放机 1 台、打印机 1 台、教学用电视 1 台、复印机 1 台、录音机 2 台、多媒体教室 16 间（全部安装有交互式电子白板系统），电子投影仪 17 台，电钢琴教室 1 间，有 35 台电钢琴，学校拥有个人电脑（PC 机、笔记本）的教师约有 20 位。学校在信息技术资源的获得方面有较为畅通的渠道，教师进行"在线学习"较为便利，学校所提供的支持平台运行良好。

G 小学是 L 县的一所乡镇学校，属于以藏为主半寄宿制农村学校。学校占地面积 21450 平方米，校舍建筑面积 1453 平方米。学校现有的校园建设的规模和教学辅助用房基本能够满足学校办学的需要。学校体育运动场虽然没有硬化，但天然的足球场、篮球场和跑道能够满足体育教学和学生活动需要。学校现有图书资料10500册，图书室1间，这些图书资料基本能够满足师生阅读的需要。学校拥有计算机40台且全部接入互联网，教师专用机10台、学生专用机30台、拥有计算机教室1间，有专用教师电子备课室。学校有DVD播放机1台、打印机1台、教学用电视机1台、复印机1台、录音机2台、多媒体教室7间（全部安装有交互式电子白板系统）。学校在信息技术资源的获得方面有较为畅通的渠道，教师进行"在线学习"较为便利，学校所提供的支持平台运行良好。

B小学是一所以藏语为主的村小。学校占地面积4200平方米，校舍建筑面积660平方米。学校体育运动场建设未达到国家标准，没有足球场和篮球场，跑道和环形跑道田径场建设不完整，操场上的设备不能满足体育教学和学生活动需要。学校无实验室和音体美教室。学校拥有计算机4台、接入互联网2台、教师专用机2台、学生专用机2台，没有专门的计算机教室，没有专用教师电子备课室。学校有打印机1台、教学用电视1台、多媒体教室3间（全部安装有交互式电子白板系统），学校只有1位教师拥有个人电脑（PC机、笔记本），学校教师能够在家中（或宿舍）上互联网的约有1位。学校在信息技术资源的获得方面存在一定的困难，教师无法进行"在线学习"，学校也没有支持师生学习的平台。

L县Z中学是一所以藏语为主的寄宿制城区完全中学。学校占地面积52800平方米，校舍建筑面积19713平方米。学校现有的校园建设规模和教学辅助用房基本能够满足学校办学的需要。学校体育运动场和体育设施均能达到国家标准，有足球场和篮球场，跑道和环形跑道田径场建设完整，能满足体育教学和学生活动需要。学校配有6间理化生实验室，能够满足学校理化生实验的需要。体育、音乐、美术等教学用具配备齐全。学校信息化教学环境基本满足师生需求。学校现有图书资料59716册，这些图书资料基本能够满足师生阅读的需要。拥有计算机260台且全部接入互联网，教师专用机100台、学生专用机160台、拥有计算机教室2间，拥有专用教师电子备课室。学校有DVD播放机1台、扫描仪1台、打印机3台、教学用电视2台、复印机2台、录音机2台、多媒体教室50间（全部安装有交互式电子白板系统），学校拥有个人电脑（PC机、笔记本）的教师约有100位。学校在信息技术资源的获得方面有较为畅通的渠道，教师进行"在线学习"较为便利，学校所提供的支持平台运行良好。

L县中学是全县唯一一所普通类寄宿制完全中学。学校占地面积27598平方米,校舍建筑面积5157平方米,校园绿化面积9400平方米。学校配有4间实验室,能够满足学校理化生实验的需要。体育、音乐、美术等教学用具配备齐全,设有音体美教室,但学校尚缺乏通用技术专用教室,还不能完全满足高中新课程改革中开设通用技术课程的需要。学校拥有计算机220台且全部接入互联网,教师专用机100台、学生专用机140台,拥有计算机教室2间,拥有专用教师电子备课室。学校有DVD播放机3台、扫描仪1台、打印机2台、教学用电视1台、复印机2台、录音机3台,多媒体教室50间(有30间安装有交互式电子白板系统),学校拥有个人电脑(PC机、笔记本)的教师约有80位。学校在信息技术资源的获得方面有较为畅通的渠道,教师进行"在线学习"较为便利,学校所提供的支持平台运行良好。

(二)青海省西宁市D县义务教育城乡学校办学条件

C中心学校是一所九年一贯制的城区学校。学校占地面积62025平方米,校舍建筑面积21656平方米。学校现有校园建设的规模和教学辅助用房能够满足学校办学的需要。学校体育运动场建设达到国家标准,操场上有田径跑道和足球场,有专门的体育馆、排球场、篮球场、羽毛球场等。学校还设有舞蹈、书法、器乐、象棋、合唱等19个社团。学校现有图书资料23000册,这些图书资料基本能够满足师生阅读的需要。学校信息化教学环境基本满足师生需求。学校拥有计算机200台且全部接入互联网,教师专用机82台、学生专用机146台。拥有计算机教室2间,拥有专用教师电子备课室。学校有DVD播放机3台、扫描仪1台、打印机3台、教学用电视1台、复印机2台、录音机5台、多媒体教室35间(全部安装有交互式电子白板系统),学校拥有个人电脑(PC机、笔记本)的教师约有100位。学校在信息技术资源的获得方面有较为畅通的渠道,教师进行"在线学习"较为便利,学校所提供的支持平台运行良好。

D县M中学是一所农村完全民族中学。学校占地面积16356平方米,建筑面积6464平方米。校园建设的规模和教学辅助用房基本能满足学校办学的需要。学校体育运动场建设未达到国家标准,仅有足球场和篮球场,跑道和环形跑道田径场建设不完整,操场上的设备还不能满足体育教学和学生活动需要。学校配有实验室4间，能够满足学校理化生实验的需要。体育、音乐、美术等教学用具配备齐全，设有音体美教室，信息化教学环境基本满足师生需求。学校拥有计算机228台、接入互联网218台、教师专用机82台、学生专用机146台、拥有计算机教室2间，拥有专用教师电子备课室。学校有DVD播放机3台、扫描仪1台、打印机3台、教学用电视2台、复印机2台、录音机5台、多媒体教室35间（全部安装有交互式电子白板系统），学校拥有个人电脑（PC机、笔记本）的教师约有80位。教师进行"在线学习"较为便利，学校所提供的支持平台运行良好。

  D县M中学小学部是一所农村小学，学校占地面积25486平方米，校舍建筑面积4116平方米。学校现有校园建设的规模和教学辅助用房基本能够满足学校办学的需要。学校体育运动场建设未达到国家标准，仅有足球场。跑道和环形跑道田径场建设不完整，操场上基本上没有什么活动设施。学校有音体美教室，能满足学生学习的需要。信息化教学环境基本满足师生需求。学校拥有计算机98台、接入互联网95台、教师专用机28台、学生专用机70台、拥有计算机教室2间，拥有专用教师电子备课室。学校有DVD播放机1台、打印机1台、教学用电视1台、复印机1台、录音机4台、多媒体教室16间（全部安装有交互式电子白板系统），学校约有25位拥有个人电脑（PC机、笔记本）的教师能够利用学校现有的设备和环境进行在线学习。

  L小学是一所教学点。学校占地面积3200平方米，校舍建筑面积481平方米。学校体育运动场建设未达到国家标准，没有足球场和篮球场，跑道和环形跑道建设不完整，操场上的设备还不能满足体育教学和学生活动需要。学校无实验室和音体美专用教室，不能满足学生学习的需要。信息化教学环境基本能满足师生需求。学校拥有计算机4台、接入互联网2台、教师专用机2台、学生专用机2台、没有专门的计算机教室。学校有教学用电视1台、多媒体教室3间，学校拥有个人电脑（PC机、笔记本）的教师约有1位，教师无法进行"在线学习"，学校也没有支持师生学习的平台。

  （三）宁夏回族自治区W市义务教育城乡学校办学条件

  S中学是一所城区中学，学校占地面积22011平方米，校舍建筑面积

6200平方米。学校现有校园建设的规模和教学辅助用房能够满足学校办学的需要。学校体育运动场建设达到国家标准，有足球场和篮球场，跑道和环形跑道建设完整，操场上的设备完全能满足体育教学和学生活动需要。学校配有实验室4间，能够满足学校理化生实验的需要。体育、音乐、美术等教学用具配备齐全。信息化教学环境基本满足师生需求。学校拥有计算机380台且全部接入互联网，教师专用机135台、学生专用机245台、拥有计算机教室4间，拥有专用教师电子备课室。学校有DVD播放机1台、扫描仪1台、打印机4台、教学用电视2台、复印机4台、录音机8台、多媒体教室48间（全部安装有交互式电子白板系统），学校拥有个人电脑（PC机、笔记本）的教师约有120位。学校在信息技术资源的获得方面有较为畅通的渠道，教师进行"在线学习"较为便利，学校所提供的支持平台运行良好。

G中心学校是一所城乡接合部的九年一贯制学校，下辖1个中学部，1个小学部，并管辖镇属6所完全小学，1个教学点。学校占地28014平方米，校舍面积14199平方米。学校现有的面积和教学辅助用房能够满足学校办学的需要。学校体育运动场建设达到国家标准，操场上有田径跑道和足球场，学校还设有专门的体育馆，有排球场、篮球场、羽毛球场等，操场上的设施设备基本能够满足体育教学和学生活动需要。学校设有舞蹈、书法、器乐等专门的教室，能满足学生学习的需要。信息化教学环境基本满足师生需求。学校拥有计算机262台、接入互联网260台、教师专用机106台、学生专用机156台、拥有计算机教室4间，拥有专用教师电子备课室。学校有DVD播放机1台、扫描仪1台、打印机4台、教学用电视2台、复印机4台、录音机8台、多媒体教室48间（全部安装有交互式电子白板系统），学校拥有个人电脑（PC机、笔记本）的教师约有85位。教师进行"在线学习"较为便利，学校所提供的支持平台运行良好。

B中心学校是一所乡镇学校，先后合并了附近的三所小学，三年前改制为一所九年一贯制农村寄宿制学校。学校占地面积36151平方米，校舍建筑面积12336平方米。校园建设的规模和教学辅助用房能够满足学校办学的需要。学校体育运动场建设达到国家标准，有足球场和篮球场，跑道和环形跑道田径场建设完整，操场上的设备基本能满足体育教学和学生活动需要。学校配备的图书馆、理化生实验室、音体美教室和设备均达国家标准。信息化教学环境基本满足师生需求。学校拥有计算机295台且全部接入互联网，教师专用机80台、学生专用机215台、拥有计算机教室4间，拥有专用教师电子备课室，学校有自己的校园网站，有网校视频和教学资源等供教师和学生学习。学校有DVD播放机1台、扫描仪1台、打印机2台、教学用电视3台、复印机4台、录音机8台、多媒体教室45间（全部安装有交互式电子白板系统），学校拥有个人电脑（PC机、笔记本）的教师约有120位。学校在信息技术资源的获得方面有较为畅通的渠道，教师进行"在线学习"较为便利，学校所提供的支持平台运行良好。

（四）新疆维吾尔自治区A市义务教育城乡学校办学条件

R小学是一所城区九年一贯制学校。学校占地面积32334.4平方米，校舍建筑面积15200平方米。学校现有的建设规模和教学辅助用房能够满足学校办学的需要。学校体育运动场建设达到国家标准，有足球场和篮球场，跑道和环形跑道田径场建设完整，操场上的设备基本能满足体育教学和学生活动需要。体育、音乐、美术等教学用具配备齐全，能满足学生学习的需要。学校拥有计算机100台且全部接入互联网，教师专用机35台、学生专用机65台、拥有计算机教室2间，拥有专用教师电子备课室。学校有DVD播放机1台、扫描仪1台、打印机2台、教学用电视1台、复印机1台、录音机6台、多媒体教室16间（全部安装有交互式电子白板系统），学校拥有个人电脑（PC机、笔记本）的教师约有40位。学校在信息技术资源的获得方面有较为畅通的渠道，教师进行"在线学习"较为便利，学校所提供教学平台能够支持正常的"在线教学"教学活动。

S中学是一所九年一贯制城乡接合部学校。学校占地面积33941.7平方米，校舍建筑面积12449平方米。学校现有的面积基本能够满足学校办学的需要。校园建设的规模和教学辅助用房能够满足学校办学的需要。学校体育运动场建设达到国家标准，有足球场和篮球场，跑道和环形跑道田径场建设完整，操场上的设备基本能满足体育教学和学生活动需要。学校配备理化生实验室4间，能够满足学校理化生实验的需要。图书馆、音体美教室和设备均达国家标准，体育、音乐、美术等教学用具配备齐全。信息化教学环境基本满足师生需求。学校拥有计算机281台且全部接入互联网，教师专用机100台、学生专用机181台、拥有计算机教室3间，拥有专用教师电子备课室。学校有DVD播放机1台、扫描仪1台、打印机4台、教学用电视2台、复印机4台、录音机10台、多媒体教室26间（全部安装有交互式电子白板系统），学校拥有个人电脑（PC机、笔记本）的教师约有60位。学校教师能够在家中（或宿舍）上互联网的约有60位。学校在信息技术资源的获得方面有较为畅通的渠道，教师进行"在线学习"较为便利，信息化教学平台运行良好。

W中学是一所农村中学，学校占地面积154000平方米，校舍建筑面积59084平方米。学校现有的面积能够满足学校办学的需要。校园建设的规模和教学辅助用房完全能够满足学校办学的需要。学校体育运动场建设达到国家标准，有排球场和篮球场各2处，跑道和环形跑道田径场建设完整，操场上的设备基本能满足体育教学和学生活动需要。学校配备理化生实验室8间，能够满足学校理化生实验的需要。图书馆、音体美教室和设备均达国家标准，体育、音乐、美术等教学用具配备齐全。学校现有图书资料15万余册，设有专门供学生使用的阅览室，这些图书资料基本能够满足师生阅读的需要。信息化教学环境基本满足师生需求。学校拥有计算机340台且全部接入互联网。拥有计算机教室3间，拥有专用教师电子备课室。学校有DVD播放机1台、扫描仪1台、打印机4台、教学用电视2台、复印机4台、录音机10台、录播课堂2个、班班通教学设施98套、多媒体教室32间（全部安装有交互式电子白板系统），教师进行"在线学习"较为便利，学校所提供的支持平台运行良好。

Q中学是一所乡镇民族初级中学。学校占地面积60000平方米，校舍建筑面积27295平方米。学校现有校园建设的规模和教学辅助用房能够满足学校办学的需要。学校体育运动场建设达到国家标准，有足球场和篮球场，跑道和环形跑道田径场建设完整，学校还设有体艺馆，室内室外的设备基本能满足体育教学和学生活动需要。学校配备理化生实验室3间，能够满足学校理化生实验的需要。图书馆、音体美教室和设备均达国家标准，体育、音乐、美术等教学用具配备齐全，但学校没有通用技术专用教室，还不能完全满足高中新课程改革中开设通用技术课程的需要。学校拥有计算机教室3间、计算机280台、接入互联网255台、教师专用机 40 台、学生专用机 240 台、拥有专用教师电子备课室。学校有 DVD 播放机 1 台、扫描仪 1 台、打印机 3 台、教学用电视 4 台、复印机 2 台、录音机 11 台、多媒体教室 34 间（全部安装有交互式电子白板系统），学校在信息技术资源的获得方面有较为畅通的渠道，教师进行"在线学习"较为便利，学校所提供的支持平台运行不稳定。

二 民族地区城乡义务教育学校办学条件比较分析

总体来说，近年来，我国民族地区城乡义务教育学校办学条件得到了极大地改善，城乡差异也在逐渐缩小，但仍然存在较大差异。另外，不同民族地区义务教育学校城乡差异的程度不同。

（一）学校硬件条件方面

从学校硬件条件来看，当前民族地区义务教育学校办学条件都得到了极大地改善，基本能满足师生工作、学习和生活的需要。在义务教育均衡发展思想和政策的影响下，各级政府都依据国家普通中小学校建设标准和本省（区、市）的建设标准，建成了较为规范的教室、操场、活动场所等，配齐了课桌椅、图书、教学实验仪器设备、音体美器材、电脑、信息化教学环境，改善了农村义务教育学校学生宿舍、食堂、厕所等生活设施，满足了师生正常工作、学习和生活的需要。硬件建设已经从解决"一无两有"的较低层次，发展到了确保校舍更加安全、舒适，并在教室多功能和仪器设备的配置上能够确保现代化教学活动的顺利开展。而且音体美器材、教学实验仪器、电脑和图书资料等教学设备和教学资料也在逐年增加。

（二）图书资料配备情况

从学校图书资料购置情况来看，调研所涉及的学校都有相应的图书存放室，但从数量上看，无论是城区学校还是农村学校的图书数量都能够满足国家标准化学校建设的要求，城区学校图书的名称及内容与当前中小学生的阅读水平基本相符，而且从借阅登记本上也能看出，每天都有至少 20 人以上的借阅量。还有个别城区学校每天都会安排相应的班级来图书室阅读。而农村学校图书资料普遍比较陈旧，大多数图书内容与学生的阅读层次不匹配，有很多图书是三年前购置的，包装还没有打开，没有专门的图书管理员，也没有相应的图书借阅登记本。访谈发现，学生基本不借书，教师为了上公开课偶尔会去借几本书，师生图书借阅率普遍比较低。

(三) 教学仪器购置和使用情况

从学校教学仪器购置情况来看，无论是城区学校还是农村学校教学仪器都比较齐全，都是按照义务教育学校教学仪器配置标准全县统一配备的。从教学仪器的使用情况来看，城区学校基本能够按照各学科的课程标准要求使用教学仪器。但农村学校教学仪器的使用率普遍低，许多教学仪器设备都是为了迎接上级领导检查才摆在相应的功能教室。在调研所涉及的学校的教师几乎都谈及相关问题。"当有领导来检查，就让某个班的学生到美术室、音乐室来上课。检查过后，这些设备或仪器的使用率几乎为零。"学生也谈道："书上的实验基本都不做，老师让我们把实验过程全部背下来、默写出来就行了。"研究认为，教学仪器使用率低的原因包括两个方面：一是缺乏专业教师。民族地区普遍存在理科教师、艺术类教师缺乏的情况，非专业教师虽然能够照本宣科地去引导学生学习，但做实验对他们来说是一件费时费力的事情，所以他们不愿意花大量的时间去干这些对他们的职称评审等没有多大关系的事情。二是缺乏专门的管理人员。由于非专业老师较多，如果没有专门的教学仪器管理人员把不同学科、不同阶段所使用的教学仪器归类放好，教师就觉得寻找相应的教学仪器很不方便，所以就用背诵代替了实验演示的过程。

(四) 信息化环境建设方面

从信息化教学设备和环境建设来看，无论是城区学校还是农村学校，都按照国家要求建立了相应的信息技术教学环境，网络也基本覆盖了所有的教学场所，大多数学校已经具备了交互多媒体教学环境，部分学校正在开展网络教学环境的建设，个别城区学校正在建设自己的校园网络平台。从信息化教学环境应用情况来看，城区学校运用信息化教学环境频率远远高于农村学校，大多数农村学校教师只有在公开课或上级领导来检查时才会用信息化教学环境来进行教学。其原因主要包括两个方面：一是民族地区农村学校教师年龄偏大，信息技术应用能力较弱，在使用信息化教学环境中存在许多困难。二是许多农村学校校长没有认识到教师信息技术在教育教学中的重要价值，所以不够重视信息化教学环境的运用。三是农村学校教师从网络上找不到优质的教育资源，尤其是优质的课程资源，但他们的确很渴望得到优质的教育资源。

（五）不同民族地区义务教育学校城乡差异程度

民族地区义务教育学校城乡办学条件的差异程度与民族地区经济发展状况有密切的关系。调查所涉及的四个地区中，经济发展水平略高的宁夏，义务教育学校办学条件城乡差异相对较少。而经济发展水平相对缓慢的甘肃、青海，义务教育学校办学条件城乡差异较大。访谈也发现，经济发展只是一个影响因素，最主要影响因素还是当地政府对推进城乡义务教育一体化发展的重视程度。在宁夏访谈涉及的三个教育行政官员和两个市教科所的教研员都非常重视城乡义务教育一体化发展。为了加强城乡教师之间的合作与交流，专门组建了"区域教研共同体"，为农村学校教师改进教学提供了专业支持，较为有效地提升了农村学校有教学质量。相比之下，新疆许多地区关于推进城乡义务教育一体化发展的目标还仅仅停留在文件层面，具体的、切合当地实际的推进策略还在探索之中。

第二节 民族地区城乡义务教育学校教师队伍建设现状比较研究

习近平总书记明确指出，教育大计、教师为本；教师是立教之本、兴教之源。教师队伍的素质决定着教育的质量。前期调查发现，民族地区城乡义务教育存在一定差异，教师作为学校教育的核心要素，其队伍建设及专业发展究竟是如何影响城乡义务教育一体化发展的呢？本研究拟从民族地区义务教育学校城乡教师队伍数量、年龄、职称、专业发展等方面进行比较研究，深入了解和科学把握城乡教师队伍建设存在的差异及其原因。

一 民族地区义务教育学校城乡教师队伍建设的现状

（一）城乡学校教师数量基本满足教学需求，农村学校教师民族结构单一

甘肃省L县Z小学，学校现有教师110名，外借教师3名，实际在岗

教师107名。在性别构成上，男性教师36名，女性教师71名，分别占全体教师的33.64%、66.36%。在民族结构上，汉族老师7名，藏族老师98名，回族及他民族老师2名，分别占全体教师的7.27%、90%、2.73%。L县C小学，学校现有教师61名。在性别构成上，男性教师和女性教师分别占全体教师的34.48%、65.52%。在民族结构上，汉族教师24名，藏族教师27名，回族教师10名，分别占全体教师的39.34%、44.26%、16.39%。L县Z中学，学校现有教师192名。在性别构成上，男性教师和女性教师分别占全体教师的61.85%、38.15%。在民族结构上，汉族教师16名，藏族教师171名，回族教师5名，分别占全体教师的8.33%、89.06%、2.60%。L县中学，学校现有教师61名。在性别构成上，男性教师和女性教师分别占全体教师的41.51%、58.49%。在民族结构上，汉族教师28名，藏族教师22名，回族教师及其他民族11名，分别占全体教师的45.90%、36.07%、18.03%。G小学学校现有教师15名。在性别构成上，男性教师和女性教师分别占全体教师的46%、54%。在民族结构上，汉族教师2名，藏族教师13名，分别占全体教师的13.33%、86.67%。B学校（教学点），教师数量勉强满足教学需求，教师民族结构单一，学校现有教师8名，均为藏族。在性别构成上，男性教师7名，女性教师1名。

青海省西宁市D县C中心学校现有教师103名，代课教师1名。在性别构成上，男性教师43名，女性教师60名，分别占全体教师的41.75%、58.25%。D县M中学（初中）学校现有教师47名。在性别构成上，男性教师22名，女性教师25名，分别占全体教师的46.81%、53.19%。在民族结构上，汉族教师37名，藏族教师4名，回族教师3人，土族教师1名，蒙古族教师2名，分别占全体教师的78.72%、8.51%、6.38%、2.12%、4.25%。D县M学校小学部学校现有教师18名。在性别构成上，男性教师7名，女性教师11名，分别占全体教师的38.89%、61.11%；在民族结构上，汉族教师14名，藏族教师2名，土族教师1名，蒙古族教师1名，分别占全体教师的77.78%、11.11%、5.56%、5.56%。教师数量勉强满足教学需求，教师民族结构合理。L小学（教学点）现有教师4名，均为男性教师，其中有汉族教师2名，藏族教师1名，土族教师1名。

宁夏回族自治区W市S中学，教师数量基本能满足教学需求，学校现有教师181名，其中专任教师180名。在性别构成上，男性教师51名，女性教师129名，分别占全体教师的28.33%、71.67%。G中心学校，学校现有教师138名，其中专任教师135名。在性别构成上，男性教师68名，女性教师67名，分别占全体教师的50.37%、49.63%。B中心学校，学校现有教师189名，其中专任教师168名。在性别构成上，男性教师55名，女性教师113名，分别占全体教师的32.74%、67.24%。

新疆维吾尔自治区A市S中学教师队伍数量基本满足教学需求，学校在职教职工129名，专任教师119名，其中男性教师76名，女性教师43名。汉族教师63名，回族教师26名，维吾尔族教师20名，其他民族教师10名，分别占全体教师的52.94%、21.84%、16.8%、8.46%。R小学教师数量基本满足学校教学需求，学校职工总数88名，专任教师83名。专任教师中汉族教师66名，其他民族教师17名，分别占专任教师总数的78.51%、20.48%。S中学和R小学都是国语学校。W中学是一所民汉统招的农村中学，教师队伍数量基本满足学校教学需求，但汉族教师比例低，学校有教职工303名，专任教师283名，其中汉族教师25名，占全体教师的8.25%，而其他民族教职工占全体教师总数的91.75%。Q中学也是一所民汉统招的乡镇中学，学校现有教职工146名，其中专任教师139名，教师数量基本满足教学需求，但汉族教师数量偏低，仅有41人，占专任教师的29.49%。有汉语言专业背景的教师数量更少，不能满足学校国家通用语言文字教学的需要。

（二）城乡学校教师学历基本达标、职称结构亟待改善，农村学校高级职称指标少，教师职称评定困难

1. 甘肃省甘南藏族自治州L县教师学历及职称情况

L县Z小学教师在学历构成上，如图4—1所示，具有本科学历的教师53名，大专学历教师53名，中专及以下学历教师4名，分别占全体教师的48%、48%、4%。专科学历教师比例达到一半以上。职称方面，如图4—2所示，具有中级职称的教师39名，初级职称的教师58名，未评职称的教师10名，分别所占全体教师的36%、53%、11%。

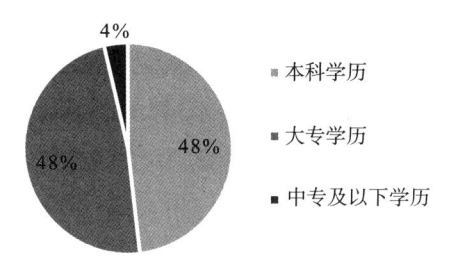

第四章　民族地区城乡义务教育发展现状比较研究 / 77

图4—1　L县Z小学教师学历结构

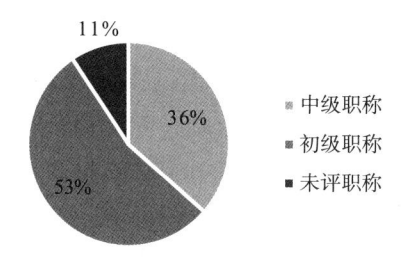

图4—2　L县Z小学教师职称结构

L县C小学，教师在学历构成上，如图4—3所示，具有本科学历的教师44名，大专学历15名，中专及以下学历教师2名，分别占全体教师的72%、25%、3%。职称方面，如图4—4所示，具有副高职称的教师4名，中级职称的教师13名，初级职称的教师36名，分别占全体教师的7%、21%、59%，未评职称的教师8名，占全体教师的13%。

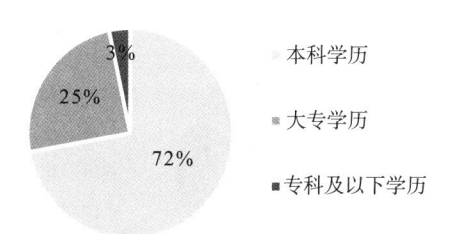

图4—3　L县C小学教师学历结构

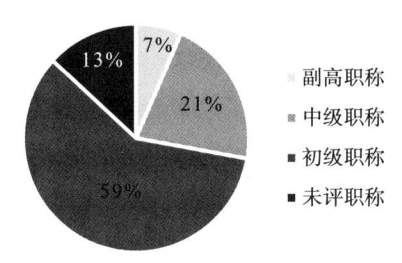

图4—4　L县C小学教师职称结构

L县Z中学教师在学历构成上，如图4—5所示，具有研究生学历教师4名，本科学历教师142名，大专学历45名，中专学历教师1名，分别占全体教师的2%、74%、23%、0.5%。在职称构成上，如图4—6所示，呈现"负偏态分布"，教师职称明显偏低，具有副高职称的教师4名，中级职称的教师29名，初级职称的教师109名，其他职称教师4名，分别占全体教师的2%、14%、54%、2%，学校也有未评职称的教师57名，占全体教师的28%。

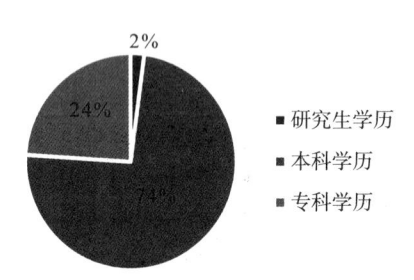

图4—5　L县Z中学教师学历结构

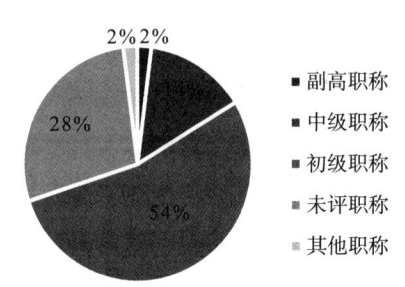

图4—6　L县Z中学教师职称结构

如图4—7所示，L县中学教师学历整体良好，具有研究生学历的教师1名，本科学历的教师46名，大专学历的教师14名，分别占全体教师的2%、75%、23%。在职称构成上，如图4—8所示，具有副高职称的教师6名，中级职称的教师14名，初级职称的教师36名，未评职称的教师5名，分别占全体教师的10%、23%、59%、8%。

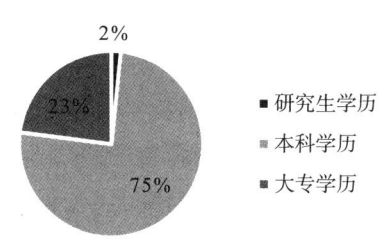

图4—7　L县中学教师学历结构

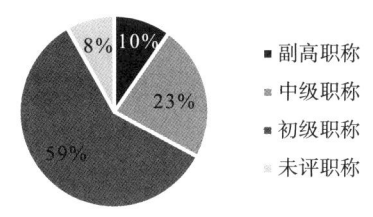

图4—8　L县中学教师职称结构

L县G小学教师学历方面，如图4—9所示，具有本科学历的教师9名，大专学历的教师6名，分别占全体教师的60%、40%。在职称方面，如图4—10所示，具有中级职称的教师1名，初级职称的教师11名，分别占全体教师的7%、73%，未评职称的教师3名，占全体教师的20%。

B学校（教学点）教师学历方面，具有本科学历教师4名，大专学历4名。在职称方面，初级职称的教师4名，未评职称的教师4名。

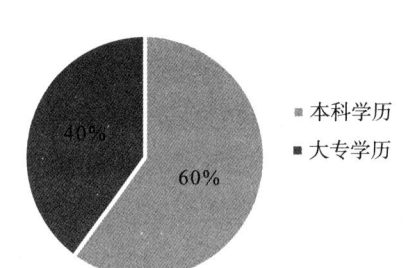

图4—9　L县G小学教师学历结构

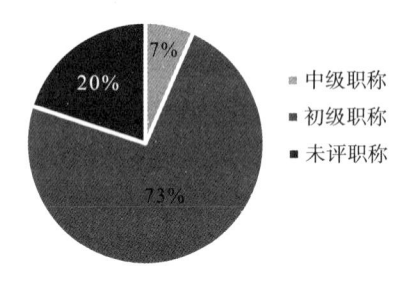

图4—10　L县G小学教师职称结构

2. 青海省西宁市D县教师学历及职称情况

青海省西宁市D县C中心学校教师在学历构成上，如图4—11所示，具有研究生学历的教师2人，本科学历的教师60名，专科及以下学历的教师40名，分别占全体教师的2%、59%、39%。在职称构成上，如4—12所示，具有高级职称的教师6名，中级职称的教师63名，初级职称的教师21名，分别占全体教师的6%、62%、20%，未评职称教师12名，占全体教师的12%。

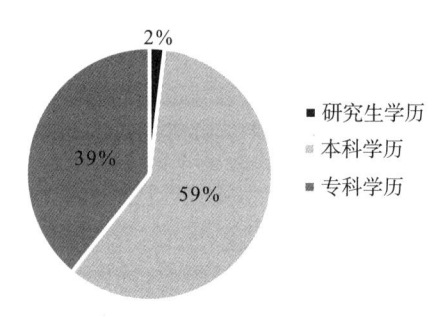

图4—11　C中心学校教师学历结构

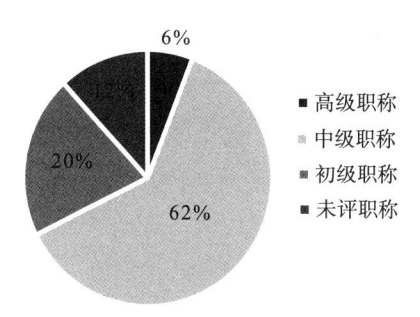

图4—12　C中心学校教师职称结构

M学校（初中）教师在学历构成上，如图4—13所示，具有本科学历的教师36名，专科及以下学历的教师11名，分别占全体教师的77%、23%。在职称方面，如图4—14所示，具有中学高级职称的教师15名，中级职称的教师16名，初级职称的教师13名，未评职称的教师3名，分别所占全体教师的32%、34%、28%、6%。

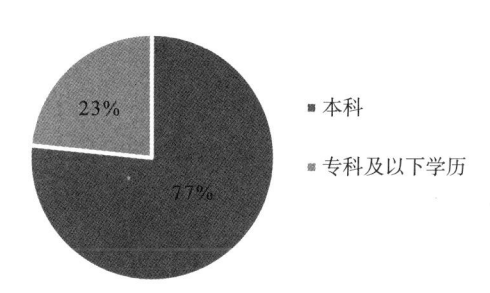

图4—13　M学校（初中）教师学历结构

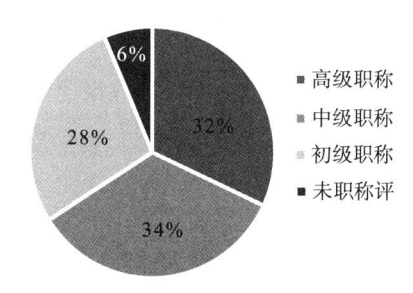

图4—14　M学校（初中）教师职称结构

M学校小学部教师在学历构成上，如图4—15所示，具有本科学历的教师12名，专科及以下学历教师6名，分别占全体教师的67%、33%。在职称方面，如图4—16所示，具有高级职称的教师1名，中级职称的教师11名，初级职称的教师6名，分别占全体教师的6%、61%、33%。

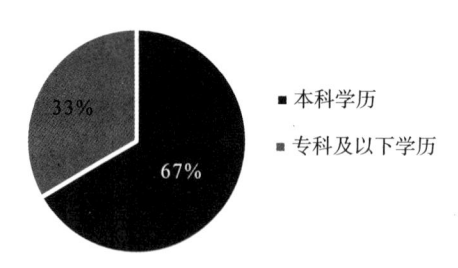

图4—15　M学校小学部教师学历结构

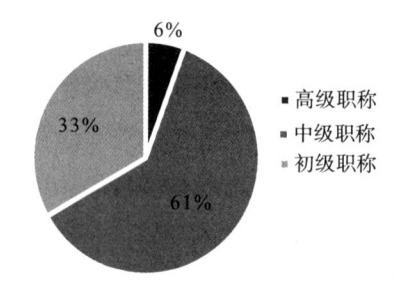

图4—16　M学校小学部教师职称结构

D镇L小学（教学点）教师在学历构成上，具有本科学历的教师2名，专科及以下学历教师2名。在职称评定上，具有小学高级职称的教师1名，初级职称的教师3名。

3. 宁夏回族自治区W市教师学历及职称情况

W市S中学教师在学历构成上，如图4—17所示，具有研究生学历的教师5人，本科学历的教师169名，专科及以下学历的教师6名，分别占全体教师的3%、94%、3%。在职称方面，如图4—18所示，高级职称教师占33%，中级职称教师占39%，初级职称教师占28%。

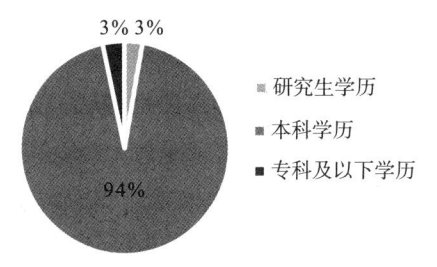

图4—17 W市S中学教师学历结构

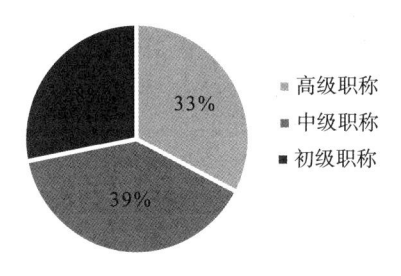

图4—18 W市S中学教师职称结构

如图4—19所示，G中心学校具有本科学历的教师73名，专科及以下学历的教师62名，分别占全体教师的54%、46%。在职称方面，如图4—20所示，具有高级职称的教师11名，中级职称的教师69名，初级职称的教师55名，分别占全体教师的8%、51%、41%。

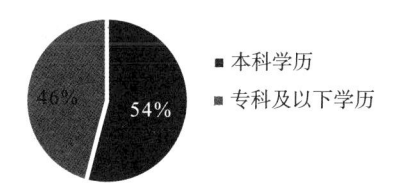

图4—19 G中心学校教师学历结构

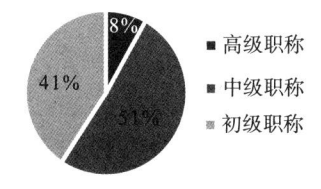

图4—20 G中心学校教师职称结构

如图4—21所示，B中心学校具有研究生学历的教师2人，本科学历的教师116名，专科及以下学历教师50名，分别占全体教师的1%、69%、30%。在职称方面，如图4—22所示，B中心学校具有高级职称的教师9名，中级职称的教师23名，初级职称的教师136名，分别占全体教师的5%、14%、81%。

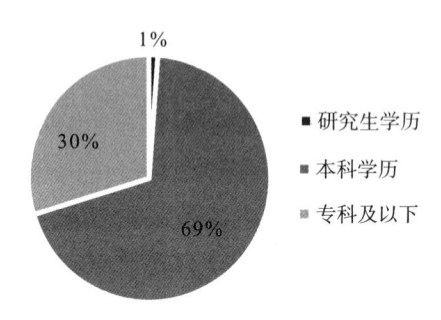

图4—21　B中心学校教师学历结构

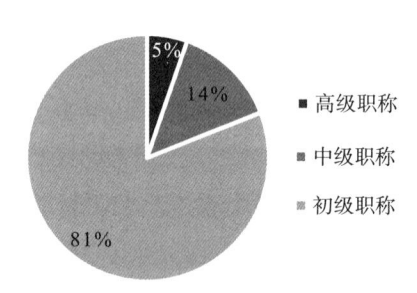

图4—22　B中心学校教师职称结构

4. 新疆A市教师学历及职称情况

如图4—23所示，A市S中学教师中无研究生学历，具有本科学历的教师37人，占29%，具有专科及以下学历的教师82人，占71%。在职称方面，如图4—24所示，拥有高级职称的教师13人，中级职称的教师33人，初级职称的教师66名，未评职称的教师7人，分别占全体教师的11%、28%、55%、6%。

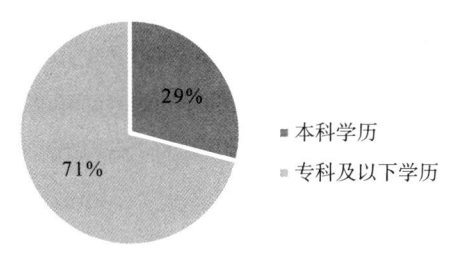

图4—23　A市S中学教师学历结构

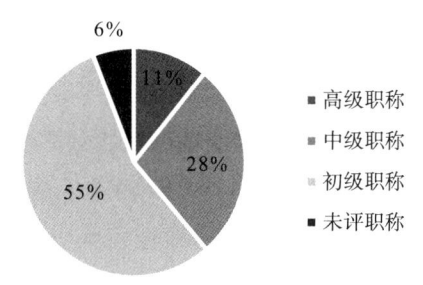

图4—24　A市S中学教师职称结构

如图4—25所示，R小学职工总数88人，专任教师83人，大专及以上学历82人，中专学历1人，分别占全体教师的91%和9%，学历合格率达到100%。在职称方面，如图4—26所示，具有高级职称的教师有8人，具有中级职称的教师30人，初级及未评职称的教师50人，分别占全体教师的9%、33%、57%。

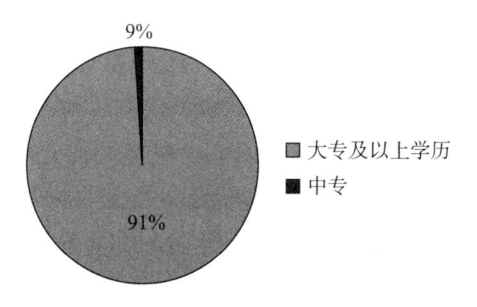

图4—25　A市R小学教师学历结构

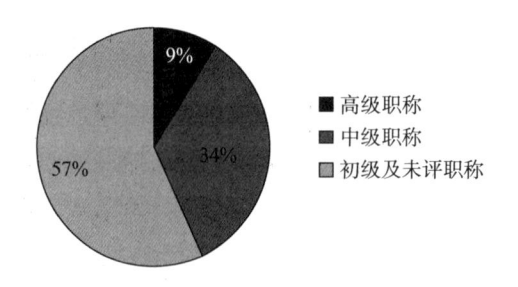

图4—26 A市R小学教师职称结构

如图4—27所示，A市W中学教师学历结构基本达到国家学历标准要求。学校有本科学历的教师175名，专科学历的教师104名，中专学历的教师4名，分别占全体教师总数的62%、37%、1%。在职称方面，如图4—28所示，学校有高级职称教师11名，中级职称的教师55名，初级职称的教师187名，分别占全体教师总数的4%、19%、66%，有未评职称的教师30人，占全体教师总数的11%。

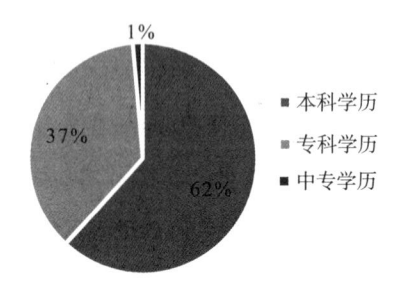

图4—27 A市W中学教师学历结构

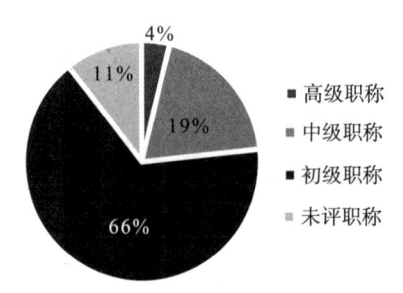

图4—28 A市W中学教师职称结构

A市Q中学现有教职工146人，其中专任教师139人。如图4—29所示，A市Q中学具有研究生学历的教师4人，具有本科学历的教师32人，专科及以下学历的教师103人，分别占全体教师的占3%、22%、75%。在职称方面，如图4—30所示，具有高级职称的教师3名、中级职称的教师76名、初级职称的教师38名，未评职称的教师29名，分别占全体教师的2%、52%、26%、20%。

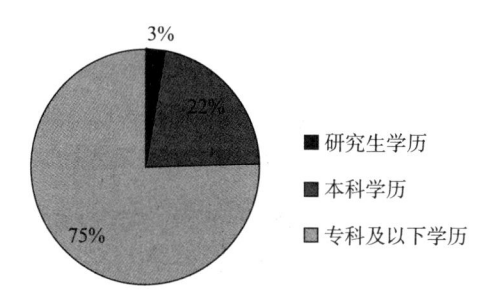

图4—29　A市Q中学教师学历结构

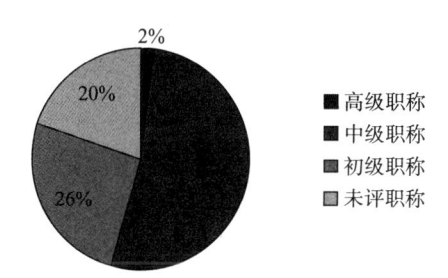

图4—30　A市Q中学教师职称结构

（三）城乡教师专业结构普遍不合理，民族语言类专业教师偏多；城区教师年龄结构呈现中间多、两头少的良性特征，农村教师结构不合理，呈现出中间少两头多的特征

1. 甘肃省甘南藏族自治州L县教师年龄及专业结构情况

如图4—31所示，甘肃L县Z小学教师的年龄构成上，30岁及以下的教师37名，31—40岁的教师46名，41—50岁的教师16名，51岁及以上的教师8名，分别占全体教师总数的34.57%、42.99%、14.95%、7.47%。在专业结构方面，如图4—32所示，藏语言专业的老师有64名，

占全体教师60%，而其他专业的教师仅占全体教师的40%。

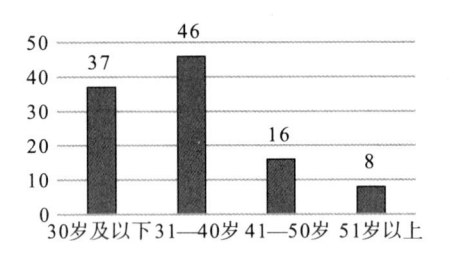

图4—31　L县Z小学教师年龄结构

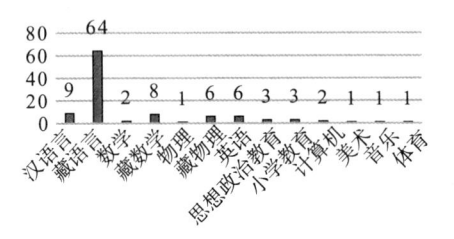

图4—32　L县Z小学教师专业结构

如图4—33所示，L县C小学，在教师的年龄构成上，30岁及以下的教师19名，31—40岁的教师20名，41—50岁的教师18名，51岁及以上的教师4名，分别占全体教师总数的31.14%、32.78%、29.50%、6.55%。在专业结构方面，如图4—34所示，语言专业的教师（包括汉语言和藏语言）达到34名，占全体教师的55.74%，而其他专业的教师占全体教师的44.26%

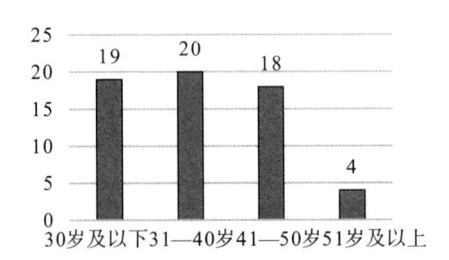

图4—33　L县C小学教师年龄结构

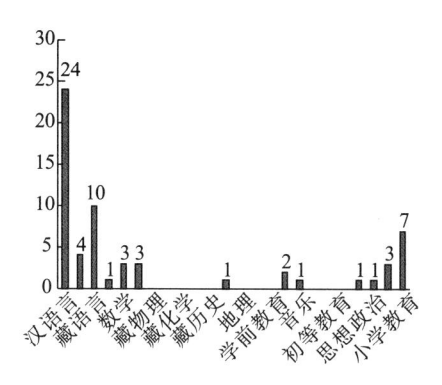

图 4—34　L 县 C 小学教师专业结构

如图 4—35 所示，L 县 Z 中学专任教师共 192 人，30 岁及以下的教师 63 名，31—40 岁的教师 96 名，41—50 岁的教师 25 名，51 岁及以上的教师 8 名，分别占全体教师总数的 32.81%、50%、13.02%、4.16%。在专业结构方面，如图 4—36 所示，汉语言专业的教师 21 名，藏语言专业的教师 106 名，藏数学专业的教师 21 名，藏物理专业的教师 11 名，英语专业的教师 11 名，分别占全体教师的 10.94%、55.21%、10.94%、5.73%、5.73%，其他专业的教师占全体教师的 11.46%。

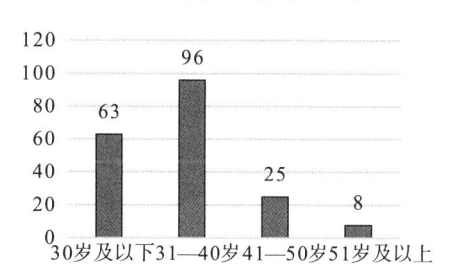

图 4—35　L 县 Z 中学教师年龄结构

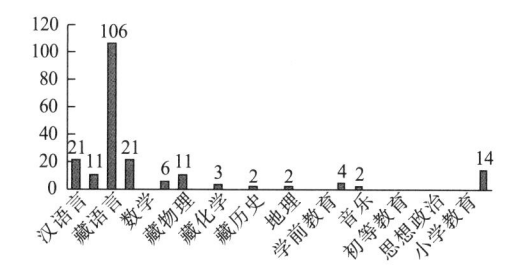

图 4—36　L 县 Z 中学教师专业结构

如图 4—37 所示，L 县中学在教师的年龄构成上，30 岁及以下的教师 25 名，31—40 岁的教师 23 名，41—50 岁的教师 9 名，51 岁及以上的教师 4 名，分别占全体教师的 40.98%、37.7%、14.75%、6.55%。在专业结构方面，如图 4—38 所示，语言类专业（包括藏语言和汉语言）教师 23 位，占到全体教师的三分之一。

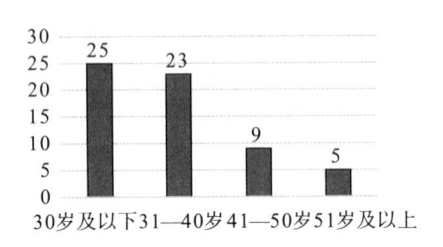

图 4—37　L 县中学教师年龄结构

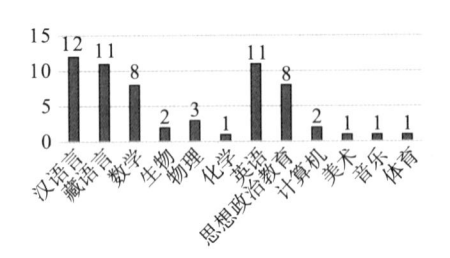

图 4—38　L 县中学教师专业结构

如图 4—39 所示，G 小学共有专任教师 15 名，在教师的年龄构成上，30 岁及以下的教师 6 名，31—40 岁的教师 1 名，41—50 岁的教师 4 名，51 岁及以上的教师 4 名，分别占全体教师总数的 40%、6.67%、26.67%、26.67%。在专业结构方面，如图 4—40 所示，藏语言专业的教师有 10 名，占全体教师的 66.67%，而其他专业的教师仅有 5 名，占全体教师的 33.33%。

B 学校（教学点）共有专任教师 9 名，在教师的年龄构成上，30 岁及以下的教师 6 名，31—50 岁的教师没有，51 岁及以上的教师 3 名。教师年龄结构不合理。在专业结构方面，藏语言专业的教师 7 名，藏数学专业的教师 1 名，英语专业的教师 1 名。教师专业结构也不合理。

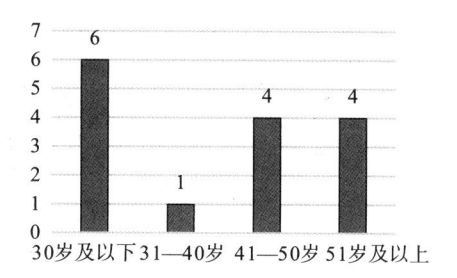

图 4—39　G 小学教师年龄结构

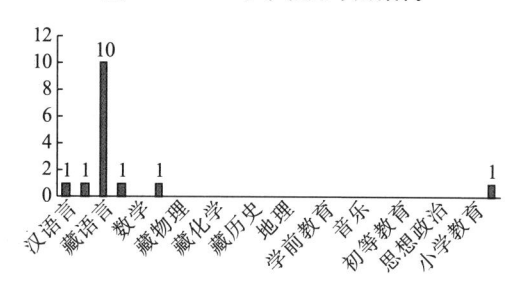

图 4—40　G 小学教师专业结构

2. 青海省西宁市 D 县教师年龄及专业结构情况

如图 4—41 所示，青海省西宁市 D 县 C 中心学校共 102 名专任教师，在教师年龄结构方面，30 岁及以下的教师 10 名，31—40 岁的教师 41 名，41—50 岁的教师 30 名，51 岁及以上的教师人数 21 名，分别占全体教师总数的 9.80%、40.19%、29.41%、20.58%。在专业结构方面，如图 4—42 所示，绝大多数教师的第一学历专业是藏语言类专业，后期有进修英语、思想政治教育等专业的教师。该学校没有专业的音体美教师，音体美课程都是其他专业的教师兼职上课。

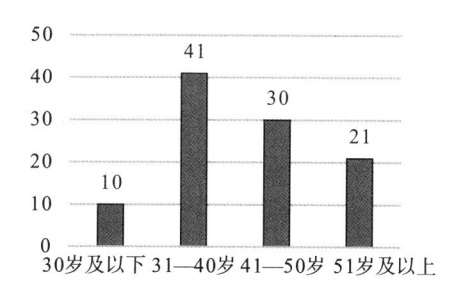

图 4—41　C 中心学校教师年龄结构

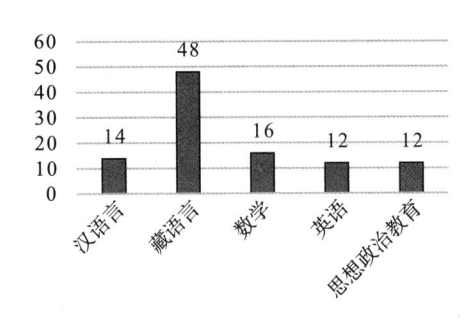

图4—42　C中心学校教师专业结构

如图4—43所示，M中学共有专业教师47名，在教师的年龄构成上，30岁及以下的教师3名，31—40岁的教师15名，41—50岁的教师15名，51岁及以上的教师14名。分别占教师总数的6.38%、31.91%、31.91%、29.78%。在专业结构方面，如图4—44所示，语言专业的教师有19名，占全体教师的40.04%。教师年龄结构呈现老龄化趋势、专业结构不对口现象明显。

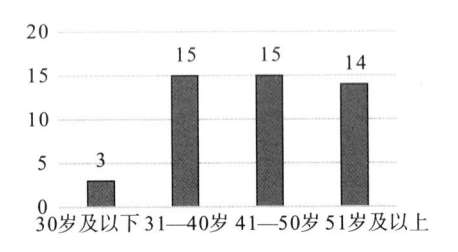

图4—43　M中学教师年龄结构

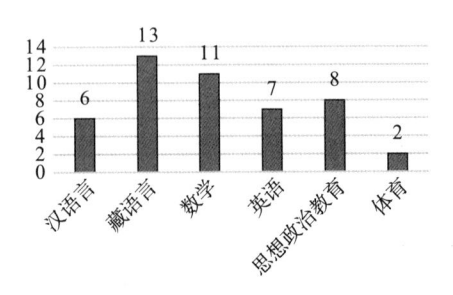

图4—44　M中学教师专业结构

M中学小学部教师在年龄构成上，30岁及以下的教师3名，31—40岁的教师5名，41—50岁的教师8名，51岁以上的教师2名。分别占教师总数的16.66%、27.78%、44.44%、11.1%。L教学点，共有4名教师，30岁的1名，40—50岁的3名，都是藏语言专业毕业的。

3. 宁夏回族自治区W市教师年龄及专业结构情况

如图4—45所示，宁夏回族自治区W市S中学教师在年龄构成上，30岁及以下的教师27名，31—40岁的教师79名，41—50岁的教师53名，51岁及以上的教师22名，分别占全体教师总数的15%、43.89%、29.44%、12.22%。年龄结构基本合理，但从专业结构来看，如图4—46所示，汉语言专业教师有95名，汉语言专业背景的教师所占比例接近53%。

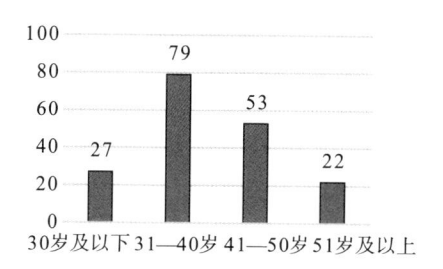

图4—45　W市S中学教师年龄结构

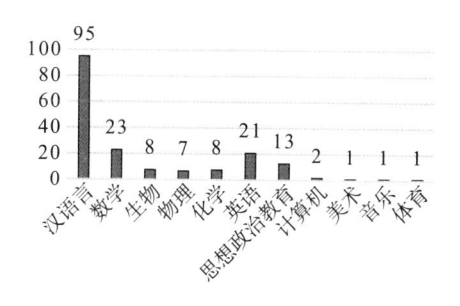

图4—46　W市S中学教师专业结构

如图4—47所示，W市G中心学校共有135名专任教师，在教师的年龄构成上，30岁及以下的教师15名，31—40岁的教师23名，41—50岁的教师82名，51岁以上的教师15名，分别占全体教师总数的11.11%、17.03%、60.74%、11.11%。从专业结构来看，如图4—48所示，W 市 G 中心学校教师语言类专业还是相对较多，音体美专业教师比较缺乏。

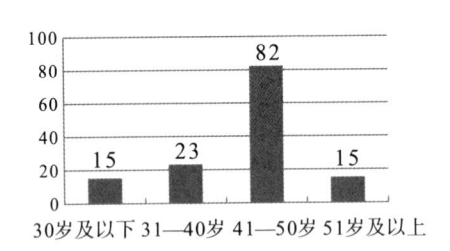

图 4—47　W 市 G 中心学校教师年龄结构

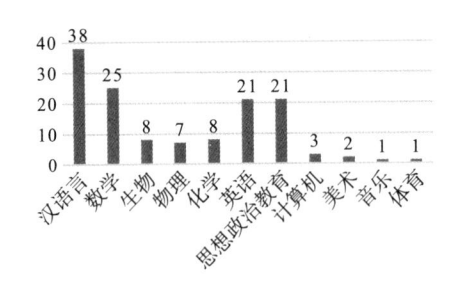

图 4—48　W 市 G 中心学校教师专业结构

如图 4—49 所示，W 市 B 中心学校专业教师共 168 名，在教师年龄构成上，30 岁及以下的教师 94 名，31—40 岁的教师 42 名，41—50 岁的教师 27 名，51 岁及以上的教师 5 名，分别占全体教师的 55.95%、25%、16.07%、2.98%。年轻教师较多，教师年龄结构不合理。在专业结构方面，如图 4—50 所示，除了语言类专业教师过剩和音体美教师缺乏之外，其他专业相对比较合理。

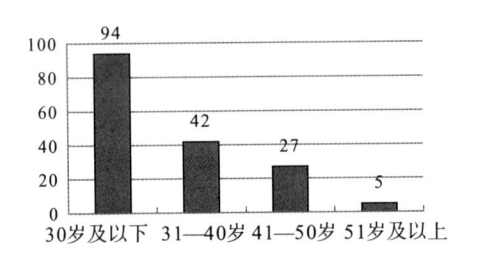

图 4—49　W 市 B 中心学校教师年龄结构

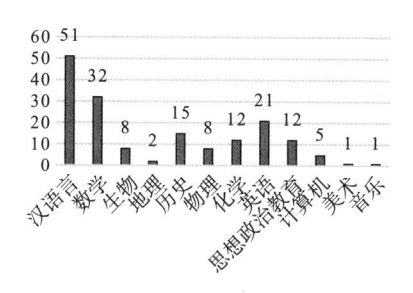

图 4—50　W 市 B 中心学校教师专业结构

4. 新疆维吾尔自治区 A 市教师年龄及专业结构情况

如图 4—51 所示，新疆维吾尔自治区 A 市 S 中学是一所城区中学，教师的年龄结构相对比较合理，学校教职工总数为 129 名，专任教师 119 名。在专任教师中青年教师占 70% 左右。但从专业结构来看，如图 4—52 所示，维语言专业教师有 73 名，维语言专业背景的教师占 70% 左右，专业结构极不合理。

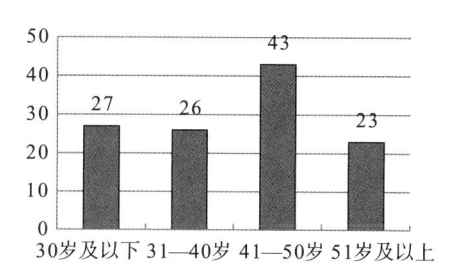

图 4—51　A 市 S 中学教师年龄结构

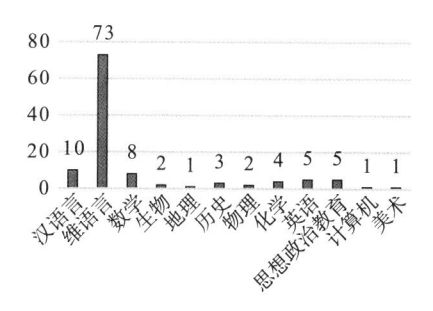

图 4—52　A 市 S 中学教师专业结构

如图4—53所示，A市R小学是一所城区小学，教师的年龄结构相对比较合理，中青年教师占70%左右。但从专业结构来看，如图4—54所示，维语言专业教师有37名，维语言专业背景的教师比例比较高，几乎占全体教师的一半除此之外，专业结构比较合理。

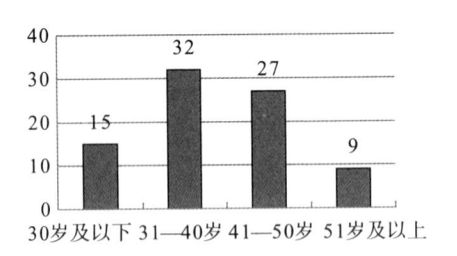

图4—53　A市R小学教师年龄结构

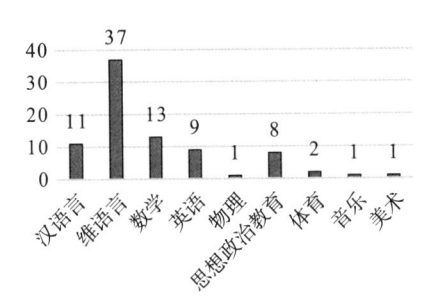

图4—54　A市R小学教师专业结构

如图4—55所示，A市W中学是一所农村中学，51岁以上的教师占全体教师17%，41岁以上的教师占全体教师的47%。教师年龄结构不合理。专业结构方面，如图4—56所示，维语言专业教师有89名，维语言专业背景的教师占31%，专业结构也不合理。

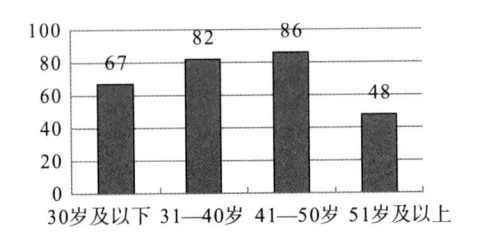

图4—55　A市W中学教师年龄结构

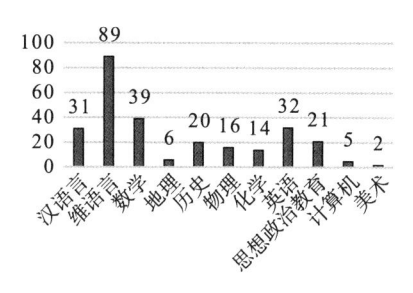

图4—56　A市W中学教师专业结构

如图4—57所示，A市Q中学是一所农村中学，学校现有专任教师139名，从教师的年龄结构来看，51岁以上的教师人数偏多，占专任教师总人数的22%。41岁以上的教师专业占专任教师的62%。专业结构方面，如图4—58所示，维语言专业教师有38名，占专任教师的27%。维语言专业背景教师过多，地理学科专业背景的教师仅3名，占专任教师的2%，不能满足教学的需要。

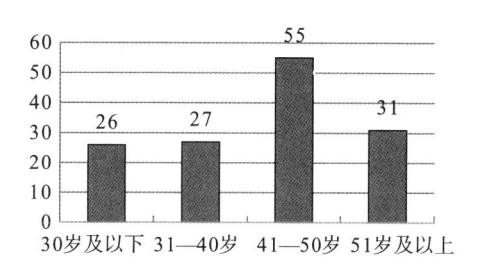

图4—57　A市Q中学教师年龄结构

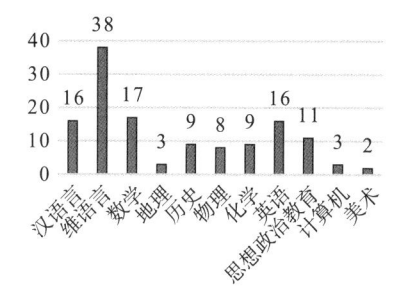

图4—58　A市Q中学教师专业结构

二 民族地区城乡义务教育学校教师专业发展的现状

教育质量在很大程度上取决于教师的专业发展程度，随着新一轮基础教育课程改革的推进，民族地区义务教育学校教师专业发展取得了很大的成就，但还存在教师对"自我反思"认识不到位、群体的"同伴互助"能力不足、专家的"专业引领"缺失、城乡教师专业发展制度保障方面差异大等问题。

（一）自我反思方面：城区学校教师自我反思意识较强，农村学校教师自我反思的意识和能力普遍不高

调查发现，民族地区城乡教师均具有自我反思的意识，但城区学校教师自我反思意识较强。一位年轻的城区小学语文教师认为："自我反思对自身的专业发展特别重要，她首先是在别人的帮助下树立起了专业信心，然后给自己定了一个个短期目标，通过不断地观摩和研究一师一优课，包括教案、教态、教学方法、与学生互动等内容，一步步实现小目标，通过不断地反思自己的课与优质课之间的差距，不断调整和改进，进步非常快。"

相比之下，农村学校教师自我反思意识和能力普遍不高。农村学校教师，尤其是农村45岁以上的教师"当一天和尚撞一天钟"，用消极、悲观和漠不关心的态度和行为对待教师职业和自身发展情况的现象比较普遍。大多数农村学校教师专业发展的内在动力不足，自我反思意识不强，反思能力有待提升。在甘肃省L县一位农村学校校长看来，藏族地区特别是在藏族牧区，年龄偏大的教师自我反思意识较弱，对自我专业发展重视不够，年轻教师自主发展意识比年龄大的教师好很多。一位教导主任认为："教师们平时的学习主要是集中学习，一年大概十几天；还有一种学习就是有些教师通过函授的方式，自己报名学习专升本，这类学习都属于外力影响下的被迫学习。教师自主学习的积极性不高、动力不足，很多教师都认为没有时间学习。"青海省D县的一所小学的教师告诉我们："自己以及身边的许多年轻教师也想通过自我反思提升自己的专业水平，但不知道怎么反思，反思什么。"研究发现，许多农村学校教师不进行自我反思，并不代表他们没有反思的愿望，而主要原因在于他们不具备自我反思的能力，如果给予积极的引导，营造一种自我反思的氛

围,他们也会通过自我反思提升专业能力。

（二）同伴互助方面：城区学校教师同伴互助能力较强，农村教师同伴互助能力较弱

同伴互助是指同伴之间互相帮助，共同提高。研究发现，拥有同伴关系的教师对于自身的专业发展和教学行为的变革更为积极，更容易习得新的行为，也能更顺利地将这些行为迁移到教学实践中去。同伴互助是教师专业发展的催化剂，同伴互助的质量和效果决定着学校整体的教学质量。

在民族地区的农村学校，教师的同伴互助一般体现在校内和校际的说课、听课、评课等方面。但大多数情况下，这种说课、听课和评课都是任务型行为，教师自己自发组织的互助活动相对较少。许多教师认为："校本教研是学校安排我们必须做的，学校每周都会安排类似听课、说课、评课的活动，一学期差不多十五六次。对于这种活动，无论是上课的老师，还是听评课的老师，都不是很喜欢，因为上课的老师上完课后，听到的评价都是一些不痛不痒的话，基本对上课老师没有多少帮助，或者说的评语不会得到上课老师的认可；听课老师也很少能从上课老师那里学到让自己眼睛一亮的东西，所以，老师们对这种活动兴趣不大。"一位刚入职一年的语文教师无奈地谈道："有时候我上完课，大家应该给我评课提意见的，但是经常会出现两个老师对同一个环节的设置，会有争执，大家都觉得自己是对的，到最后我也不知道该怎么办，学校没有一个语文方面很权威的人，老师们都是给你意见，你自己去权衡，没有人告诉你哪个是对的哪个是错的。有时候觉得自己很迷茫，知道问题出在哪，但不知道怎么改。有时候很想进步，很想学，但不知从哪学起。"

相比之下，城区学校教师的同伴互助的作用发挥得较好。很多城区学校都会有许多县区级及以上的骨干教师，所以他们对其他教师有非常重要的引领作用。一位城区学校的数学教师认为："我认为同伴互助的作用非常大，因为优秀的同伴不仅专业方面比我们一般老师强很多，最主要的是他们了解学生实际，所以他们的建议和意见对我们改进教学，反思提高具有非常重要的价值。特别是校内磨课和研课的过程中，骨干教师的点拨，让我豁然开朗。"另一位城区学校教师也认为："骨干教师对我们来说，就是一种榜样和标杆，他在那里，即使不指导我们，我们也

会无形中受益。当然，如果他能经常指导你的教学，你也会很快成为一个'小骨干'，和什么样的人在一起就会渐渐变成他的样子。"

（三）专家引领方面：城区教师机会多，农村教师机会较少

城区学校教师享受专家引领的机会多，且针对性较强；农村学校教师享受专家引领的机会少，且针对性不强。教师专业成长与专家高位引领密不可分。专家能对教师的教学进行诊断和评价，研究与分析，并提出非常有针对性的、切实可行的改进意见和建议。民族地区由于自然环境和交通问题，农村学校一般都处在交通不太便利的地方，所以专家很少去农村学校对教师的课堂教学进行针对性的指导，农村教师享受的专家指导大多数是通过听报告获得的教育教学理念。相比之下，城区学校由于交通便利，专家去城区学校研究课堂教学、指导教师发展的机会要多一些。访谈中，一位城区学校教师谈道："我们学校经常会有专家来调研或作指导，前几天金钥匙送培活动的导师团队来到我们学校，每个学科抽一名教师上课，其他教师都去听课，上课后，专家团队会结合这节课给大家分析我们上课存在的问题及改进建议，我们觉得收获非常大。"

许多农村学校教师认为，教育行政部门对他们教师专业发展所采取的措施和行动主要是组织一些报告、讲座等培训活动，基本没有实质上的课堂诊断和听课评课活动。在访谈中一些教师这样谈道："教育局组织过许多教育培训，比如国培，县教育局也会组织培训，主要是县教育局的教研工作人员请外边的人来进行的讲座、报告等。这些培训很多对我们的作用不大，没有针对性，专家说的我们听不懂，举的案例也不切合我们这里的实际，这种活动少一点还好，如果太多就是浪费。"

（四）制度保障方面：农村学校教师专业发展的制度保障措施缺失，城区学校教师专业发展制度保障较为合理

教师专业发展离不开科学合理的制度保障。长期以来，民族地区农村学校教师专业发展方面存在制度保障不规范的现象。研究所涉及的农村学校中有80%左右的学校都没有教师专业发展的相关制度，大多数学校都是给新教师安排一位老教师作"师傅"，至于这个"师傅"怎么帮、帮到什么程度，基本没有评估和考核。一位有3年教龄的年轻教师告诉我们，他刚来学校工作，学校教导处就给他安排了一位40岁左右的老师做他的指导教师，他专门去拜访了这位师父，但师父告诉他，这就是个

形式，教学还得靠自己慢慢悟，时间长了自然而然就能教好，就能成为优秀教师，他听了心凉了半截。但果真如师父所说，接下来的几年里从来没有人过问过师徒结对的事儿。同样是"师徒结对"，许多城区学校都有严格的制度安排，例如：如何选择师父、如何进行帮助、如何进行考评等都有相应的、比较明确的规定，一位城区学校教师告诉我们，他们的师徒结对是双选制度，师父和新教师在学校整体规定的要求下自由地相互结对，选择结束后，学校会专门组织隆重的拜师仪式。接下来师父会多次听新教师的课，然后根据你的问题制订帮助计划，一共分六个学期进行，每学期都有重点任务和要达到的目标。学校会定期对新教师专业发展状况进行考核，考核的奖惩都与师父直接关联。所以，他们的师徒结对对教师专业发展的作用非常大，大多数教师都很感激自己的师父。因此，制度保障跟不上也是影响民族地区农村学校教师专业发展的重要因素。

三 民族地区义务教育学校城乡教师队伍建设及专业发展的比较分析

从民族地区义务教育学校教师队伍建设整体情况来看，教师队伍数量和高学历教师比例不断增加，但学科分布不合理、城乡间分布不均衡现象突出；农村地区教师超编与缺编并存。从教师专业发展的整体情况来看，无论是自我反思、同伴互助、专家引领还是制度保障方面，城区学校教师的专业发展明显好于农村教师。

（一）教师队伍数量和高学历教师比例不断增加

近年来，随着国家"特岗计划"和师范生免费教育等教师补充机制的持续推进和不断创新，民族地区义务教育学校教师的数量不断增加，有效缓解了民族地区长期存在的教师数量不足的问题。各地都相继出台了吸引人才的政策措施，高学历人才开始补充到教师队伍中来。高学历教师的增加，使民族地区教师队伍整体素质不断提升，为开展教育教学改革，提高教育质量奠定了良好的基础。

（二）学科分布不合理，结构性缺编突出

民族地区普遍存在学科分布不合理、结构性缺编的问题。语言类专业背景的教师过多，音体美专业教师严重不足。这种问题农村学校比城区学校表现得更加突出。调查发现，农村教师总量基本饱和或已经超编，但在结构上,农村中小学普遍缺少计算机、音体美以及心理健康教育等学科的专业教师,而语文、数学等学科教师明显富余,因此许多学校不得不删减计算机等非考试科目。国家要求必须开全开齐课程,所以农村小学为了开全开齐课程,只能用其他专业背景的教师代替。这样就会导致两个结果的产生:一是一些课程因为缺乏专业教师而影响教学质量;二是加重了部分教师的上课负担。最终会影响学校整体教育教学的质量。在农村学校,教师所学非所教问题比较突出。但由于编制已达上限,所以即使有所需学科的教师来应聘,学校也招不进来。调查发现,有接近30%的农村教师所学专业与任教学科不一致,甘肃L县一所小学,教师学英语的教语文占50%左右;青海D县一所小学,教师学藏语教数学的教师占30%左右。这种所学非所教的现象使教师在专业生涯规划中会遭遇很多问题,长此以往,必然会影响教师专业发展进程和质量。

(三) 高职称教师基本都集中在城区学校,农村青年教师缺乏专业引领

和全国其他地区一样,民族地区优秀教师大都集中在城区的优质学校,乡镇和农村教学点高职称、高学历的优秀教师较少。造成的最大的问题是农村学校的教师在专业发展过程中缺乏优秀同伴的帮助和专业引领。调查发现,同样是一个大学同一个专业毕业的两位师范生,一个在城区学校工作,一个在农村学校工作,三年后他们专业发展状况差距非常大,不是待在农村学校的教师不努力,而是他的专业发展缺乏制度规约、同伴互助和专家引领。由于缺乏必要的指导和互助,加之农村学校尤其是教学点的教师外出培训学习的次数相对较少,所以,农村学校教师的专业发展缓慢也就显得合情合理。

(四) 农村学校形式上超编,实际上缺编的问题比较普遍

调查发现,民族地区农村学校存在教师"超编与缺编"同时存在的现象。一是教职工总数缺编,专任教师超编。为什么专任教师超编,而教职工总数又缺编呢?其原因主要是中小学职称的评聘和工资政策都在逐渐向专任教师靠拢,一些教辅人员也通过一定的途径开始转向教师岗位。带来的问题就是专任教师岗位逐渐饱和,教师队伍的整体素质却在下降。但从国家统计的数字来看,专任教师数量已经饱和或超编,教职工总数却是缺编的。二是形式上超编,实际上缺编。从生师比的角度来讲,民族地区农村中小学大多数会出现超编的现象。因为随着国家城镇

化进程的加快，进城人员逐渐增加，农村学校学生人数在逐年减少，但为了开全开齐课程必须保留相应数量和学科的教师，这样就可能造成教师超编的问题。但部分民族地区行政部门会经常将学校部分行政人员、教辅人员借调到行政部门工作，致使学校会出现形式上超编，实质上缺编的情况。

（五）合格与不合格教师并存的现象在农村学校表现得比较突出

这种合格与不合格并存的现象在民族地区农村学校主要表现在两个方面。一是学历合格，但教学不合格。由于学科结构失衡，许多学科没有专业教师，所以学校必须安排一部分非专业背景教师担任学科教学，这样就会出现一些教师因为专业不对口而没有兴趣去钻研教学内容，改进教学方法。导致这些学历合格的教师在兼任教学的科目上成了不合格教师。二是能力强，但教学不合格。调查发现，部分农村学校还存在一种让优秀的教师超负荷工作的现象，一些优秀的年轻教师各方面的能力都比较强，他们工作积极性高、也肯用心，所以领导什么事儿都喜欢让他们干，这样一来就出现由于教学上精力投入不足而导致的教学质量下降，出现"种了别人的地荒了自己的田"的现象，本是一个非常优秀的"苗子"，结果几年下来慢慢走到了不合格的队伍中去。

（六）农村学校存在老龄化与教学质量下滑共存的问题

调查发现，农村学校40岁以上的教师数量明显要高于城区学校，由于民族地区地理环境及气候的原因，农村学校45岁左右的教师身体状况就会明显下降，这些教师在教学方面的投入和付出也会相应减少，但由于教师总量超编，年轻教师进不来。所以，农村学校面临着教学质量下滑的危险。在研究所涉及的4个县中，至少有两个县教师编制是20世纪90年代核准的，有的县存在30%教师在岗不在编的情况。有些县即使有了编制，但由于预期的学生数将来会持续减少，加上财政支付困难，地方政府和农村中小学宁愿用代课教师也不用师范学校的毕业生。"编制紧缺"和"有编不补"都是造成农村中小学教师中年轻教师偏少和教师老龄化问题突出的主要原因。调查还发现，在民族地区的农村学校中，教师队伍老龄化并没有体现出经验丰富的优势，却更多地表现为对教学改革的淡漠、知识的老化和教学质量的下滑。他们大多表现出专业理想缺乏、工作倦怠、漠视学校管理等态度。在实施绩效工资的过程中，学校为了求稳、求均，也不会对这些教师采取什么措施，这种做法严重挫伤了那些辛勤付出的年轻教师的工作积极性，这将会进一步加剧农村学校教育教学质量下滑的危险。

第三节 民族地区城乡义务教育学校教师教学投入现状比较研究

教学投入是影响教学质量的重要因素。科学的教育理念引导下的积极地教学投入必将促进教育教学质量的提升。民族地区义务教育城乡学校教师在教学时间、教学精力等方面投入的差异也是导致城乡教育质量存在差异的原因之一。

一 教师教学投入的内涵及特点

（一）教师教学投入的内涵及类型

教学投入是指教师将教学视为首要任务，全身心地将时间、精力、情感等投入到教学活动中去。即包括教师意念形态上对教学的承诺，也包括教师实际投入教学的行为。从学校发展历史来看，教学始终是教师的首要任务，是学校教育的中心工作，也是学校赖以生存和发展的基础。从教师的职业使命来说，教学是教师的责任和义务，教师理应尽职尽责地履行教学的义务。从教师个人的角度来说，积极投入教学活动能使教师在教与学的活动中体验到生命的价值，享受到职业的幸福，当然教师还能在教师投入教学的过程中不断获得成长。教师是教育改革的重要力量，他们的工作投入水平既影响自身的发展，也影响学生的发展和整个教育质量的提升。根据教师工作的实际，借鉴工作投入的分类标准，本研究将教师教学投入分为教学时间投入和教学精力投入两个方面。

（二）教师教学投入的特点

教师的教学投入是一个动态变化的过程，在这个变化的过程中体现着教师的专业知识、专业能力，也蕴含着教师的心理状态和职业理想。一般来说，教师教学投入具有差异性、可塑性和循环性三个特点。

1. 教师教学投入的差异性

教师教学投入的差异性主要是指教师因为专业理想、专业知识、专业能力、专业情感、心理状态、工作环境等方面不同而带来的教学投入的差异。如果一个教师有非常崇高的专业理想，将教学当作自己一生追求的事业，他就会充分利用一切可以利用的时间去投入到教学活动和教学研究中去。相反，一个教师如果仅仅把教学工作当作自己谋生的手段，他就不会在教学上花费更多的时间和精力，诸如自我反思、同伴互助、专家引领等教师专业发展的方式对他们来说，都是一种负担。另外，个人的专业知识和专业能力对教师的教学投入也有一定的影响。一般来说，专业知识和专业技能较强的教师教学投入相对较多，因为他们的教学投入会给自己带来更多尊重和荣誉。当然教学投入也与教师的工作环境和自身的心理状态有很大的关系。一个教师所在的工作环境如果充盈着积极进取的氛围，他也会在集体精神的影响下积极投入教学活动。如果他处在一个懒散的、不思进取的工作环境中，加之自己意志力不坚定，长此以往就会和周围的人一样消极地应付教学。

2. 教师教学投入的可塑性

教师教学投入的可塑性是指教师教学投入水平会不断的变化且可以利用有利条件来提高教师教学投入。即当教师教学投入受到有利因素影响时，则可以提高教师教学投入水平；当教师教学投入受到不利因素影响时，则可以降低教师教学投入水平。如当教师专业知识、专业技能提高并获得了相应的荣誉或者奖励，会进一步提升教师教学投入的积极性。教师所在学校的领导方式从专制型领导转变为民主性领导，一定程度上也可以增强教师教学投入的程度。另外，积极的鼓励和高质量的专业引领在促进教师专业认同的基础上，也可以提升教师教学投入的程度。

3. 教师教学投入的循环性

循环性是指教师教学投入在一定因素的影响下会走向良性循环或恶性循环。主要表现在教师教学投入过程中所获得的结果会影响教师下一步的教学投入程度。如一位教师花费了一周时间去准备一节公开课，从查阅资料到请教同伴，从自我反思到专家指点，自己能尽力的全都尽到了。在公开展示课上，获得了教师和学生的一致好评，也获得了学校的奖励或表扬。这样的好评和奖励就会让他继续积极地进行教学投入，逐渐使教学投入走向良性循环。相反，如果一个教师花费了一定的时间和精力投入教学活动，但由于方法不得当等问题，教学效果不理想，结果学校领导批评了这位教师，这种批评有可能会让这个教师的教学投入走向恶性循环。因此，无论是教育行政部门领导还是学校校长，在要求教师积极主动投入教学的过程中，一定要想方设法将教师的教学投入引向良性循环的道路。

二 民族地区城乡教师教学投入现状

（一）教学时间投入现状

教学时间投入是教师最主要的教学投入。一般来说，教师对教学所投入的时间，从物理量上可以表明一名教师对教学工作的重视程度。教学时间从不同角度或者用不同的方法考量，会得出不同的结果。本研究所涉及的教师教学的时间投入主要包括备课时间、上课时间、实践教学时间和教研活动时间四个部分。

1. 备课时间

课前准备时间简称备课时间，是教学时间投入的重要组成部分。要上好一堂课，取得好的教学效果，就必须有充足的备课时间。备课时间主要包括了解学生学情、查阅课程相关参考资料、编写教案和教学计划等时间。教师教学的熟练程度、教学的年限和经验会影响备课时间。备课是一项"熟练工种"，刚开始花费的时间较长，熟练之后备课的时间会逐渐缩短。

调查发现，在备课时间方面，城区学校教师每天花费2—3小时的教师人数占被调查总数的73.2%，其中有2.2%的老师每天备课时间超过了3小时。同时也注意到，每天只用不足1小时备课的教师也占了9%。农村学校教师每天花费2—3小时的教师人数占被调查总数的40.9%，54%的老师每天花费1—2小时备课，其中有2.8%的老师每天备课时间超过了3小时。同时也看到，每天只用不足1小时备课的教师也占了2.3%。从具体备课时间分布看，城区学校教师备课时间长于农村学校教师。访谈中，一位城区学校的语文老师谈道："我觉得作为老师备课非常重要，每天花在备课上的时间大概在4小时左右，只有把课备扎实了，我上课才能得心应手，才能更好地完成课堂教学目标……"相比之下，一位有25年教龄的农村学校教师则认为："我现在教的内容已经教了几十遍了，根本不需要备课，但为了应付检查还得写教案。"

2. 上课时间

调查发现，无论是城区学校教师还是农村学校教师基本上都能按照国家要求的标准完成自己的基本课时量。研究所涉及地区的教师普遍认为自己的教学任务量在可承受范围之内，也有部分老师认为自己的课时量较多，课业压力沉重。国家对每个学科的课时量要求不尽相同，每个教师基本上都能够按照要求完成自己的基本课时量。但是城区学校教师普遍反映教学压力较大。在访谈中，一位一年前刚从农村中学调到城区中学的教师谈道："学校给我安排的课头符合国家的课时量要求，但是我觉得教学压力很大，现在的孩子们获取知识的途径很多，有些他们知道的我不一定能知道，为了上好安排给我的课，我需要花费特别多的时间去准备，这方面要比在农村学校付出的要多。"农村学校教师平均所带课时量较多。虽然每个老师、每门学科都有规定的课时量，但是由于农村学校师资力量不足、结构性缺编等问题严重导致农村学校普遍认为自己实际所承担的课时量较多。一位农村小学语文老师谈道："我的专业是语文，学校给我安排的语文课量并不大，但是同时又给我安排了几个班的音乐课，感觉一学期的课时量很大……没办法，学校没有音乐老师。"

3. 实践教学时间

实践教学时间主要包括作业指导、作业辅导、教学实践指导（学生科技活动指导、竞赛指导）等工作的时间。

（1）作业指导与作业辅导时间：课堂观察和访谈发现民族地区城区学校教师基本上都会在正常上课或者自习课上对学生进行作业辅导和作业讲解。但是也有教师谈道："我只能在我负责的自习课上对学生的作业进行专门指导，下课以后几乎没有时间辅导学生的作业；现在一个班的学生很多，再加上我的课头也很多，我根本没有时间精力单独辅导班上的某位同学……"由于农村留守儿童较多，所以农村学校教师在作业辅导方面花费的时间更多。访谈中，一位农村小学五年级学生告诉我们："我不会的题目都会留下来问老师……老师经常在自习课或放学后给我们讲我们不会的题目……"其中该学校的一位老师也表示："这个学校的孩子学习能力一般，家长学历都不高，几乎没有办法指导孩子的作业……所以我们需要课后在孩子身上花费更多时间……"因此，在作业指导和辅导方面，农村学校教师花费的时间比城区学校教师略多一些。

(2）教学实践指导时间：在教学实践方面，由于城区学校对教师有较为具体的指导要求，所以城区学校教师在学生的科技活动指导和竞赛指导方面花费的时间要比农村学校多一些。许多民族地区农村学校，对教师参与指导学生竞赛活动没有较为明确的要求，基本上都是任课老师在负责指导。所以，农村学校教师对学生的科技活动和竞赛方面的指导相对较少。一方面是因为学校组织的这种竞赛活动相对少，另一方面是因为教师在科技和竞赛方面的知识也比较欠缺。

4. 教研活动时间

教研活动时间是指教师参加的有关教师教学、学生学习等研究活动的时间。中小学开展教研活动的形式主要有：集体备课；示范课、优质课、研究课等观摩活动；教学研讨、经验总结；教学研究论文撰写。

（1）集体备课时间：集体备课是学科教研组的重要活动，主要形式是同课异构活动。通过对教师的访谈我们发现，城区学校一般都会安排教师参加同课异构的活动，时间安排大约是每月2—3次，并将集体备课作为教师考核的一个重要方面。农村学校也会按要求组织教师进行集体备课，但时间大约是每月1—2次。从组织安排的角度来说，农村学校教师在集体备课中花费时间较少。

（2）参与优质课观摩活动时间：调查发现，民族地区城乡中小学都会组织教师开展优质课的观摩活动。但城区学校教师经常参加优质观摩活动，调查所涉及的城区学校教师每学期都会参与5—8次优质课观摩活动。调查所涉及的农村学校教师中，经常参加优质课观摩活动的教师占被调查人数的35%，偶尔参加优质课观摩活动的教师占总数的45%，几乎不参加优质课观摩活动的教师占总数的20%，由此说明民族地区农村学校教师同伴之间的交流和互助相对比较乏力。

（3）教学研讨时间：教学研讨主要是教师之间对教学的内容、方法、手段等的研究和探讨。研究发现，城区学校教师间的教学研讨基本是在学校安排的教研组活动基础上开展的，平均每月2—3次，每次大约40—60分钟，这种活动对教师的教学具有重要促进作用。农村学校教师参加教学研讨活动的时间较少，每学期2—4次，每次大约45分钟。

（4）教学研究论文撰写：教学研究是教师必备的技能，也是新课程改革以来对教师提出的新要求。调查发现，民族地区城区学校教师教学研究的积极性相对比较高。一方面是评职称需要一定的教学研究论文，另一方面是学校对教师教学研究方面年终考核的任务要求。相比之下，农村学校教师在教学研究论文撰写方面积极性较低。原因也包括两个方面：一是教师不会撰写教学研究论文，同伴也没有能力帮助他；二是学校对教师没有这方面的任务要求。

（二）教学精力投入状况

教学精力投入是用以说明教学时间投入效率、效果和质量的程度，即在教学上的用功程度、用心程度和用力程度。教学投入精力也很难直接去衡量，只能通过间接手段来了解具体情况。在教学上的用功、用心和用力可以体现在教学的各个方面，如教师对教学设计的重视程度、是否关注和运用最新教学理论、是否注重教学方法创新、是否经常与学生交流、是否经常更新教学内容，等等。本研究从教学反思、教学方法改进、与学生的互动交流等方面了解教师的精力投入情况。

1. 教学反思

教学反思是指教师在教学实践中，批判地考察自我的主体行为表现及其依据，通过回顾、诊断、自我监控等方式，或给予肯定与强化，或给予否定与修正，从而不断提高自身教学效能和素质的过程。比较常见的教学反思方法有以下四种：一是记反思日记，工作结束后写下自己的教学经验；二是详细描述教学情境，教师间观摩彼此教学，详细描述观察到的课堂情景，并进行讨论与分析；三是进行交流讨论，可以是同本学校或其他学校的教师之间的交流讨论；四是进行行动研究。调查发现，40%城区学校教师选择了会经常性的进行教学反思。而在反思的形式调查中有27%教师选择了"记反思日记"；36%的教师选择了"详细描述教学情景"；33%的教师选择了"进行交流讨论"。访谈也发现，城区学校教师认为教学反思对教学的促进作用非常大。在问卷调查中75%的农村学校教师选择经常会进行教学反思，而且采取的方式主要是写教学反思。一位农村教师告诉我们："每次上完课之后都会适当的进行反思，我会在我的书上或在我的备课稿上画一些东西，仅此而已。"但查看教学文档时发现，许多教师并没有写教学反思，或只写了一两句话。总体来说，农村学校教师进行教学反思的意识不强烈，教学反思也不够深入。

2. 教学方法改进

新课程改革要求教师能够在现代教学理论的指导下，合理地选择适宜的教学方法并能进行优化组合；要求教师在课堂教学中做到教无定法并施之有度，使教学内容呈现方式、学生的学习方法和教师互动的方式达到和谐统一。课堂教学中教师对于教学方法的选择不仅体现着教师的专业知识和专业技能，而且也能体现出教师的个人素养。研究发现，城区学校教师在教学方法的运用上呈现出多样和综合的特点。如在一节城区中学的历史课《清末农民大起义》的教学过程中，教师"自制了"一幅当时的地图，然后标上起义可能进行的路线图，让学生根据当时的情景和自己的理解，选择自己认为最合理的起义路线，并说明选择的理由。教师的这种教学投入不仅激发了学生的求知欲，也发展了学生批判性思维。还有一节城区小学三年级的语文课《总也倒不了的老屋》，教师综合运用了讲授法、合作探究法、情景表演等方法，教学效果也非常好。

师：同学们自己读课文，然后四个一组，和组员讨论为什么老屋总也倒不了？

（学生读完课文，开始以小组为单位讨论，课堂氛围活跃）

生1：我们组讨论的结果是老屋太善良了，总有人找他帮忙，所以总也倒不了。

师：为什么这么说呢？从哪里可以看出来？

生2：老屋太破了，已经很虚弱了，但他还是帮助了小猫。（学生找到了相应内容并有感情地读了出来）

……

师：哪个小组愿意给我们用情景剧的方式再呈现一下摇摇欲坠的老屋保护小猫的场景？

生：（各小组踊跃参加，课堂氛围活跃）

访谈时老师也谈道："在课堂教学中，应该根据学生的年龄特征和学习内容综合运用多种教学方式，这样学生学习的积极性高，课堂氛围也比较活跃，有利于学生的理解学习内容。不能只是老师自己讲，一定要想办法让学生参与进来……想办法就需要老师用心。"农村学校的青年教师在课堂教学方法的选择方面，也在积极尝试运用新的、学生比较喜欢的方法教学，但综合运用多种方法教学的能力还有待提升。农村学校50

岁及以上的教师教学方法比较单一，大多以讲授为主。

3. 与学生的互动交流

无论是城区学校教师还是农村学校教师基本上都会花费一定的时间与学生进行互动交流，但互动交流的程度存在一定的差异。一位城区学校教师在访谈中谈道："无论是为了教学还是为了学生发展，老师都应该多与学生交流。我们与学生交流最多的应该是课堂上，课后交流的机会不是很多，也不能顾及到所有学生……"城区学校的学生告诉我们："老师和我们的互动交流主要发生在课堂上，偶尔会在课间和我们聊聊其他的事儿。"一位农村学校教师谈道："学生们都很可爱，我很喜欢和他们在一起的感觉，虽然他们的成绩并不是那么好，但是和他们私底下交流的多了，你就会发现他们有许多优点，所以我们利用业余时间和学生谈心，这样无论是对我的教还是对他们的学都是有帮助的……"一位农村学校的学生在访谈中告诉我们："我觉得老师挺关心我们的，下课或放学后经常找我们聊天，有时候问我们学习的事情，有时候也问其他的事情，有时也帮助我们解决一些家庭里的问题……"

三 民族地区义务教育学校城乡教师教学投入的比较分析

（一）民族地区城乡教师的教学投入存在年龄差异

调查发现，无论是城区学校教师还是农村学校教师在教学投入方面表现出年龄的差异。整体来说，青年教师教学投入高于中老年教师。其原因主要表现在三个方面：一是因为青年教师对教学内容、学生特点、管理制度、学校文化等还不够熟悉，需要花费更多的时间去学习和了解，对于刚从大学毕业来到新的工作环境青年教师来时，他们首先要学习和了解新环境中的文化和规则，才能适应环境和进一步改善环境。二是因为大多数青年教师学习的积极性要略高于中老年教师，他们对新鲜事物的学习兴趣比较浓厚，也愿意花费额外的时间去探讨和学习，如对于学校新建的信息化教学环境和电子教学设备，最先探索和使用新环境和新设备的一般都是青年教师。三是因为青年教师时间相对比较充裕，生活负担较小；而中青年教师既要照顾孩子，还要赡养老人，和青年教师相比他们没有更多的时间投入教学。

(二) 民族地区城乡教师教学时间投入存在差异

通过课堂观察、访谈和文本分析发现，在教学时间投入方面，城区学校教师教学时间投入普遍要高于农村学校教师。原因主要表现在以下四个方面：一是城区学校班级学生人数普遍多于农村学校，尤其是城区优质学校班级学生人数则远远大于农村学校班级学生人数，如甘肃省 L 县 Z 小学是一所城区优质学校，每个年级八个班级，每个班级 60 个学生；相比之前，甘肃省 L 县 B 小学，每个年级一个班，每班 10 个左右的学生。学生人数多了，教师备课、批改作业、个别辅导等方面所花费的时间就自然而然多起来了。二是城区学校对教师的教学要求普遍比农村学校高。城区学校教师专业成长的制度相对比较健全，一般来说，城区学校都会对教师教学提出阶段性的要求，不仅对每个阶段应该干什么、应该达到什么程度有明确的要求，而且还会对达不到这些要求的给出相应的惩罚措施，所以城区学校教师一般都会按照学校的要求不断完成相应的目标任务。三是城区学校学生家长对教师的要求普遍比农村学校学生家长对教师的要求高。城区学校的学生家长一般都比农村学校学生家长文化层次高，文化层次高的家长对孩子教育的要求就会高。研究发现，城区学校学生家长一般会在接学生回家的路上问问孩子："语文老师今天有没有叫你回答问题？数学老师有没有和你讨论你的答案等"，而农村学校学生家长更加关心的是孩子在学校是否吃饱、有没有和其他孩子发生矛盾等问题。四是城区学校教师自身的危机感比农村学校教师要高。因为学校和家长的要求高，再加上城区学校教师外出学习的机会较多，看到外面尤其是发达地区的教育教学后会产生一种危机感，这种危机会迫使他们加大教学投入。而农村学校教师由于面对的同伴水平都差不多，而且外出学习的机会相对较少，没有机会看到外面更优质的教育教学，也不会引起他们对自己教学更深入的反思，自身的危机感也较低。

(三) 城乡教师在教学精力投入方面存在差异

城区学校教师在教学反思的质量方面普遍高于农村学校教师。文本分析发现，调查所涉及的城区学校大多数教师都会在备课本后面写教学反思，而且教学反思的质量普遍比较高。如一位城区学校三年级的数学教师在上完认识图形这一节内容后写道："本节课自己的优点是用数形结合的思想引导学生认识了长方形、正方形、三角形，最让我得益的是在我的引导下，学生开始探索现实中为什么有些建筑要做成三角形，而有些建筑则要做成长方形。这节课需要进一步思考的问题是如何按照学生能够接受的方式和语言回应学生提出的三角形是怎么来的问题，之前备课的时候没想到学生会问这样的问题。我得好好查查资料。"这个教学反思不仅写出了自己的出彩之处，而且还写出了学生的思考过程和问题，更写出了自己努力的方向。相比之下，一位农村学校的语文教师在教授完《桂林山水甲天下》这篇课文之后，只写了"本科教学方法运用得当，学生课堂学习气氛积极，但在师生互动方面还存在问题，下一次要在这方面改进"。这种教学反思就是典型的应付差事的教学反思。在教学内容创新和教学方法改进方面，部分农村学校教师会结合农村生活的实际整合学习内容，但大多数农村学校还是按照教材教学，教学方法也相对比较单一。青年教师教学方法比50岁以上的教师教学方法较为灵活多样。城区学校教师在教学内容整合和教学方法改进方面要略好于农村学校教师。与学生的互动交流方面，城乡教师差异不大。不同的是，城区学校教师在学业方面与学生的互动交流多一些。由于农村学校住校生较多，加之留守儿童较多，所以农村学校教师在生活方面与学生的交流互动多一些。

第四节　民族地区城乡义务教育学校教师课堂教学现状比较研究

办学条件、教师结构和教师教学投入的状态都是影响教学实践的重要因素。这些因素的合力最终都会通过教师的课堂教学表现出来并作用于学生的发展。本研究从教学理念、专业知识、教学技能、教学方法、师生互动、教学评价、教学资源运用等多个角度了解民族地区城乡义务教育教师教学现状及其存在的差异。

一　民族地区城乡义务教育学校教师课堂教学的现状

（一）城区学校教师新课程理念落实比较到位，农村学校教师新课程理念尚未全面落实

调查发现，城乡教师都能正确认识和践行立德树人、以学生为本的

教育教学理念；农村学校教师教育教学观念比较陈旧，创新意识和研究能力不强，在学生的能力要求和终身学习方面认识不足，不能完全适应信息社会对人才培养的要求；城乡教师均存在持续发展的意识与终身学习的能力不足问题。具体表现在以下几个方面：

1. 大多数农村学校教师不能把学科知识、教育理论与教育实践相结合，突出教书育人的实践能力。调查发现，民族地区义务教育城乡学校教师学历基本能够达到国家要求的教师学历标准。但课堂观察发现部分教师教学经验不足，实际课堂教学能力较差。有教导主任在访谈中反映，"我们招的老师基本都是本科毕业的师范生，但是他们入职后教学能力很差，有的甚至不会写教案，直接从网上下载教案……"

2. 绝大多数农村学校教师掌握的教育理论止步于入职前在师范院校所学的理论，没有与时俱进地了解、学习最新的教育理论，优化知识结构，提高文化素养。在访谈中有校长谈道："教师们都很热爱自己的工作，但是教学理论知识不能与具体的教学实践相结合，教师们对教育的理解与思考也不深刻，经验在他们的教育教学中发挥着重要作用。"

3. 城乡教师均存在持续发展的意识与终身学习的能力不足的问题。调查发现，民族地区城乡教师入职后追求专业发展的意识不强，途径单一。访谈发现，在"您一般是通过什么方法和途径提高自身教学能力的？"这一问题的回答中，大多数教师回答"通过国培、省培和学校安排的培训促进专业发展"，而回答"通过课后个人教学反思进行专业发展""通过自己看专业理论书寻求发展"和"通过同伴互助方式进行专业发展"的教师相对很少，这说明民族地区城乡教师均存在自我发展意识不强，自主学习的能力较弱。

（二）城乡教师整体专业知识有待强化，农村教师专业知识储备不足

教师专业知识概括起来主要有普通文化知识、学科知识、实践知识、教学法知识。调查发现，青海、宁夏、甘肃、新疆等民族地区部分教师的专业知识与国家制定的教师专业标准的要求存在一定差距；相比之下，青海民族地区、宁夏民族地区教师专业知识的扎实程度略高于甘肃民族地区和新疆民族地区。如在小学二年级的一节语文新授课《月饼多少钱一块》中，教师面对学生的回答无法给出正确的判断。

师：大家知道中国的传统节日都有哪些吗？

生：中秋节、国庆节、端午节。

师：中秋节和端午节是中国的传统节日，国庆节不是传统节日吗？

生1：是；生2：不是。

师：大家下去查一查看是不是，一定要记住噢。

摘自2018年11月19日甘肃L县Z小学二年级语文《月饼多少钱一块》课堂实录

在这个环节中同学们都积极举手，课堂气氛非常活跃。但面对学生不确定的回答，教师含糊其词，未对"传统节日"做一个深度的解释，这使得学生的学习只是停留在表面，机械地对知识进行识记。这种现象也可以从侧面反映出该教师的专业知识、教学法知识欠缺。在新疆，课堂观察也发现了许多教师专业知识欠缺的现象，如在四年级的一节语文新授课中，教师存在读错字音的问题。

师：同学们边读课文边用红笔画出文章里的生字。

生：画出了本节课的生字词：晨曦、热热闹闹、薄雾……

师：有认识的同学吗？给大家读一读。

生1：领读了生字词，晨曦、热热闹闹（nao nao）、薄雾（báo wù）

师：生1同学读得很好，同学们跟着他一起读一读。

——摘自2018年11月29日新疆A市R小学四年级语文《春天》课堂实录

该教师在教授生字时，叫学生领读生字，学生出现了读音错误，教师不仅没有发现错误，而且继续让同学领读。这表现出了该教师语文学科知识不扎实。

在青海D县的一节三年级的《品德与社会》课中，一位教师在板书课题时出现了错别字，整堂课教师没有发现，也没有进行纠正，该教师将农业的"农"上半部分写成了宝盖头。小学三年级正是识字教学的关键时刻，识字的途径主要是模仿老师的课堂识字教学。教师由于自己基本专业知识不扎实将错别字写在黑板上，会误导学生的学习。同样，在一节四年级的语文课上也暴露出教师专业知识不扎实的问题。本节课的教学重点掌握比喻句的用法，教师不了解课程标准中对小学阶段比喻句的教学要求，导致该学段学生对比喻句的掌握没有达到应有的要求。

生：读第二自然段。

师：这个大象是怎么样的，谁来说一下？

生：读出课文中描写大象的内容。

师：你们是怎么看出来的？

生：读课文内容"大象的腿像柱子那么粗……"

师：下去以后大家用"像"造个句子。

——摘自2018年11月16日青海D县D小学四年级《曹冲称象》课堂观察

这部分的重点是比喻句的讲解，但老师只是提出了比喻词"像"，并没有讲"像"的用法，没有详细分析比喻句的结构、运用比喻句的好处等，这反映出老师专业知识有待加强，对教材内容不熟悉，导致他的教学重点不突出，最终难以实现应有的教学目标。

宁夏W市S中学的一节诗歌鉴赏课中，主要内容是学习诗歌鉴赏的常用方法并用所学方法鉴赏《西村》这首诗。在讲解完"乱山深处小桃源，往岁求浆忆叩门"这一句的意思后老师开始提问。

师："同学们对这句诗还有什么疑问？"

生1举手提问："作者当时去西村是为了游玩还是找水？"

师："嗯……应该是去游玩时候找的水，这个问题对理解这句话有影响吗？"

生1："没有。"

师："上课时间很宝贵，同学们要提有意义的问题。"

——摘自2018年10月31日青海M中学高一语文《西村》课堂实录

这个问题显然是该教师在备课时没有考虑到的问题，更不知道该如何回答。在后来对该教师的访谈中发现，这种情况并未引起该教师的足够重视，更没有引发教师对自身教学行为的反思，该教师说道："我备课时的确没有注意到这个问题，更不知道其中的典故，一时语塞，就含糊地说了一个答案。因为教学任务比较重，加上这个问题也不影响学生们理解诗句，课后也没有查找资料回答这个问题，一般以前遇到这种情况也都是这么解决的。"

（三）城区学校教师教学技能存在差异，农村学校教师教学技能普遍较低

教学技能是指教师在教学过程中运用已有的专业教学理论知识，顺

利完成某种教学任务的教育教学技巧。在具体的课堂教学中一般包括教学语言技能、新课导入技能、讲授技能、提问技能、强化技能、演示技能、板书技能、作业布置技能等。科学使用课堂教学技能对获得良好的教学效果、实现教学创新具有重要作用。

访谈和课堂观察发现，民族地区义务教育阶段教师教学技能普遍存在一定问题。虽然年轻教师能够在课堂教学的导入、讲授、提问与对话、巩固与练习环节体现出新课程改革中正确把握学科教学特点；积极倡导自主、合作、探究的学习方式；全面提高学生的学科素养；建设开放而有活力的教学课堂的部分要求，但普遍存在教学经验不足、教学技能使用单一、死板甚至"生搬硬套"的现象。在甘肃民族地区的调研中，一位有20年教学经验的语文教研组组长说："现在的年轻老师教学想法和理念都很新，他们的课堂一般比年龄较大的老师的课堂活跃，学生们也很喜欢。但是我们听评课时就发现年轻老师的课堂'很乱'，有时候只顾着'走形式'，没有把好方法的作用真正发挥出来……"

1. 新课导入技能

课堂观察发现，城乡教师都比较重视课堂导入、提问和对话在课堂教学中的作用，但农村学校教师普遍存在课堂教学导入方式单一的问题。教师们普遍使用提问、复习旧课、让学生齐读学习目标的方式导入新课。在宁夏W中学的一节语文课中，老师用了复习旧课的方式导入了新课。

师：大家还记得诗歌所包含的情感有几类吗？一起来复习一下。

生：五类。（个别同学配合老师说出了五类情感的内容，部分同学低头翻书）

师：我们在诗歌鉴赏中要考虑到的思想感情总共有几种？一起来说一下。

生：总共有22种。（同学们都拿出了参考用书，按顺序齐读出了22种思想感情）

师：今天我们要学习一篇新的课文大家知道是什么吗？

生：《送友人》

——摘自2018年12月20日宁夏W中学八年级语文《送友人》课堂实录

在这个教学片段中，教师用常规的复习旧知识的方式导入了新课，复习的内容是以前学过的内容，与本节课要讲的新课并无直接的联系。通过访谈了解到该教师几乎每节新授课都会用复习前一节课内容的方式来导入新课，似乎这种方式已经成为一种固定模式，这种课堂导入并没有真正发挥课堂导入的作用。

调查发现，农村学校教师除用复习旧知识的方式导入新课之外，用得最多的课堂导入方法就是提问导入。在青海 M 中学小学部的一节五年级新授课《田忌赛马》中教师以提问方式导入了新课。

师：同学们，我们学过的课文中哪篇是有关保护动物的？

生：《我的野生动物朋友》

师：我们学过的课文中哪篇是教育我们保护河流的？

生：《家乡的小河》

师：我们学过的课文中哪篇是告诉我们保护植物的？

生：《那片绿绿的爬山虎》

师：今天我们学习一篇新的课文《田忌赛马》（板书课题）

师：今天学的课文与军事有关，同学们应该都很喜欢，田忌是齐国的大将，大将是做什么的？为什么叫作"大将"而不叫"将军"呢？

生：大将是打仗的，田忌很厉害所以叫他是大将。

师：同学们已经预习过课文了，谁知道课文中田忌的朋友叫什么？

生：孙膑。

师：课文中还出现了什么人物？

生：齐王。

师：同学们想不想了解课文讲了什么？

生：想。

——摘自 2018 年 11 月 20 日甘肃 L 县 Z 小学五年级语文《田忌赛马》课堂实录

用提问导入新课，能够集中同学们的注意力，引起学生的学习兴趣。在访谈中该教师谈道："新课程改革的理念就是以学生为中心，我们老师首先要做的就是让学生有主动学习的兴趣，通过提问可以引起学生的学习兴趣，新课程倡导的自主、合作、探究的学习才能够有可能实现。"在对该教师所带班级学生的访谈中也了解到，学生们认为每节课都用提问的方式导入新课没有新意。不难发现该教师虽然对新课程改革的理念有自己的理解，但是在具体的课堂教学实施中存在困难，表现在课堂提问导入中问题设置随意，与课文内容联系不紧密。

有教师设计了猜字谜的游戏来导入新课。该教师用谜语导入新课能将学生的注意力快速集中到课堂，猜字谜的内容紧紧围绕本节课所学内容，同学们也积极配合教师，学习热情较高。但是教师在导入新课环节突然开始点评作业，使得新课导入部分过程拖沓，目标不明确，弱化了猜字谜导入新课，消解了学生学习兴趣的作用。可以看出该教师的课堂导入设计不够合理、紧凑。

师：脸上长鼻子，头上挂扇子，四根粗柱子，一条小辫子。大家猜猜它是什么动物？

生：大象（同学们异口同声地回答，积极地配合老师）

师板书课题：12、曹冲称象

生：学生都在看老师板书课题

师：有些同学的作业写得很好大家可以看一下。有些同学

（A、B、C……）的作业完成得很不好。

——摘自 2018 年 11 月 16 日，青海 D 县 D 小学四年级《曹冲称象》课堂实录

2. 课堂讲授技能

课堂讲授是教师通过言语向学生传递信息的活动，一般不要求学生或很少要求学生做相应的回应。课堂教学中，有效地讲授对学生的学习往往能起到事半功倍的效果。讲授要求普通话标准，内容简洁明确、具有逻辑性、顺序性，语速适中。讲授一般分为描述型、解释型、原因说明型三种类型。调查发现，民族地区城乡教师课堂教学主要运用描述型讲述和解释型讲授两种形式。城区学校教师运用的解释型讲授多于农村学校教师。言语技能方面，城乡学校教师具有一定的差异。城区学校教师基本都能使用普通话教学，发音相对比较标准，语音也较为清晰，语速相对适中；讲授的逻辑结构较为严密，用词较为准确。然而农村学校相当一部分教师由于自身民族语言的影响，普通话发音不标准，语言逻辑不够严谨，用词也较为笼统。年龄较大的农村学校教师这方面表现得更为突出。课堂观察发现，民族地区年轻教师在课堂讲授技能方面普遍好于 50 岁以上的教师，差异主要表现在普通话水平方面。在一年级的一

节新授课《江南》的课堂教学中，城区学校年轻的张老师在讲解课文的过程中不仅语速适中，而且能够始终紧紧围绕一年级学生的年龄特征，用抑扬顿挫、声情并茂的儿童语言为学生范读并讲解课文，学生听得很入神。从学生朗读课文和课堂发言的情况来看，学生的普通话也比较标准。相比之下，年龄大的教师课堂讲述的效果就比较差。很多字词的读音都不标准，学生也在日复一日地跟着教师学错误读音。

3. 板书技能

板书，就是运用简洁、明确、醒目的文字、符号以及图表等在黑板、电脑及其他教学媒体上提纲挈领地再现教学内容的一种重要的直观教学手段。在课堂教学中板书设计要求目的明确、重点突出，语言科学、精准概括，条例清晰、布局合理、形式多样、美观得当。课堂教学中板书运用得当不仅能够利于教师处理教材、组织教学，更有利于激发学生学习的兴趣。[①] 课堂观察发现，民族地区绝大多数教师上课都有设计板书的意识。城区学校教师板书设计意识强，能够较好地促进学生理解。板书形式方面，城区学校教师有主副两面板书，能够较为准确地将教学重难点呈现于主黑板，注意的事项写在了副板上，并依据课程内容会用不同的颜色标准；板书字迹较为清晰简洁；并能够在学生低头看书、小组讨论的时候将要呈现的内容轻轻地写在黑板上，避免因为书写使教学停滞、分散学生的注意力。农村学校教师板书也有主副板书之分，但在具体的呈现过程中往往会出现主副不分等问题。说明教师对板书的设计不够精致。板书内容方面，城区学校教师板书内容简明扼要、重点突出、主次分明，容量适中。如在青海G县C中心学校五年级的一节新授课《田忌赛马》中，教师设计了板书。教师首先将全班学生分为齐王组、田忌组、观众组，进行角色扮演梳理课文。老师一边引导学生说出田忌与齐王的比赛情况，一边进行板书。板书内容简单明了，能够概括全文大意，促进了学生对课文的理解。

[①] 孙菊如、陈春荣：《课堂教学艺术》，北京大学出版社2018年版，第121页。

	田忌：	上等马	中等马	下等马
第一次	→齐王赢			
	齐王：	上等马	中等马	下等马
	田忌：	下等马	上等马	中等马
第二次	→田忌赢			
	齐王：	上等马	中等马	下等马

摘自2018年12月19日青海G县C中心学校五年级语文《田忌赛马》课堂实录

观察发现，部分农村学校教师写板书的主要目的是完成教学流程，并没有真正利用板书提高课堂教学效率。如一位农村学校四年级语文教师在讲《曹冲称象》时，边引导学生概括课文主要内容，边在黑板上写下了"曹冲称象"四个字。接下来的板书都是东写一个字，西写一句话，整个板书布局凌乱，而且内容不完整，不符合板书书写的要求。

4. 作业布置技能

一般在课堂内容教学完成以后，会布置适当的作业以巩固练习所学内容。作业布置需要考虑学生对课堂教学内容的掌握情况、学生的学习能力等。作业布置要适量、目的明确且具有一定的延伸性。通过对甘肃、青海、宁夏、新疆民族地区教师的访谈和课堂观察发现，城区学校教师作业量普遍偏大，但作业布置的质量普遍好于农村学校。农村学校教师布置的作业多侧重于课后的巩固练习；作业布置比较统一，几乎没有按学生能力和学习情况布置不同作业；布置的作业延伸性不强，对学生进一步深入学习该内容引导性也不强。宁夏一位教师在访谈中说道："现在作业布置的很少，基本都是完成书后面的课后练习题，作业布置多了也是给自己增加负担……"

（四）城区教师教学方法较为灵活多样，农村教师教学方法普遍比较单一

教学方法有很多种，如讲授法、诵读法、讨论法、探究法等，新课程改革要求教师能够在现代教学理论的指导下，合理地选择适宜的教学方法并能进行优化组合；要求教师在课堂教学中做到教无定法并施之有度，使教学内容呈现方式、学生的学习方法和师生互动的方式达到和谐统一。访谈发现，民族地区城乡学校教师都比较认同用多样化的教学方

法与手段，让学生在课堂上有较多的表现机会，显示出以学生为中心的课堂教学的理念。访谈中有老师谈道："在课堂中用多种教学方式教学效果比较好，学生学习的积极性也高，课堂氛围也比较活跃。不能只是老师一直讲，也要想办法让学生参与进来……"但在具体的课堂教学观察中发现，大多数农村学校教师教学方法单一，大多使用讲授法；新疆一位教师诚恳地告诉我们："我平时课堂教学采用讲授法居多，互动参与等其他方法用的较少。原因主要是平时课堂以外的其他工作较多，再说由于学生水平一般，用了参与式讨论等方法他们也很少配合，教学效果一般。"

青海和宁夏的调查发现，部分城区学校教师尝试在课堂中使用多种教学方法，例如情景演示法、分组学习法等，但在具体运用中缺乏对教学方法的深入反思，不能很好地将教学方法和教学内容、学生学情紧密结合起来，存在为方法而方法的现象。如在运用情境演示法的过程中，教师已经发现学生的生字词掌握有问题，但是却没有解决该问题，而是直接按照方法的要求进行情景演示，有赶流程、走程序的嫌疑，为后面学习理解课文埋下了隐患。而且情境教学法在实际操作中，只面对个别同学，只注重情景教学的形式，而没有使得情景教学服务于课堂知识内容的学习，对达成教学目标的贡献不大。

（五）城区学校教师师生的互动行为较为频繁多样，农村学校教师在师生互动中对学生的引导不足

有效的师生互动是促进学生语言表达能力和思维能力发展的重要途径，也是提升课堂教学质量的有效手段。倾听与对话是课堂互动中两个不可分割的重要元素。课堂观察发现，城区学校教师在课堂中能够尝试与学生就某一问题进行讨论，在讨论的过程中，不仅自己会注意倾听学生的观点，还会不时地提醒其他的同学要学会倾听，而且会在一个同学发言结束后请一位同学来总结前面发言同学的观点。农村学校教师也会组织学生就某一问题进行讨论。但在讨论的过程中就表现出和城区学校不一样的行为。部分农村学校教师在讨论中只要听到正确答案或学生回答错误的思考过程，他就会立刻打断或终止学生的发言，只追求最后的结果，忽视学生思考的过程。在师生互动过程中，学生在课堂中积极主

动地参与是高质量师生互动的最直接的体现,① 也是达成有效教学的一个重要因素。已有研究证明,在课堂中能积极主动参与互动的学生,学业成绩都处在良好级以上的水平。② 课堂观察发现,民族地区义务教育阶段学生在积极主动参与课堂师生互动方面存在明显的城乡差异,如在小组讨论中,城区学校的学生大部分能参与到课堂讨论当中,阐述自己的意见,讨论氛围较为和谐,想法形色各异;农村学校只有个别学生积极主动参与讨论和发言,大多数学生都只是在听或者开小差,讨论不深入。研究认为,造成城乡学生这种差异的原因表现在两个方面。一是教师设置的问题与学生认知水平不匹配或表达不清楚。在农村学校观察的10节课中都不同程度地存在教师设置的问题与学生当前学习能力不匹配或问题含糊不清,不知道如何思考和回答的现象。二是教师在学生讨论的过程中组织不够,引导和鼓励不足。学生的讨论是需要组织和引导的,对于学生积极主动的发言也需要不断鼓励。部分农村学校教师在学生讨论活动中引导不够、组织不力、鼓励不足。

(六)城区学校教师教学评价相对及时准确,农村学校教师教学评价随意且不科学

课堂教学评价是促进学生成长、教师专业发展和提高课堂教学质量的重要手段。其评价范围包括教与学两个方面。《教师专业标准(试行)》要求教师的课堂教学评价要准确得体、生动丰富、机智巧妙、诙谐幽默、独特创新。课堂观察发现,民族地区义务教育大多数城区学校教师课堂教学评价都能够及时评价学生的学习状态并给予相应的反馈,而且还会经常鼓励那些不愿意回答问题或回答问题不积极的学生。相比之下,大多数农村学校教师的课堂评价方式比较单一、课堂评价用语单调、评价多以终结性评价为主。一位农村学校教师在教授一年级课文《月饼多少钱一块》时,在巩固练习环节,要求学生用新学的生字"块、毛、饼"组词并造句。学生很快完成了教师的要求,教师先让一个学习好的学生读了一下他的造句,学生读到"昨天下午妈妈给我买了一盒可爱的饼

---

① 张家军等:《有效教学策略论》,人民出版社2018年版,第222页。
② [美]罗伯特·J. 马扎诺:《教学的艺术与科学:有效教学的综合框架》,盛群力等译,福建教育出版社2014年版,第84页。

干"。多美的句子啊！不仅完成达到了教师要求，而且还蕴含着学生的"故事"，教师不仅应该表扬他造句正确，还应该简单挖掘他的"故事"，鼓励他再多说几句。但教师只是用了"好，坐下"这样简单的评价。试想，长此以往，学生还会积极回答教师提出的问题吗？这种形式单一的评价在研究所涉及的几所学校非常普遍。

（七）城区学校教师教学资源利用效率较高，农村学校教师教学资源利用效率偏低

随着课程改革的不断推进，民族地区义务教育学校城乡教师都在进一步转变教学理念的同时，更加关注如何提高课堂教学的实效。不少教师在课堂上创造性地补充运用各类教学资源，帮助学生深入阅读，在培养学生阅读能力的同时锻炼他们搜集信息、处理信息的能力，提高他们分析问题和解决问题的能力。

如前所述，研究所涉及的甘肃、青海、宁夏、新疆的民族地区学校中，多媒体、电子白板等教学资源已配备齐全，基本达到了国家要求的"班班通"的标准。但在具体的课堂教学实践中城乡差异比较明显，大多数城区学校教师能充分利用一切可利用的资源进行教学，而大多数农村学校教师的教学除了黑板、粉笔外，很少用计算机、投影仪、音像制品等其他教学工具上课，也很少使用挂图等教具。部分农村学校教师也尝试将信息技术运用于自己的教学中，但由于自身信息技术运用能力不足，并没有在很大程度上发挥信息技术促进教学和学习的功能。在访谈中还有教师认为，上课没有必要经常使用多媒体，他说："用多媒体上课电脑屏幕上出来的花花绿绿的东西，学生看见当然喜欢，热热闹闹的一节课就过去了。学生的注意力都在电子屏幕上，我觉得学习的实际效果不好。而且我们教学任务很重，没有时间经常制作课件……"课堂观察也发现，教师在利用多媒体辅助教学时存在许多问题，许多教师由于对多媒体操作不熟练，导致许多情况下是让媒体牵着鼻子走。如一位宁夏农村学校教师用图片导入新课，抓住了一年级学生好奇心强的特点，使得孩子们快速将注意力集中到了新课内容。但由于教师操作不熟练，经常出现图片和声音播放不出来的情况等。另外，我们还发现这个课件和课程内容存在不匹配的现象，这从一个侧面反映出教师有使用多媒体辅助课堂教学的意识，但是在使用多媒体技术方面能力不足。调查还发现，教师在

课堂上教的痕迹比较明显，对学生的学习进展和变化关注不够，不能有效地利用学生资源和教材资源对学生在课堂学习中产生的困惑进行针对性的指导，对课堂中生成的、有价值的问题未能进一步挖掘和提升。

二　民族地区义务教育学校城乡教师课堂教学的比较分析

（一）民族地区义务教育学校教师整体素质有待提升

研究认为，民族地区义务教育学校教师整体素质有待提升的原因主要包括三个方面。一是一些非师范民族类院校教师教育能力不足，培养的毕业生质量不高。教师教育制度改革以后，许多综合性民族类院校也开始办教师教育专业。但由于他们缺乏对教师教育的深刻认识，在师范技能、见习、实习等方面没有相应的经验，致使这些学校培养的师范生本身存在专业知识不扎实、师范技能不过关等质量问题。二是现行的教师准入制度导致了许多"考入"学校的教师教学能力不足。现行的教师准入制度虽然在一定程度上吸纳了较多的人来投入教育教学事业中，但同时也造成了整个教师队伍中非师范专业教师群体庞大。调查发现，这部分教师一方面缺少系统的教师教育；另一方面他们对教师职业的认同感不强，教学投入不足。访谈中，一位非师范专业的教师谈道："我并不是特别喜欢当老师，只是当时找不到工作，没地儿去了，才选择回来当老师，这毕竟也是一份比较稳定的工作。"三是部分民族地区义务教育学校国家通用语言文字教学的能力亟待提升。调查发现，新疆部分民族地区城乡义务教育学校均存在国家通用语言文字教学能力不足的问题。主要原因是具有汉语言专业背景的教师偏少。一位校长这样说道："学校共134位老师，大部分教师都是少数民族（哈萨克族），且他们大学所学专业也大都是民族语言及相关专业，他们国家通用语言文字教学能力普遍偏低。"这些问题，国家和当地教育行政部门正在通过教师学习、转岗、引进新教师等方式逐渐解决，但质量问题仍然严峻。

（二）农村学校青年教师队伍不稳定，专业发展缺乏专业引领

研究认为，民族地区农村学校教学质量不高的一个主要原因是农村学校青年教师队伍不稳定，优秀的青年教师专业发展缺乏指导和引领。第一，青年教师队伍不稳定。在国家"特岗计划"政策的影响下，大多数新入职的青年教师都进入了农村学校，在一定程度上满足了民族地区

农村学校教师的数量需求，为师资队伍注入了新的活力，对教育质量的提高也有一定的作用。但是优秀的特岗教师出于工作的成就感不高、工作环境不满意以及个人问题难解决等原因，在留任期满时选择离开的较多，使得农村学校青年教师队伍长期处在不稳定的状态。第二，青年教师缺乏专业引领。调查发现，无论是城区学校的青年教师，还是农村学校的青年教师，他们专业发展的欲望都比较强烈，能积极参与教育研究，在教学过程中尝试运用新的教学理念与方法。但相对来说，农村学校青年教师专业发展和课堂教学缺乏专业引领。他们在尝试运用新的教学理念与方法时常常会遇到许多难以解决的问题或困惑，他们也会通过不断地改进方法和策略尝试解决自己的问题和困惑，但常常会出现尝试了几次都没有办法解决的现象，长此以往，他们会逐渐失去探索的勇气和专业发展的信心。

（三）优质师资城乡分布不均衡，校长教师交流不充分

第一，优质师资城乡分布不均衡，且这种不均衡现象还在继续加强。从调查所涉及的几个民族地区的情况来看，高学历的、优秀的教师基本都集中在城区的优质学校。乡镇学校与教学点的高职称、高学历的优秀的教师数量非常少。另外，随着城镇化步伐的加快，城区学校班级的数量逐渐增多，师资需求量也逐渐增大。城区优质学校校长又不愿意让没有多少教学经验的新教师直接进入优质学校，他们更倾向从农村学校借调教师进入城区学校。当然，能被借调的教师都是农村学校的优秀老师。关键在于常常会出现"十借九不还"的现象。长此以往，农村学校留下的要么是年龄偏大、面临退休的老教师，要么是刚入职时间不久，没有多少教学经验的年轻老师，年龄较大的教师已经丧失了追求专业发展的意愿，年轻的教师又没有有经验的教师带领指导，这将必然造成城乡师资的不均衡问题。第二，校长教师交流不充分。为了提升薄弱学校的办学质量，促进城乡义务教育一体化发展，2014年8月教育部、财政部、人力资源和社会保障部联合印发了《关于推进县（区）域内义务教育学校校长教师交流轮岗的意见》（以下简称《意见》），对加快推进义务教育学校教师交流轮岗工作进行了全面部署。在《意见》的指导下，民族地区也制定了相应的实施措施，大力推进县（区）域内义务教育学校校长教师交流轮岗政策落地。然而在实践中，由于相关的配套制度缺乏，

相应的体制机制不顺，导致校长教师交流使原本就处于劣势的农村学校雪上加霜，也给了城区优质学校教育再次掠夺农村薄弱学校优秀教师的机会。首先城区学校优秀教师自己不愿意到农村学校交流，校长和家长更不愿意让优秀的教师离开学校。所以，城区学校一般都会派一些比较优秀的教师去农村学校交流。由于城区学校的要求，农村学校到城区学校交流的教师一般都是农村学校比较优秀的教师。这样的教师交流虽然发生了教师之间的城乡流动，但并没有解决城乡教育教学发展不均衡的问题。

（四）城乡学校之间课程与教学资源共享不足

研究认为，民族地区城乡义务教育学校教育教学质量差异较大的另一个原因是城乡学校之间课程与教学资源的共享不够。许多民族地区城乡义务教育学校之间基本没有课程与教学资源的共享。长期以来，我国许多地区在教育资源，尤其是课程与教学资源的投入和分配方面存在不均衡问题，普通学校和重点学校、城区学校和农村学校在资源方面有很大差距。重点学校、城区学校在基础设施、课程资源等方面基本上处于优势地位，这一点在民族地区表现得异常突出。调查发现，青海一所城区学校引进山西一所学校的课堂教学模式和相关课程资源，经过本土化改造后大大提升了本校课堂教学的质量。其所在地区的农村学校想共享他们的教学模式和课程资源，但两位校长谈了几次都没有达成共识。城区学校的校长认为，农村学校共享他们的课程与教学资源实质上是需要他们为农村学校提供人力、物力等方面的帮助，这种帮助不仅会影响城区学校自身的教学，同时也有可能弱化城区学校的优势。从现状来看，民族地区城乡学校优质资源共享缺乏内在动力支持，没有稳定的动力机制，资源共建共享很容易被"搁浅"。教学需要交流和研究。优质的教学都是在不断交流和研究中生成的。因此，可以说城乡教师积极主动交流教育教学问题、共享教育教学资源是实现城乡义务教育学校教学质量整体提升的前提和保障。

第五章

民族地区城乡义务教育一体化发展的问题及推进策略研究

在国家一系列政策的引导下，我国民族地区在推进城乡义务教育一体化方面进行了积极的探索。调查发现，探索形成的途径和策略的名称多种多样，如城乡义务教育学校"捆绑共进""名校+弱校""1+3模式"等。归结起来主要包括名校集团化办学、区域教研共同体建设、城乡教师交流三个方面。这些途径和策略在一定程度上推进了民族地区城乡义务教育一体化发展，但也存在许多需要进一步解决的问题。

第一节 民族地区义务教育名校集团化办学存在的问题及推进策略

名校集团化办学是各地政府推进基础教育优质均衡发展的重要举措[1]，许多民族地区也在借鉴类似方式推进城乡义务教育一体化发展，如新疆F市采用名校与薄弱学校"捆绑共进"、宁夏W市采用城乡教研共同体、甘肃L县采用"名校托管薄弱学校"等方式推进城乡义务教育学校一体化发展，其实质是通过民族地区的名校与普通校的合作增进校际组织和成员之间的关系联结，促进名校优质资源的流动与共享，提升普通学校教育教学质量。名校集团化办学本质上是一种集体行动。作为集体行动，名校集团化办学具有目标一致、合作共进、利益共享等集体行

---

[1] 张建、程凤春：《名校集团化办学中的校际合作困境：内在机理与消解路径——基于组织边界视角的考量》，《教育研究》2018年第6期。

动的一般属性,也面临"搭便车"、组织边界、个体理性与集体理性的冲突等集体行动的困境。名校集团化办学只有深入认识和严格遵循集体行动的逻辑,理性超越集体行动的困境,才能实现其促进城乡义务教育一体化发展,让每个孩子都享有公平而有质量的教育目标。

一 作为集体行动的名校集团化办学的内涵及属性

(一) 作为集体行动的名校集团化办学的内涵

群体生存是人类最主要的生存方式,整个人类社会都是由大大小小的群体构成。集体行动是人类社会最主要的行动方式,贯穿于人类社会的始终,只要存在单个个体无法完成的任务和无法实现的目标,就存在集体行动现象。小到几个小学生一起搬桌子、擦玻璃,大到一个国家实施联合攻关项目、世界各国合作抗击"新型冠状病毒"等行为都属于集体行动。关于集体行动的研究,也散见于人文社会科学的各个领域,只要存在追求集团利益最大化和克服合作中"搭便车"困境等问题,都会涉及对集体行动的研究。到目前为止,学术界认为关于集体行动的研究当以曼瑟尔·奥尔森(Mancur OLson)的集体行动理论最为著名,被认为是集体行动理论的奠基人。[①]

集体行动是指为了实现某种共同愿景和集体利益,一部分人自愿或有计划地组织在一起,在制度规约和利益驱动下所进行的活动或产生的行为。它是区域内组织或个体共同应对环境变迁的一种适应机制,其基本动因是组织内部资源短缺和组织间的资源互补,资源短缺的压力迫使组织采取向外寻求合作的策略,资源互补使组织之间相互吸引并加入集体行动。集体行动具有合作和共享两个基本特征。

作为集体行动的名校集团化办学是指为了实现区域内基础教育优质均衡发展,满足人民群众对优质教育资源的需求,在当地教育行政部门的主导下,一所或几所名校协同多所学校,通过共同目标引领、优质资源共享、成员集体行动等途径使集团内所有学校整体发展的一种办学模式和组织管理模式。其目的主要包括两个方面:一是通过对名校教育品牌的使用与推广,尤其是通过名校管理理念、文化生态的迁移和优质资

---

① 赵鼎新:《集体行动、搭便车理论与形式社会学方法》,《社会学研究》2006 年第 1 期。

源的共享，来发挥名校在推动地区基础教育发展中的领军作用。二是通过名校打造的教育集团，间接地扩大名校的办学规模与办学影响力，实现区域基础教育优质均衡发展，解决"择校难"与"择校热"的问题，满足人民群众对优质教育的需求，使每一个孩子都能享有公平而有质量的教育。

（二）作为集体行动的名校集团化办学的属性

奥尔森基于自愿性特征把集体行动分为强制性集体行动和非强制性集体行动。[①] 强制性集体行动是指为了实现某种公共利益，组织机构采用强制手段和方法将部分或全体成员组织在一起，通过制度规约和利益驱动引导部分或全体成员为实现公共利益而进行的集体行动。它是一种组织安排、被动参与的集体行动，其实质是通过实现公共利益而获得个人利益。因为个体利益并不直接来源于公共利益，而是通过实现公共利益的贡献而获得的奖励。非强制集体行动也称为自愿性集体行动，是指基于集体的利益，部分或全体成员自愿聚集在一起，在协商的基础上进行的集体行动。非强制集体行动是一种自由选择、主动参与的集体行动，其实质是通过实现集体利益而获得个人应有的利益，个体利益来源于集体利益，是集体利益的一部分。

名校集团化办学属于强制性集体行动。因为大多数名校在区域内进行集团化办学并不是一种自愿行为，而是当地政府和教育行政部门为了促进区域内基础教育优质均衡发展，使每一个孩子都能享有公平而有质量的教育，所采取的一种集体行动的方式。作为强制性集体行动，名校集团化办学必须采用一定的强制手段和方法将名校及普通学校组织在一起，通过制度规约和利益驱动引导名校和普通学校教师为实现集团整体教育的优质发展而行动。

二 作为集体行动的名校集团化办学的困境

（一）集体行动的困境及其表现形式

集体行动的困境是指在有限理性和道德风险共同作用下所形成的不

[①] ［美］曼瑟尔·奥尔森：《集体行动的逻辑》，陈郁、郭宇峰、李崇新译，上海人民出版社2011年版，第29页。

确定性行为选择环境中，人们会在遵循个体理性的基础上选择更有利于个体利益实现的行为，致使集体行动目标达成受到阻碍的现象。集体行动的困境是人类社会发展过程中面对的经常性难题。只要存在集体行动，就存在集体行动的困境。[1] 集体行动并不是一种自然现象，在很多情境下"集体不行动"才是自然的结果。[2]

集体行动的困境主要表现在三个方面。第一，"搭便车"现象。"搭便车"不能简单地理解为个人不参与集体行动。一般来说，个人不参与集体行动的情形有两种：一是个人有他人供给集体物品的预期，自己采取不合作；二是供给某些集体物品需要满足一定规模的资源条件，个人认为自己即使采取合作也不能影响集体物品的最终供给，所以决定不参与集体行动。只有第一种情形才能导致集体行动的"搭便车"现象。集体利益是集体的公共物品，具有非排他性，也就意味着任何集体成员为集体利益做贡献所获得的收益必然由集体中所有的成员共同且均等地分享。一旦集体行动成功，所有集体成员都能从中受益，包括那些没有分担集体行动成本的成员，这种成本—收益结构势必导致理性的、自私的集体成员普遍采取坐享其成式的"搭便车"行为。[3] 第二，参与成本的考量。参与集体行动需要参与者付出时间、精力、金钱等参与成本。从风险投资的角度看，不参与者的动机除了伺机"搭便车"外，还可能是因为集体物品预期收益太小而认为不值得参与。参与成本小，投资（参与）失败时损失就小，且"搭便车"（逃避付出参与成本）的吸引力也小，理性人无须强制而参与集体行动的可能性就大；参与成本大，投资（参与）失败时损失就越大，"搭便车"的吸引力就越大，理性人无须强制而参与集体行动的可能性就越小。在集体行动面前，理性人会根据参与成本的大小理性选择参与集体行动的程度。无论是参与或不参与或参与多少，都是理性人在集体行动面前的理性选择。第三，组织边界的存在。组织是相互依赖的活动与人员、资源和信息流基于一定的物质资源和制度环

---

[1] ［古希腊］亚里士多德：《政治学》，吴寿彭译，商务印书馆1965年版，第48页。
[2] ［美］曼瑟尔·奥尔森：《集体行动的逻辑》，陈郁、郭宇峰、李崇新译，上海人民出版社2011年版，第36页。
[3] 同上书，第42页。

境的汇聚。① 制度环境暗示了一种组织与其他同类组织存在界限——组织边界。② 作为制度环境的产物，组织自身边界的存在，使得同类组织之间在规章制度、成员的文化观念、行为标准等方面都存在截然不同、泾渭分明的表现形式。组织边界的此种属性使得社会系统中的不同类型组织、同种类型的不同层次组织之间的壁垒森严，组织之间自觉地相互协作困难。③ 组织边界表现在物理、社会、心理三个层面。物理边界主要是指一个组织区别于其他组织的有形实体，包括建筑、制度、规范等。社会边界是指组织建立的一种独特的、持久的社会声誉及影响。心理边界是指本组织成员与他组织成员在相处中"心理围墙"，表现为对本组织的认同和对他组织的排斥。④ 任何组织都不同程度地存在组织边界，组织建立的时间越长、发展的越壮大，组织的边界就明显。

（二）作为集体行动的名校集团化办学的困境

基础教育领域的名校集团化办学已经走过了20多年的发展历程。⑤ 从北京、上海、杭州、成都等地区基础教育发展的现状来看，名校集团化办学在一定程度上促进了优质教育资源的共享，提升了普通学校教育水平，缓解了人民群众对优质教育需求的压力。然而，作为一种集体行动，名校集团化办学也面临集体行动的困境，阻碍着名校集团化办学效益的进一步发挥。其困境主要表现在以下几个方面：

1. 名校和普通学校都将提升集团整体教育质量的责任推向对方

名校集团化办学是一种政府主导下的强制性集体行动，集团整体的教育质量属于公共物品，其品质需要集团内各个学校及其教师共同参与、集体行动才能得以提升。然而，当集团整体教育质量提升的目标一旦实现，集团内的各个学校及其教师不管是否对集团整体教育质量提升做出过贡献，都能享受集团整体教育质量提升所带来的利益。奥尔森认为，

---

① ［美］理查德·斯科特、［美］杰拉尔德·F. 戴维斯：《组织理论：理性、自然与开放系统的视角》，高俊山译，中国人民大学出版社2011年版，第35页。
② Pfeffer, Jeffrey and Gerald R. Salancik, *The External Control of Organizations: A Resource Dependence Perspective*, New York: Harper and Row, 1978, p. 118.
③ 王锋：《合作治理中的组织边界》，《公共管理与政策评论》2015年第3期。
④ 陈兴淋：《组织边界的理论及其作用》，《学术界》2008年第2期。
⑤ 陶西平：《关于集团化办学的思考》，《中小学管理》2014年第5期。

公共物品的这一特性决定了当一群理性的人聚在一起想为获取某一公共物品而奋斗时，其中的每一个人都可能想让别人去为达到该目标而努力，而自己则坐享其成。这种困境还会随着一个集体中成员数量的增加而加剧。因此，在一个大群体中，虽然每一个人都想获取一个公共物品，但每个人都不想因此而付出代价。① 名校集团化办学就存在部分学校或部分教师将提升集团整体教育教学质量的责任归于其他学校或其他教师的"搭便车"现象。部分普通学校的校长及教师会将集团教育质量提升的责任归于名校。他们认为，教育行政部门要求名校将其优质教育教学资源共享给普通学校，并帮助普通学校教师提升其教育教学能力，所以提升集团整体教育教学质量的责任主要在名校，普通学校主要是配合实施名校的帮扶计划。部分名校校长及教师则认为，名校集团化办学主要是借助名校的声誉和先进的管理理念提升普通学校的教育教学质量，名校的任务是共享自己的优质资源，如何利用优质资源提升自己的教育教学质量的主要责任在普通学校及其教师。这样，就集团教育教学质量的整体提升而言，无论是普通学校还是名校都存在规避责任的"搭便车"现象。

2. 成本效益影响名校和普通学校在集团发展中的参与程度

集体行动是否需要强制关键在于参与成本的大小。调查发现，名校集团化办学中普遍存在集团内部不同类型的学校及教师都会从各自的立场出发评估其参与成本，并调适自己参与方式和参与程度。部分普通学校的校长和教师认为，他们各方面的能力都不足，所以无论他们怎么努力对于整个集团教育教学质量提升的贡献都显得微不足道。因此，他们得出的结论是，与其努力工作而得不到显现的成绩，还不如按部就班地按照原来的模式工作和生活。部分名校的校长及教师认为，只要普通学校能够按照名校的办学思路、管理理念去做，教师也能像名校的教师一样学习、研究和上课，普通学校的"薄弱"面貌必然会发生改观，整个集团的教育教学质量就会得到应有的提升。如果普通学校及教师不这样做，任其名校怎样共享资源、帮扶指导，集团整体教育教学质量也不会得到较大的提升。最重要的原因是名校的校长担心共享教师智力资源的

---

① ［美］曼瑟尔·奥尔森：《集体行动的逻辑》，陈郁、郭宇峰、李崇新译，上海人民出版社2011年版，第13页。

过程会影响稀释自己学校的优质资源,教师也担心由于精力分散而影响自己的教育教学质量,进而影响自己在名校的地位和待遇。事实上,作为强制性集体行动的集团化办学对于名校和普通学校及其教师来说都存在"投资风险"。名校担心提携普通学校会分散发展自己学校的精力,进而影响他们学校的教育教学质量和学校的发展进程。普通学校校长及教师觉得自己学校教育教学质量不高的主要原因是生源不好,并认为生源的问题解决不了,谁也改变不了普通学校的现状。所以,投入再多的人财物都不会使普通学校发生更大的改观。无论是名校的校长及教师,还是普通学校的校长及教师都是理性人,他们在面临决策情景时,都会通过成本效益分析,将手段和目的密切联系在一起,理性地选取那些可以最大限度实现目的的手段并采取行动,或理性地规避那些可能给自己带来风险的行动。这种成本效益的考量必然影响名校集团化办学发展进程和目标的达成。

3. 边界意识影响名校和普通学校及其教师融合的深度

任何社会组织都存在组织边界。学校存在于整个社会系统中,属于社会组织,因此学校与学校之间必然存在组织边界。尤其是那些在历史、区位、政策等因素影响下生成的示范校与非示范校、重点校与普通学校之间不仅存在组织边界,而且在二元政策的持续影响下,他们在各自的发展轨道上不断强化了彼此之间的边界属性。从物理层面来看,名校大多有反映自身历史文化特征的校门、图书馆等标志性校园建筑,以及长期积淀的独特的校园文化和适切的教学管理制度;相比之下,普通学校的校徽、校门、制度等则略显普通或特色不够鲜明。从社会层面来看,名校是一种升学率高、管理科学、教师能力强、教学质量高的代名词。而普通学校则给人一种升学率低、管理不规范、教师能力不高、教学质量平平的刻板印象。从心理层面来看,名校与普通学校教师都在各自人文环境和制度环境中形成了适合自己的、行之有效的认知范式和行为方式,并由此产生了对本组织的高度认同感和对他组织的排斥心理。[1] 总之,不同类型的学校内部拥有不同的组织文化和制度规约,这些组织文

---

[1] 张建、程凤春:《名校集团化办学中的校际合作困境:内在机理与消解路径——基于组织边界视角的考量》,《教育研究》2018年第6期。

化和制度规约形塑了每个学校独特的、稳定的边界特征,这种边界特征也在逐渐形塑着教师的教育观、知识观、教学观、学生观等教育教学相关的理念。不同的教育教学理念和制度影响着名校与普通学校的深度合作。只有真正消除校际双方的身份意识、行为特征和认知符号的阻碍,才能使名校集团化办学走向深入,实现预期目标。

三 超越名校集团化办学困境的途径与方法

除了合理组建教育集团、适当控制集团规模之外。解决名校集团化办学存在问题的途径主要包括两个方面:一是通过制度规约,最大限度地降低学校及教师的参与成本,并使真正参与集团化办学的学校及教师能从中获得应有的利益;二是通过重构边界,参与集团化办学的学校及教师能够突破原有的物理边界、社会边界、心理边界,全心全意融入新的集体。

(一) 科学设计运行制度

集体行动不是一种自然现象,而是一种社会建构。[1] 在各式各样社会建构和群体组织中,规范在群体认同的形成和维持过程中发挥了核心作用。[2] 集体行动依赖于公共行动者和私人行动者的相互联结,他们的合作绝不是自然的合作,而是要有一套协作的机制或规则作为中介。[3] 名校集团化办学作为一种强制性集体行动,必须建立科学合理的运行制度。科学合理的运行制度是走出集团化办学困境的密钥。

1. 建立科学合理的参与制度

制度构造了名校集团化办学的各种规则和规范,并以此来减少不确定性给各个参与学校及教师带来的风险。人文社会科学领域关于集体行动的制度研究大多是从规范性角度展开,无论是等级式的制度设计还是参与式的制度协商,基本都是利用其强制的特点来规范成员的行为选择

---

[1] [法] 米歇尔·克罗齐耶、埃哈尔·费埃德伯格:《行动者与系统》,张月等译,上海人民出版社 2007 年版,第 1 页。

[2] [美] 拉塞尔·哈丁:《群体冲突的逻辑》,刘春荣等译,上海人民出版社 2013 年版,第 82 页。

[3] [法] 埃哈尔·费埃德伯格:《权力与规则》,张月等译,上海人民出版社 2008 年版,第 136 页。

和行为过程。在任何一个较为复杂的集体行动中,所有的共同愿景都会涉及利益、关系、行为、价值等多种元素。这些不同甚至相互冲突的元素组成了不稳定的行动结构,从而使集体行动存在较为显著的不确定性风险。① 因此,需要建立一种强制性的制度来规约集体行动。这种制度能够确保参与者之间的合作成为可能并有序进行。名校集团化办学中各个学校及其教师的利益与集团的利益往往不完全一致,因此,名校集团化办学并不会自觉地成功,也不会像非强制性集体行动那样用利益吸引参与者自发参与,需要一种公共制度强制学校及教师参与和不断推进。制度不仅要对谁参与、怎样参与等进行详细规定,还要对参与的程度、参与的效果进行跟踪评估,更要对深入并极大推进集团发展的个体和组织进行奖励,对参与不深入未能促进集团发展的个体和组织进行相应的处罚。制度规范所提供的可信承诺能够为名校集团化办学的参与者创造一个相对稳定的行动环境,也能够为其行为选择提供必要的价值判断,不至于使其在不确定性中迷失方向。

2. 建立选择性激励制度

奥尔森认为,在没有强制和独立的外界激励的条件下,不管集体物品能为成员带来多大的利益,集体行动中的高投入状态也会逐渐减弱。因此,要保证集体行动的高效和持续,除了科学设计强制性制度进行规约之外,还必须运用选择性激励措施提升集体行动的效率和保持个体高投入的状态。研究发现,具有选择性激励机制的集团比没有这种机制的集团更容易组织起集体行动。选择性激励属于一种超越共同或集团利益的独立的激励,它可以增强集团的吸引力。选择性激励之所以是有选择性,是因为它要求对集体的每一个成员区别对待,赏罚分明。包括正面的奖励和反面的惩罚。就名校集团化办学来说,鼓励是指对那些为整个集团教育教学质量提升做出贡献的学校及教师,除了使他能够获得正常的工资薪酬之外,还应该为他们提供额外的收益,如奖金、荣誉等;惩罚是指按照集团化办学的相关规章制度去考量参与学校及教师的参与程度和行为标准,参与学校及教师违背规定,应对其进行相应的惩罚,如

---

① 金太军、鹿斌:《制度建构:走出集体行动困境的反思》,《南京师大学报》(社会科学版)2016年第2期。

通报批评、处分、罚款、开除等。激励机制还应与集团化办学的总目标紧密相连。一是要将选择性激励制度与跨校区岗位绩效评价联系起来。对于增加了工作量的干部及教师需要提供额外的物质与非物质奖励，不能让多校区管理成为纯粹的政治任务。二是将选择性激励制度与跨校区目标管理联系。集团根据各学校发展的实际，在遵循教育规律的前提下，设立具体且富有挑战性的学校发展目标，并用选择性激励的手段激发普通学校校长及教师的改革活力，引导他们研究学校并创造性变革学校，使得普通学校能够真正实现基于个性的资源共享和基于自主的协同创新。

3. 建立全过程保障制度

制度不仅可以约束和塑造个体行为，而且可以激励和保障个体行为。名校集团化办学存在两种风险：一是学校同质化风险。名校集团化办学极有可能导致集团内成员学校丧失本校特色。名校在向普通学校输出品牌意识、管理方式、师资队伍的同时，也深刻地冲击着普通学校的文化，泯灭了普通学校的个性和特色，最终形成名校的"连锁店"。二是品牌稀释的风险。名校的优质教育资源特别是优秀师资是有限的，过度输出肯定会影响本校发展。名校的优质资源被各校分摊，优秀管理人员和教学人员的大量流动，使得优质教育资源被稀释，进而会导致自身品牌的美誉度下降和教学质量的滑坡。因此，政府要发挥主导性作用，站在区域教育发展的宏观视角，为名校集团化办学提供强有力的保障制度。[1] 第一，赋权于教育集团。教育行政部门要赋予教育集团一定的人事、经费和资源的统筹权和调配权，使得教育集团能够根据实际需要统筹集团内的人事、经费和资源。第二，为教育集团提供智力支持。教育行政部分要组织专家科学设计集团整体发展目标和不同学校个性化发展规划，既要确保集团整体教育发展目标的达成，也要保证集团内各个学校的办学特色，还要确保名校高位引领的地位。第三，包容参与学校及教师的合理失误。教育行政部门应该允许参与集团化办学的校长及教师在创新办学方法和教育教学方式中出现考试成绩的暂时下滑，并能替学校和教师抵御来自社会和家长的舆论压力，鼓励他们探索新的办学模式和尝试新

---

[1] 陆云泉、刘平青：《北京市海淀区教育集团化办学的实践与思考》，《教育研究》2018年第5期。

的教育教学方法。

(二) 重构组织边界

1. 组建新的初级群体

社会群体分为初级群体和次级群体两种基本类型。人类社会的基本单位是初级群体。它是一个相对较小，又有多重目的的社会群体，在那里成员可以亲密无间地交流和互动，并存在一种强烈的群体认同感。初级群体对人格的塑造具有核心作用。在初级群体中形成了初级关系。初级关系是一种个人的、情感的、不容易置换的关系，包括每个个体的多重角色与利益，并以大量的自由交往和全部人格的互动为特征。处于初级关系中的人通常感到他们能够也应当亲密往来。因为初级关系中每个成员都会毫无保留地投入精力和感情，尽管他们不必总是情深义重，但他们的交往是情真意切的交往。次级群体是为达到一种特殊目的而特别组建的群体，其成员主要以次级关系来相互联系。与初级关系相比，次级关系是一种特殊的、缺乏情感深度的关系。然而，初级群体与次级群体也是相对而言的，并在一定的条件下可以相互转化。如对教师来说，家庭是一个初级群体，学校就是一个次级群体；相对于教育集团来说，原来的学校就是一个初级群体，集团则是次级群体。因此，教育集团要在一系列制度的规约下，引导集团内的教师组建新的初级群体，建立新的初级关系。

2. 强化集团中的表意型领导

每一种社会群体都存在两种领导类型：一是工具型领导。力图指导它的群体成员朝向目标迈进。二是表意型领导。寻求创造群体的团结和维持群体的协调。两种形式的领导对群体来说都是必需的。研究发现，每个社会成员都有两种需要，即工具性需要和表意性需要。工具性需要（instrumental needs）是指群体帮助其成员去做那些不容易单独完成的工作。表意性需要（expressive needs）是指群体帮助其成员实现情感欲望，通常是提供情感支持和自我表达的机会。[①] 从各地名校集团化办学的实践情况来看，集团更注重对学校及教师的工具型领导，更关注教师的工具

---

① [美] 戴维·波普诺：《社会学》（第十一版），李强等译，中国人民大学出版社2007年版，第193页。

性需要。对集团的表意型领导和教师的表意性需要重视不够,影响了集团的凝聚力和持续发展的动力。因此,要解决名校集团化办学的困境,必须重视集团的表意型领导和教师的表意型需要,通过文艺活动、体育活动、联合野营、家庭派对等方式使不同学校及教师能够相互了解、相互帮助,生成群体文化,满足教师的表意性需要。

3. 增强集团的内部合法性

集体行动的前提是成员要认同集体。名校集团化办学的前提就是要让集团内的学校及教师认同集团的愿景、理念和行为方式,强调特定文化中人们的互动和协商,进而形成名校集团化办学的内部合法性。内部合法性包括两层含义:一是指该项集体行动所表达和倡导的价值观与规则嵌入参与者的个人理性的程度,这种嵌入越是普遍、持久和深入,该行为的内部合法性的基础就越牢固;这种嵌入越是狭窄、短暂和肤浅,内部合法性的基础就越薄弱。二是指成员参与集体行动所得到组织及其他成员的承认和支持程度。[1] 就名校集团化办学而言,集体行动的内部合法性是指集团内部各学校及教师对集团化办学所奉行的价值观、运行规则、评价方式等的认同程度和不同类型学校及教师参与名校集团化办学所得到集团认可、支持和保障的程度。认同是行动的前提。如果参与名校集团化办学的校长、教师及教育行政人员等从思想上高度认同并信任名校集团化办学的价值导向、目标追求、运行方式等,他们就会在制度的规约下,站在集团立场、克服个人困难、减小个人私欲,积极地投入到提升整个集团教育教学质量的行动中来。如果他们不认同名校集团化办学的理念和规则,即便制度设计再严格,他们也会放大个人困难、批判制度的合理性,并想方设法逃避制度规约,增加名校集团化办学的负能量。因此,需要通过集中学习、集体活动等方式,引导参与名校集团化办学的校长及教师认同集团所奉行的价值追求、运行模式、评估方法等,增强集团的内部合法性。

---

[1] [法]米歇尔·克罗齐耶、埃哈尔·费埃德伯格:《行动者与系统——集体行动的政治学》,张月等译,上海人民出版社2007年版,第1页。

第二节 民族地区城乡义务教育教师交流存在的问题及推进策略

师资配置不均衡是导致城乡义务教育发展不均衡的主要原因。深入推进教师交流轮岗是均衡配置师资，实现义务教育优质均衡发展的有效途径。然而，"建立义务教育学校教师交流轮岗制度是一项关系义务教育发展全局的系统工程，不仅需要国家重视和政策引导，还需要根据各地的实际，加强理论研究，创新教师交流的方式方法，因地制宜地推进教师交流制度"[①]。我国西北民族地区义务教育学校教师整体数量不足、优质师资稀缺、民族成分多样、宗教信仰各异、文化认同多元的现实决定了民族地区义务教育学校教师交流不能简单借鉴其他地区的教师交流模式。我们应该在正确体认和深入分析西北民族地区教师交流的特殊性和复杂性的基础上，以促进优质教师资源共享和城乡学校"共赢"为目的，从政府、学校、教师三级联动的角度，突破教师的身份限制，将教师从"学校人"变为"系统人"，实现民族地区义务教育学校教师交流的"常态化"。

一 民族地区城乡义务教育学校教师交流的背景

我国长期存在的城乡二元发展模式和重点学校制度以及新近出现的城镇内部的"二元结构"[②]，对我国义务教育学校造成的直接影响是优质教师资源呈现出农村向城市单向流动的态势，这种非正常流动态势进一步加剧了义务教育发展的不均衡。为了促进义务教育均衡发展，国家出台了一系列促进义务教育学校教师交流的政策法规。1999年，《中共中央、国务院关于深化教育改革全面推进素质教育的决定》指出，"各地要制定政策，鼓励大中城市骨干教师到基础薄弱学校任教或兼职，中小城市（镇）学校教师以各种方式到农村缺编学校任教"。2002年，教育部

[①] 安富海：《我国义务教育学校教师交流研究：进展与反思》，《教育理论与实践》2015年第23期。

[②] 李克强：《在改革开放进程中深入实施扩大内需战略》，《求是》2012年第2期。

颁布的《中小学教师队伍建设"十五"计划》提出,"建立教师转任交流制度。管理和组织城镇教师到农村学校或薄弱学校任教。有条件的地区,先通过试点,逐步实现教师交流定期化、制度化。城镇中小学教师原则上要有一年在农村学校或薄弱学校任教的经历,方可聘任高级教师职务"。2002年,教育部出台的《关于加强基础教育办学管理若干问题的通知》中强调"建立校长、教师定期流动制"。2003年,人事部、教育部联合下发的《关于深化中小学人事制度改革的实施意见》规定,"建立城镇教师到农村或薄弱学校任教服务期制度。坚持城镇中小学教师晋升高级职务应有一年以上在农村或薄弱学校任教的经历。先试点,逐步实现教师合理流动的制度化……积极推动中小学人员在校际、区域之间合理流动"。2003年,《国务院关于进一步加强农村教育工作的决定》进一步提出了"建立城镇中小学教师到乡村任教服务期制度。地(市)、县教育行政部门要建立区域内城乡'校对校'教师定期交流制度"。2005年,教育部颁布的《关于进一步推进义务教育均衡发展的若干意见》指出"要采取各种有效措施,建立区域内骨干教师巡回授课、紧缺专业教师流动教学、城镇教师到农村任教服务期等项制度"。2006年,新修订的《义务教育法》第32条明确规定,"县级人民政府教育行政部门应当均衡配置本行政区域内学校师资力量,组织校长、教师的培训和流动"。2010年教育部颁布《关于贯彻落实科学发展观,进一步推进义务教育均衡发展的意见》再一次强调,要"健全城乡教师交流机制,推动校长和教师在城乡之间、校际之间的合理流动,鼓励优秀校长和骨干教师到农村学校和薄弱学校任职、任教"。《国家中长期教育改革和发展规划纲要(2010—2020年)》明确提出,要"实行县(区)域内教师、校长交流制度"。2012年9月,教育部等五部委联合下发的《关于大力推进农村义务教育教师队伍建设的意见》中指出,"要建立健全城乡校长教师轮岗交流制度。"十八届三中全会进一步明确指出,"要统筹城乡义务教育资源均衡配置,实行公办学校标准化建设和校长教师交流轮岗制度"。2013年11月,教育部在学习贯彻十八届三中全会精神中,对义务教育学校教师交流问题进行了专题研究。2014年8月教育部、财政部、人力资源和社会保障部联合印发了《关于推进县(区)域内义务教育学校校长教师交流轮岗的意见》(以下简称《意见》),对加快推进义务教育学校教师交流轮岗工作进行了全面部署，要求"要用3至5年时间实现县（区）域内校长教师交流轮岗的制度化、常态化"，并明确指出，"要将校长教师交流轮岗工作纳入党政领导干部教育工作督导考核体系，并作为认定全国义务教育发展基本均衡县（区）的重要指标。对校长教师交流轮岗工作推进不力、范围不广、成效不大，达不到规定要求的，不接受全国义务教育发展基本均衡县（区）认定申请"。2015年，国务院下发了《乡村教师支持计划（2015—2020年）》，旨在加强老少边穷岛等边远贫困地区乡村教师队伍建设，缩小城乡师资水平差距，让每个乡村孩子都能接受公平而有质量的教育。2018年，中共中央国务院出台的《关于全面深化新时代教师队伍建设改革的意见》进一步强调，要"深入推进县域内义务教育学校教师、校长交流轮岗"。纵观我国教师交流制度出台的历程，我们发现教师交流是促进义务教育均衡发展，实现教育公平的重要抓手，也是解决一些社会问题（择校、学区房等问题）的重要手段。然而，在因地制宜执行和评估教师交流制度的过程中一定要将我国地域复杂、民族多样、文化多元、经济发展不平衡的现实考量在内。

二 民族地区城乡义务教育学校教师交流的特殊性

民族地区"大杂居，小聚居"的居住特点和义务教育学校教师整体数量不足、优质师资稀缺、民族成分多样、宗教信仰各异、文化认同多元的现实状况决定了民族地区义务教育学校教师交流具有一定的特殊性和复杂性。这种特殊性和复杂性决定了我们在执行和推进教师交流制度的过程中不仅要考虑交流教师的交通、住宿、待遇等普遍性的问题，还要考虑交流教师的民族成分、宗教信仰等民族文化的问题，更要考虑原本比较稀缺的优质师资的合理配置问题。

（一）教师民族成分多样、文化认同多元

如前所述，我国西北民族地区是一个多民族的聚集区。如新疆维吾尔自治区就有47个民族杂居在那里，单就阿克苏地区就生活着36个民族。每一个民族都有自己认识和阐释自然、人文、社会的独特的规则体系和在此基础上形成的独特的民族文化。宗教是民族文化重要组成部分，它对民族人的价值观念、实践逻辑和生产生活方式等都产生了重要的影响。"宗教的影响渗透到民族物质精神生活、心理意志等各个层面，在不

同的时空环境下支持、左右着民族人的文化价值取向及其社会行为。"①每一位教师作为民族文化享用者、践行者和创造者,从小就浸染在自己的民族文化之中,并通过各种知识、禁忌、仪式等实践活动将自己生活其中的民族文化融入自己的认知结构和心理结构,成为影响自己价值判断和实践逻辑的重要元素。

(二)部分教师多元文化理念教育欠缺,对不同民族的学生存在一定的偏见

不同的生态环境孕育了不同的文化。每一种文化的萌生、演化和发展,都是适应不同自然生态环境的结果,这就决定了文化必然是多样的。文化与文化之间没有好坏、高低、贵贱之分。不同文化必有差异存在,文化差异既有合理性,又有必然性。这种关于文化的认识已从纯粹理论探讨的层面,发展成一个多民族国家或整个国际社会普遍认同、共同倡导和不断追求的重要理念。无论从历史、现实,还是未来发展的角度来看,我国都是一个十足的多元文化国家。在多元文化的国家里,多元文化教育就显得非常重要。多元文化教育是引导和培养不同民族成员之间进行正确交往交流交融的必然途径。它是一种在文化平等的前提下,为促进不同文化间的相互理解、相会交流的教育理念。② 理解和尊重异文化,尤其是尊重学生的文化差异,对于深处多元文化教育场域中的教师来说就显得格外重要。然而,由于许多师范大学没有为师范生开设多元文化教育方面的课程,致使西北民族地区教师对多元文化及其教育的理念及方法认识还不够深入,部分教师对异文化和异民族的教师与学生还存在这样那样的偏见。

(三)教师生活条件异常艰苦,工作环境比较简陋

我国西北民族地区大多地处交通不发达、经济发展相对滞后的贫困地区。西北民族地区薄弱学校所在的地方更是民族地区的贫困地区,这里的生活、工作条件更为简陋。生活方面:教师基本的生活资料购置不方便,一些地方,如青海的高海拔学校没有教工食堂,教师基本都在用煤油炉子做饭,冬天需要生煤床取暖,生活用水也无法保证;业余生活

---

① 哈经雄、滕星:《民族教育学通论》,教育科学出版社2001年版,第250页。
② 安富海:《内涵发展:民族地区基础教育发展的路径》,《学术探索》2013年第11期。

单调乏味。学校基本无教工活动室，周边缺乏必要的公共设施；交通不便，上下班交通存在安全隐患，教师都是几个人合租一辆"黑车"上下班。工作方面：许多学校校舍破旧、教学设备缺乏，办学条件极差。一些必备的教学仪器、图书、实验室、课外活动器材几乎没有，甚至最基本的教具也很缺乏。让一个优质学校的优秀老师来到一个基本生活无法保障、基本工作条件都不具备的地方发挥他的专业优势，提升当地学校教育教学质量，促进教育均衡发展，有强人所难之嫌。十八届三中全会已经明确提出，要"统筹城乡义务教育资源均衡配置，实行公办学校标准化建设"，许多民族地区公办学校的标准化建设已经完成。然而，教师的生活环境问题依然会影响交流教师的工作情绪和工作效益。民族地区义务教育学校教师交流面临的这些特殊性是当地政府和教育行政部门落实和评价民族地区义务教育学校教师交流制度的出发点和主要依据。

三 民族地区城乡义务教育学校教师交流存在的问题

为了进一步了解民族地区义务教育学校教师交流的现状，充分认识教师交流政策实施过程中遇到的问题，本研究于2018年10月至12月对新疆的F市和A市、青海的D县、宁夏的W市、甘肃的H县和L县四个民族地区的义务教育学校教师交流政策实施状况进行了调查，其主要问题集中在以下几个方面：

（一）教师管理制度设计阻碍教师交流

当前教育管理体制下，我国中小学在教师招聘录用、职称评审、调配交流等方面都存在用人与治事相分离的现象，中小学教师队伍结构性缺编便是这种体制导致的直接后果，地方教育行政部门无力牵头统筹管理整个教师队伍。这种不合理的教师管理制度制约着教师交流政策的有效推进。

1. 定岗定编制度使交流教师面临重新竞聘危机

《事业单位岗位设置管理试行办法》（国人部发〔2006〕70号）规定，定岗定编之后，各单位的编制数量、岗位等级结构要相对固定。也就是说，在当前政策的规约下，教师交流必须实行"人走关系走"的交流方式。这样一来，外出交流的教师就会面临在新单位重新聘任岗位的问题。如果外出交流教师流入学校的高一级岗位和同等级岗位均无空缺，那么外出交流教师在新一轮岗位聘任时只能降级聘任。这对外出交流教师来说是不公平的，既影响经济收入，也必将挫伤他们的工作积极性。调查发现，大多数校长和教育行政部门的部分负责人都认为"定岗定编严重制约民族地区教师交流政策的顺利推进和有效实施"。

2. 教师编制过紧影响教师流动

"一个萝卜一个坑"，甚至"一个萝卜几个坑"是当前义务教育学校教师编制的真实写照。本研究所涉及的几所学校都面临编制紧张的问题，有的学校甚至还存在"超编缺岗"的问题。在编制紧张的情况下，不仅优质学校不愿意派教师外出交流，薄弱学校也不愿意派教师外出交流。即使经过协调派出了教师，但该教师的工作岗位由谁来顶替，这是校长最头痛的问题。研究中一些老校长意味深长地告诉我们："不是我不愿意派老师出去，我都这把年纪了，也不再追求什么学校名次之类的东西了。国家教师交流的政策精神我也认真地看了，觉得也很在理。但是我这里以往都是一个萝卜一个坑，最近几年由于驻村和扶贫等借调任务又出现了一个萝卜几个坑的现象，走一个教师，我就'揭不开锅了'，实在是派不出去啊。"

3. 交流教师的评价考核问题突出

交流教师和其他教师一样需要进行评价考核。研究中所涉及的校长几乎都认为对交流教师的评价考核是一个比较棘手的问题。参与交流的教师，其交流年限内的年度考核工作由哪个学校负责？原来的学校，还是接收的学校？在人事关系不动的情况下，若由教师交流前的学校考核，不符合常理，因为教师在另外一所学校工作，原学校对他的实际工作状态不了解，考核有失客观与公正。若由接收学校考核，校方很可能会碍于情面，使考核流于形式，毕竟教师的人事关系不在接收学校。教师们也谈道："外出交流再怎么努力，想拿个优秀基本不可能，原来的学校，你不在那里工作拿人家的优秀不现实，交流的学校有那么多的老师为了评职称在争优秀，你怎么可能去和人家抢呢？"评价考核问题不仅使得校长左右为难，也使交流教师失去应有的进取心和积极性。

（二）校长担心优质师资流出后影响学校发展

研究中除个别校长表现出支持教师流动以外，大多数校长还是不愿意让自己学校的优秀教师外出交流。访谈中一位校长告诉笔者："一所学校好是因为这里的老师好,我们这些当校长的之所以能获得上级部门或领导的认可和好评也是因为这里的好老师教出了好成绩,他们走了这个学校的发展必然会受到影响,我这个校长的日子也就不好过了。"大多数校长认为,数量巨大、流动频繁的教师交流会对学校产生三方面的影响:一是影响教学秩序的正常运行。教师的流动打乱了学校正常的教学工作,需要重新排课、安排教师。二是影响学校特色化办学进展。许多优秀教师都是学校特色化发展的"智囊团成员",他们一旦离开,多年来对这个学校特色化发展的思考就会随之流走,再去重新组建团队又是何等的困难和漫长。三是挫伤校长培养师资队伍的积极性。每个学校的校长都有"人才梯队建设"的发展规划,都在为这个学校当下和未来发展储备持续发展的人才力量,所以他们会对每个教师进行发展规划,有的需要培养成学校中层、有些应该成长成为骨干教师,等等。频繁的流出流入势必打乱校长的教师培养计划。

(三) 优秀教师不愿意离开优质学校

我国长期存在的城乡二元发展模式和重点校建设思路使得优质学校的教师无论在社会地位、工作条件,还是实际的经济收入、生活环境方面都比薄弱学校的教师要好。让城市优质学校的教师到农村薄弱学校去工作本身也违背了"人往高处走"心理预期。调查研究发现,除了几位因为评高级职称需要学习工作经历而自愿申请去薄弱学校交流的教师以外,其他教师都不愿意离开原来的学校外出交流,其影响因素主要表现在以下几个方面。1. 交通问题。65%的教师认为交通问题是影响外出交流的主要因素。2. 子女上学问题。78%的教师认为影响外出交流的主要因素是孩子小,上学接送不方便。3. 赡养老人问题。56%的教师认为照顾老人是影响外出交流的主要因素。4. 自身专业发展问题。40%认为自身的专业发展会因为交流受到影响,所以不愿意外出交流。

(四) 文化差异和生活适应问题影响教师交流

除了以上四个方面的影响教师交流的因素之外,文化差异和生活适应问题也是影响民族地区教师交流的重要因素。问卷调查和访谈中有相当一部分教师提到了文化差异和生活适应问题,有些老师谈道:"我是回族,我去交流的学校是纯藏族学校,学校没有能力考虑我的情况,所以我的一日三餐,包括喝的水都需要自己去张罗,另外,那里的老师都不太顾及我们的宗教信仰,常常会说一些令人不舒服的话。如果交流的学校是回族学校,我觉得生活条件差等问题都可以忍受。"所以,文化差异和生活适应问题也是影响教师交流的重要因素。

四 促进民族地区城乡义务教育学校教师交流的机制

实现义务教育优质均衡发展首先应该在尊重差异的基础上,积极营造一种开放的、包容的组织环境。① 研究认为,影响西北民族地区义务教育学校教师交流主要障碍是制度设计问题。西北民族地区义务教育学校实施教师交流制度不仅要考虑子女上学、交通、赡养老人、自身专业发展等共性的问题,还要考虑民族地区教师数量不足、优质师资匮乏,民族成分多样,生活和工作环境异常艰苦等特殊性的问题。只有科学合理地平衡了这些因素,突破教师的身份限制,将教师从"学校人"变为"系统人",实现教师在系统内的科学有序流动,才能促进优质教师资源共享和城乡学校"共赢",进而促进义务教育均衡发展。

(一)实施"县管校用"的教师管理制度,打破教师交流的体制障碍

如前所述,我国西北民族地区义务教育学校教师的招聘、调配、职称、工资等涉及教师管理元素都分属于不同的机构,而这些机构只是按照自己的单位做事的规则程序对待教师招聘、职称、工资等问题,没有考虑到职业的特殊性,更不会考虑教师流动后教师职称、工资等变更问题。因此,要实现教师有序交流必须首先打破教师管理政出多门的机制。《意见》指出,县级教育行政部门会同有关部门制定本县(区)域内教师岗位结构比例标准、公开招聘和聘用管理办法等。研究中县级教育行政部门的负责人告诉笔者,地方教育行政部门没有能力实现《意见》的要求,因为在现行的教师管理体制下,教师实质上是"学校人",很难自由流动。② 要实现教师从"学校人"变为"系统人"的要求,必须由县级政府牵头。本研究认为,西北民族地区义务教育学校教师必须由地方政府牵头会同组织、人事、财政、教育四部门制定"县管校用"的教师管

---

① 王定华:《全面推进义务教育均衡发展》,人民教育出版社2012年版,第8页。
② 朱雪峰:《西北欠发达地区县域内城乡教师流动机制的构建——以甘肃省Y县为例》,《西北师大学报》(社会科学版)2013年第1期。

理制度，打破教师交流轮岗的管理体制障碍。将有关教师管理的人事权等都归于当地教育行政部门，由地方教育行政部门设立相关处室来根据相关政策规定处理教师的编制、职称和工资问题。

（二）增加交流教师的机动编制，设立教师交流的专项资金

由于缺编问题大量存在，教师交流必然会出现影响学校正常教学的问题。因此，本研究建议增加交流教师的机动编制，这些编制不要放到具体学校，交流教师走到哪里就将编制带到哪里。而且每一个机动编制上都蕴含着特殊的业务要求、岗位津贴、激励措施等重要使命和倾斜政策。有了机动编制，流出学校就不会担心教师外出交流后"坑里没有萝卜"的问题，因为在本校教师离开之时就会有一位带着激动编制的教师接替他的工作。当然更不会对流入学校产生影响。而且应该实行机动编制单独考核的机制，这样既不会让流出学校为难，也不会对流入学校的教师考核产生影响。另外，还应该设立教师交流的专项资金。这部分资金不仅要为交流教师创设应有的生活条件和工作条件，包括交通补助、医疗保险等，还要拿出一部分专门奖励那些在交流中取得巨大成就的教师。以吸引更多的优秀教师主动自愿进入薄弱学校进行交流。

（三）严格落实交流教师的奖励机制，让教师体面地进行交流

《意见》指出，要通过激励保障机制进行政策引导，激发校长教师参与交流轮岗的积极性和主动性。要在编制核定、岗位设置、职务（职称）晋升、聘用管理、业绩考核、培养培训、评优表彰等方面制定优惠政策，保障工作顺利开展。在薪酬福利、评优表彰等工作中，要切实保障参加交流轮岗校长教师的工资待遇，在绩效工资分配中予以倾斜，优先使用教师周转房。调查所涉及的各民族地区教育行政部门也都根据《意见》的要求制定了相应的激励保障机制，但基本都停留在文件层面。一些老师反映，"激励机制仍然是一纸空文，根本没有兑现"。要想实现教师交流促进义务教育优质均衡发展，必须严格落实奖励机制，让教师的辛勤付出能够得到应有的物质和精神回报。否则，会让教师感觉到优秀是一种罪过，因为一旦优秀就要到薄弱学校交流。关于交流教师的激励措施问题，除了评先、评优、晋升等方面给予倾斜外，还应该在住房、子女入学、个人医疗等方面给予相应照顾，如在民族地区高海拔学校交流的教师可以考虑一学期进行一次免费的身体检查等。让教师切实感受到交

流是一种荣誉，而非一种惩罚。

（四）重视文化差异，加强教师多元文化教育理念的学习

《意见》指出，"交流轮岗是国家赋予教师的重要责任和光荣使命，要对教师参加交流轮岗提出明确要求，但也要考虑到教师的实际情况"。西北民族地区义务教育学校的许多教师从小学到大学都是在民族类学校学习的，而过去我们在民族学校的课程设置方面忽视了多元文化课程的设置，单一的文化场域使他们对异文化缺乏应有的了解，甚至导致一部分少数民族教师对其他民族的教师和学生存在一些偏见。因此，民族地区选派外出交流的教师除《意见》的相关要求之外，还要尽量将外出交流的教师安排在同族类学校。如果这样安排有困难，就必须首先为这些教师安排好食宿问题。另外，还应利用教师集中学习的时间对民族地区义务教学学校所有教师进行多元文化知识的普及，并引导教师理解和尊重异族文化和异族人。使外出交流的教师消除对异族文化和异族学生的偏见，也使接受交流教师的学校的教师理解和尊重异族教师的行为和生活习惯。以便使交流教师更好地融入交流学校，进而发挥交流教师的示范引领作用。

第三节 民族地区城乡义务教育区域教研共同体建设的问题及推进策略

"构建区域教研共同体"是宁夏 W 市推进城乡义务教育一体化发展的具体措施。迄今为止，已经实施了近五年时间，在一定程度上提升了义务教育学校城乡教师的教学水平，促进了 W 市城乡义务教育一体化发展，但在运行的过程中也存在许多问题。

一 民族地区义务教育阶段区域教研共同体构建的背景

（一）区域内城乡学校发展不均衡问题突出且差距不断拉大

W 市由于受区域经济、文化、地理位置、教育政策等方面的影响，区域学校之间、城乡学校之间在办学条件、师资配置、生源质量等方面都存在不同程度的差异。而且这种差异随着教育投入的不断加大，还有进一步拉大的危险。如果这种现象继续持续下去，将会严重影响 W 市义

务教育一体化发展的成效。鉴于此，W 市以 B 主任为代表的教育研究团队在充分分析这些影响因素后认为：在现有的条件下应该从教研入手最大限度地激活区域内、校际间教师的智慧，盘活区域内、校际的资源，促进区域之间、城乡之间、校际的教学教研均衡发展，进而推动区域内城乡义务教育一体化发展。

（二）青年教师急需专业引领和支持

2010 年以来，在国家和宁夏回族自治区一系列政策的影响下，W 市青年教师数量不断增加，占到了教师队伍总数的三分之一强，成为 W 市义务教育学校教师队伍的主要力量。他们的思想和观念决定着 W 市未来教育的发展方向，他们的专业素养和教育智慧决定着 W 市课程改革的质量和深度。W 市教研室认识到这些青年教师之于 W 市未来教育发展的重要性后，分析了这些青年教师的特征。他们认为这些青年教师学历层次高，知识素养强，有培养潜质，富有激情和活力，比较系统地接受了专业知识和教育理论，但教育教学的实践经验缺乏。还有部分教师毕业于非师范类院校，没有受过专门师范技能的训练，无法从事高质量的教育教学工作。鉴于此，W 市教研室决定整合区域间、校际的优秀教师、骨干教师力量，充分发挥其辐射和带动作用，引领和培养青年教师，强化岗位基本功训练，促进青年教师的专业成长，使其尽快适应教育教学工作的需要，整体提升 W 市的教育教学质量。

（三）当前校本教研在促进教师专业发展中作用发挥得不充分

W 市教研室专家团队深入各个学校研究发现，当前许多学校的校本教研在促进教师专业发展中作用发挥得不足。其原因主要表现在以下三个方面：一是学校对校本教研在教师专业发展中的作用重视不够，没有做整体部署和精心策划。二是校本教研各自为政，不吸取外部的优质元素，导致校本教研没有突破。三是教研主题缺少针对性，教研内容缺乏实效性。这些问题成为制约校本教研向纵深发展的瓶颈。基于以上的分析和认识，W 市教研室专家团队提出了校本教研由原来的以校为单位的"小校本"教研向校际间、区域内多所学校的"大校本"的转变理念，其目的是促进学校之间、区域之间教学教研的合作与交流，开拓教师的眼界，增强教师的专业能力。

二 民族地区义务教育阶段区域教研共同体构建的路径[①]

区域教研共同体是指为了促进城乡义务教育一体化发展，在区域内根据同质促进、异质互补、学段衔接的原则，打破区域内、校际间、学段间的界限，整合区域内、校际间、学段间的教学资源，在教学教研领域组建的资源共享、理念共融、团队互助、优势互补、协同研究、共同发展、合作共赢的松散型联合发展体。旨在创新教研机制，完善教研网络，转变教研方式，提升教研水平，加强区域之间、城乡之间、学校之间的教研交流与合作，促进教师的专业成长，提高区域内整体教育质量。

（一）建立工作机制，实现系统化管理

打破区域内、校际、学段间的界限，构建教研共同体，完成共同教研的任务，实现预期的教学教研目标，必须自上而下地建立一套行之有效的工作推进机制，用机制推动教研共同体的健康发展，引领和激活学校、教师开展教研共同体活动的动力源。W市教研室专家团队在总结以往校本教研、联片教研经验的基础上，形成了自下而上、自上而下相互并存、相互作用的工作机制。

1. 成立领导小组、提供政策和经费保障。要想使教研共同体发挥应有的作用，必须成立由局长任组长、分管副局长任副组长、各有关科室负责人为成员的教研共同体建设领导小组，加强对教研共同体建设的领导和管理；成立教研共同体建设工作小组，明确工作职责，由教研室具体负责培训、指导、实施、协调、评估考核等工作，由专门负责基础教育的科室具体负责管理、督导等工作，由财务科具体负责活动经费的保障工作。同时，在充分调研和征求意见的基础上，制定下发活动的实施方案，指导和引领教研共同体活动，并根据区域特点和学校实际，结合城乡教师交流的实际需要，从方便教师活动的角度出发，规划活动区域，组建教研共同体，引导教师有序开展教研活动。

2. 组建专家团队，提供专业支持。W市教研室会聚了当地最优秀的教研团队，教研室主任是一位有30年教龄、15年中小学校长经历的正高级教师，团队成员由在中小学一线工作多年并取得了优秀教学成绩的教

[①] 本部分内容是根据白主任提供的资料和对其访谈整理所得。

师和专业教学研究人员组成。专业团队采取"菜单式"服务方式,接受教研共同体提出的活动申请,召开教研共同体各成员校副校长、教务主任会议,沟通共同体成员单位之间的联系,会诊教学中存在的问题,策划活动的主题、内容和形式,明确各有关学校的工作职责和教师的活动任务。专家组成员采取"下校上门"的服务方式,重心下移,贴近学校,走进教师,深入课堂,扎实为基层服务,为学校办实事,为教师解难事,指导教师的备课、磨课、上课、评课、议课等活动,协助教研共同体各学校做好活动的组织、督促、总结、推广、建议等工作。

3. 协商制定教研活动的规则。确定教研共同体的牵头学校和协作学校,由牵头学校在征求各协作学校意见、建议的基础上,坚持平等协商的原则,研究学校的教学教研实际,根据教师的需求,立足于教师教学中存在的问题,共同制订活动计划,并向教研室共同提出活动申请,共同确定活动的主题、内容和形式,明确人员的具体分工。采用牵头学校承办、协作学校协办或者协作学校承办、牵头学校协办,各县(区)教研室轮办等方式,开展教研共同体活动。承办的活动地点可在牵头学校或者协作学校,活动时间一般在每年的 6 月和 11 月,活动次数一般为每年两次;轮办的活动地点可放在各县(区)确定的学校。无论是承办还是协办、轮办,都必须负责安排好活动场所,提供设备,做好后勤保障;都必须及时收集活动过程的材料,汇编成册,上交市教研室,并把活动的图片、资料及时上传教育网进行共享;教研共同体内的其他学校要积极参与,确保相关人员全部参加;教研室要安排相关教研员参加活动,加强指导。

4. 制定结对帮扶的规则。帮扶规则是结对帮扶活动顺利进行的基础。W 市教研室结合地域、学科等特点制定帮扶规则。由牵头学校(优质学校)与协作学校(薄弱学校)结成学校帮扶对子,发挥牵头学校的示范、辐射作用,从教学教研管理、教学设备、仪器、图书等方面给协作学校以力所能及的帮助,努力做到教育资源共享;由牵头学校的骨干教师、名师与协作学校的教师尤其是青年教师或特岗教师结成帮扶对子,充分发挥牵头学校学科带头人和优秀教师的传、帮、带作用,开展同上一节课、同读一本书、同备一节课等多项教研活动,帮助协作学校教师树立正确的教学思想和教学理念,用新课程理念指导教学,把握新教材特点,立足课堂，积极探索有效的教学方法，推动教学改革的深入发展。共同体各成员校坚持每学期举行一次教学教研展示、观摩活动，由牵头学校和协作学校一起，集中展示各成员校的教学教研活动成果，并组织成员校进行观摩交流，逐步形成互帮互学、相互促进的教研氛围。同时，依托网络搭建信息交流平台，将有关活动的信息、活动过程中的资料及时上传W市教育信息网，促进活动成果的共享和交流。

5. 建立考核和奖励机制。作为一种集体行动，考核和奖励机制尤为重要，对活动具有重要的导向作用，科学合理的考核奖励机制能够促进教研活动的良性循环。在每次活动结束后，W市教研室根据活动的开展情况和效果，对承担工作任务的教师颁发活动证书，这个证书对于教师的聘任和升职都有重要的作用；对各共同体每次开展活动的过程和效果进行评估，将评估结果纳入教育局对学校年度教学教研工作的考核之中，根据考核结果，推选出"教研工作先进集体"和"教研工作先进个人"，由W市教育局统一表彰奖励，并将其运用到教师的职称晋升中去。

（二）搭建运行平台，形成教研网络

W市教研共同体是一个以教研室为经线、以学校为纬线、以教师为核心的立体化工作网络。这种网络化的工作运行模式能够保证城乡之间、学校之间、区域之间教学教研的开放与互动、合作与分享顺利进行。W市教研团队对市教研室、各县（区）教研室、牵头学校、协作学校、教研组、名师工作室六个层级教研网络进行了深入研究，提出了明确的工作职责。

1. 市教研室。如前所述，市教研室是当地最具实力的教研团队，他们不仅熟悉当地义务教育学校教研的实际情况，还具有较丰富的专业知识和教育教学理论。因此，由他们负责共同体教学教研活动的统筹规划、组织协调、专业指导、过程监督、考核评估等工作。充分发挥其"研究、指导、管理、服务"的工作职能，变活动的组织者、评判者为活动的引领者、平等的参与者，将先进的教研理论、优质的教研资源引入共同体开展的活动之中，将教研工作重心下移，走进学校和课堂，贴近师生，服务教学，引领教师共同发现、研究和解决教学实际问题，避免教研活动的盲目性，增强教研活动的针对性，提高教研活动的质量。

2. 县（区）教研室。各县（区）教研室是教研共同体建设第二级网络，负责本县（区）与市教研室联合开展的教研共同体活动，加强与市教研室的合作沟通，在自觉自愿的基础上，主办或者承办区域联合教研共同体活动，做好活动计划的制定、活动主题的选定、活动形式的安排、活动内容的确定、活动结果的总结等工作，并安排好活动的时间、地点、人员，向市教研室提出预约申请，由市教研室策划、协调、安排开展活动。

3. 牵头学校。牵头学校是以城区各中小学、幼儿园为主体的教研共同体建设的第三级网络，负责协调与共同体内协作学校之间的关系，整合教研共同体内各成员学校的教学资源，与协作学校协商制订共同体教研活动计划，合理安排活动主题、内容、方式、时间和地点，做好活动的牵头、组织、实施、指导和保障工作，保证共同体教研活动的顺利开展。

4. 协作学校。协作学校是以农村中学、农村中心学校为实施客体的教研共同体建设的第四级网络，配合共同体牵头学校制订活动的计划、主题、内容、方式，组织本校教师积极、主动地参与共同体开展的各项教研活动。

5. 教研组。教研组是实施教研共同体建设的第五级网络。教研共同体内的各学科教研组应以研究课程标准、研究教材、研究学生、研究教法和学法为重点，以研究和解决教育教学中所面临的问题为立足点，以课例为主要载体，开展多种形式的校本教研活动。每次活动应该做到主题鲜明，形式多样，内容丰富，扎实有效，围绕教研共同体共同关注的教学热点、难点问题，展开深入研讨交流。

6. 名师工作室。名师工作室是教研共同体建设的第六级网络。各教研共同体应以牵头学校为基地，整合各成员校的名优骨干教师资源，组建以各级骨干教师和名师为主持人，以协作学校"特岗"、青年教师为成员的"名师工作室"，立足教育教学实践，聚焦课堂教学改革，针对教学实践与研究中的重点、难点问题开展教育教学研究活动，充分发挥名优骨干教师在教育教学中的示范、指导、辐射、带动作用，引领"特岗"及青年教师的专业发展，使"名师工作室"成为研究的平台、成长的示范、辐射的窗口。

(三) 构建组合策略,实现立体化交流

W市教研室按照同质促进、异质互补的原则,根据校际之间、区域之间教学教研差异的具体情况,采取基层学校自愿申请、双向选择、自由组合,教研室统筹协调、全面安排的方式,组建"校级结对、校际组团、区域联合"的教研发展共同体,加强教学教研的交流与合作,提高教学教研工作的针对性、实效性,促成优质教育资源的互补共享。

1. 校级教研共同体。校级教研共同体是在学校内部建立的、由学校内部同一学科或者跨学科、跨年级的骨干教师与青年教师、"特岗"教师自由组合而成的一种教研共同体。同一学科或者不同学科的教师可以自愿组合,自主安排教研内容,在一定的时间、地点进行专业性的教学研究。在组织形式上可以是强强(名师与名师)联手、强弱(师傅与徒弟)结对,通过就近组合、学科组合等方式,发扬团队优势,破解发展瓶颈,形成学校教研特色。这样既解决了学校以教研组为基本组织单位开展教学研究的"短板",又给学校教研注入了活力,促进校本教研走向内涵发展和合作研究之路。在活动内容上,除了集体备课、集体听课、集体磨课、集体评课和教师个人的说课、上课、听课、评课等常规教研外,还可以开展教研沙龙、小课题研究、专题讲座、讨论教学中的热点问题等自主性活动,打破教研的神秘性,降低教研难度,激发教师主动参与和表达的欲望,提升教师专业水平。

2. 校际教研共同体。校际教研共同体是根据同质促进、异质互补、学段衔接的原则,由牵头学校与协作学校自愿组合而成的一种跨学校的教研共同体组织形式。分为同质教研共同体、异质教研共同体、学段衔接教研共同体三种形式。同质教研共同体是由学段相同、师资相近、区域相连的学校之间组成的教研共同体,例如高中教研共同体、初中教研共同体、小学教研共同体,幼儿园教研共同体等,这样组建的目的是为同质学校之间搭建共同参与、联动合作的平台,促进各同质学校之间的相互沟通协调,互相学习交流、共同进步发展。异质教研共同体是由名优学校、城市学校与农村薄弱学校组合而成的教研共同体,一般来讲,要把办学条件较好、管理水平较高、师资能力较强、教学教研氛围较浓的城区学校作为牵头学校,把农村学校或薄弱学校作为协作学校,这样组建的目的是充分利用优质学校的教学资源,发挥优质学校的示范引领

作用，帮扶农村薄弱学校的教师发展，提高农村薄弱学校的教学质量，实现城乡联动、校际互动、以强校带动弱校。学段衔接教研共同体是将学段不同、学生不同的学校组成跨学段的教研共同体。如组建高中与初中学段衔接共同体、初中与小学学段衔接共同体、小学与幼儿园学段衔接共同体。这样组建的目的是加强不同学段之间的教学研究，交流探讨小学与幼儿园、初中与小学、高中与初中衔接教学（教育）中的相关问题，加强不同学段教师之间的相互了解，寻求教育教学的平衡点和交互点，研究适合学生发展需要的教学模式和评价方法，达到平稳过渡、有效衔接。

3. 区域教研共同体。区域教研共同体是一种以 W 市教研室为牵头单位、以各县（区）教研室为依托组成的跨县（区）的教研共同体。市教研室负责安排、协调活动，各县（区）教研室具体组织活动，各有关学校负责落实活动。这样组建的目的是打破县（区）之间的教学教研壁垒，整合各县（区）的学科资源、研究资源、教师资源，开展主题鲜明、内容丰富、形式多样的教学教研活动，搭建区域之间的教学教研交流平台，加强区域之间的教学教研交流互动，促进区域之间教师的专业发展和教学质量的提高，进而推进区域内城乡义务教育一体化发展。

（四）确立教研主题，提高教研针对性

教研共同体活动的内容源于教师的需要和困惑。所以无论哪一种形式的教研活动都必须以问题为驱动、以课例为载体。把每一次教研活动作为一个实实在在的课题来做，让每一次教研活动都能解决一个教师关心和困惑的具体问题。如何才能确定教师关心或困惑的教研主题呢？这就需要教研员团队深入课堂、走进教师调查和了解，具体做法如下：第一，了解情况、论证分析。在开展教研活动之前，各基层教研共同体应根据学校的办学实际和教师的需求，对学校的校情、教师的教情和学生的学情等各方面情况进行深入了解，查看学校教学中存在哪些具体问题，并分析哪些问题属于教研的问题，哪些问题属于制度的问题。最后向教研室提出有针对性和意向性的"菜单式"申请，由上一级教研室对其进行评估分析。上一级教研室在深入分析"预约"申请的基础上，组织教研员下校开展调研，通过听课、议课、参与学校教研活动、查看教案作业，与学校领导、教师、学生座谈等形式，进一步了解教研共同体内各成员校教师在平时的教学工作中遇到的困惑和存在的问题，为确定教研共同体主题活动提供依据。第二，确定主题、选择内容。学校内部的教研共同体应采取自下而上的方式，收集教师平时积累的课程实施中尤其是课堂教学改革中遇到的困惑或存在的问题，召集学校主管教学副校长、教务主任、学科教师对收集到的所有问题进行分类整理，对一些具有典型意义、有探讨研究价值的问题进行归类、逐渐凝练成研究主题。确定主题之后，引领教研共同体各成员学校紧扣活动的主题，选择适合学校实际、适合教师需求的研究和讨论内容，科学开展教研活动。

（五）确定教研形式，提高教研的实效性

W市教研团队经过一年时间的调查和论证，结合区域内各学校教学的实际情况，拟定了共同备课、共同说课、共同上课、共同磨课、共同议课、共同交流、共同研究、共同监测、共同分析九种教研形式，并得到了教师的认同。

1. 共同备课。采取个人备课→集体讨论→形成通案→个性化修改→个人做课、群体观摩→集体反思的方式进行集体备课，以此实现教学资源共享，教改信息共享，教法学法共享，达到相互借鉴，取长补短，提高教学能力，提升教学质量的目的。

2. 共同说课。围绕同一个教学内容，采取骨干教师与青年教师在课前或者课后共同说课的形式，按照"说课标→说教材→说学情→说教法→说程序→说效果"的方式，系统解说对教学内容的理解，课前主要阐明"教什么？怎么教？为什么这样教？"课后主要阐明"教了什么？怎么教的？为什么要这样教？这样教还存在什么问题？以后将要怎么教？"

3. 共同上课。采取"同选一个教学内容→个人进行教学设计→同课异构付诸实践→课后相互评议"的操作程序，由骨干与青年教师执教同一个教学内容，运用不同的教学模式、教学方法和教学策略来完成同一个内容的教学，使同一节课呈现不同的风格，同一教学内容呈现出不同的教学方式和教学策略。在此基础上，采取相互评议或者教师评议、教研员评议的方式，发表各自的看法，提出改进的意见，找到上好一节课的最佳模式。这样能发挥教师的创造性，形成个性化的教学风格，促进骨干与青年教师的共同成长。

4. 共同磨课。围绕某一教研主题，按照"选定课题→集体讨论→个人编制教学方案→个人说课→集体讨论修改→个人二次修改教学方案→个人讲课→同伴首次观课→同伴首次议课→个人三次修改教学方案→个人二次上课→同伴再次观课→同伴再次议课→个人四次修改教学方案→最终结课"的操作程序，循环反复，多次打磨，最终生成好课。这种共同磨课，不仅会磨出合作交流的智慧，还会提升教师把握教材的准确度，达到了促进全体教师自我反思、自我提高、意识觉醒的目的。

5. 共同议课。在教师个人说课、上课和教师集体观课的基础上，可采取整体评议与局部评议、个人自评与他人评议等方式，课后对教师个人的说课、上课情况进行研讨评议。评议的内容可以是教学的整体情况，主要看教学目标是否明确具体、教学内容是否准确无误、教学重难点是否把握准确、教学程序是否科学流畅、教学方法运用是否得当、教学手段运用是否恰当、教学组织是否严密有序、教学过程是否科学民主、教学评价是否合理有效、教学效果是否良好、教师基本功是否扎实、学生学习状态是否良好、作业布置是否合理等。也可以紧扣每次活动所确定的主题，根据教师个人的说课、上课情况进行专项评议，看教师的说课、上课是否突出了本次活动的主题，是否紧扣住活动的主题来设计教学方案、完成教学任务，实现教学目标。但无论采取哪种评议方式，都必须坚持以学论教的原则，以学生"学"的状态来评议教师"教"的状态，以学生"学"的质量讨论评议教师"教"的水平和质量，通过学生的"学"来映射和考察教师的"教"。

6. 共同交流。通过开展专题交流活动，按照"选择主题→确定主题→选定发言人→主题发言→同行点评→互动交流→专家引领"的操作程序，紧扣教研主题，围绕教学教研中存在的难点问题、热点问题、焦点问题和盲点问题进行专题研讨，共同谈想法，共同提建议，共同找问题，共同寻策略。或者通过在教研共同体内开展备课、说课、上课、磨课、议课、学术交流、质量分析等共同交流活动，为教师搭建对话、研讨、提升的平台，让教师在共同研讨中感悟先进的教育理念，拓展教师的视野，不断提高教师参与教学研究的能力。

7. 共同研究。根据当前教育教学中存在的具体问题，成立教研共同体课题组，采取共同选题、共同研究、共同结题等方式，坚持以课题研究推动课程和教学改革，把课程与教学改革过程中遇到的问题变成课题，按照"调研→计划→实施→观察→研究→小结→反思→修正→再实施→再研究→再总结→提炼经验→形成成果→应用推广"的操作要求,在专家的跟踪指导下,围绕课题集体攻关,互联互动,反复研究,逐步解决问题,让课题研究成果实实在在地为教学服务。

8. 共同检测。在教研室的统一安排下,采取"统一命题、统一安排、共同检测、共同监考、共同阅卷"等方式,每学期期末对学生学业水平进行共同检测。了解学生的学业水平现状,总结先进教学经验,查找问题与不足的原因,提出改进教学的建议,探求解决问题的策略和办法。

9. 共同分析。以教研共同体为单位,根据学生学业水平检测各项统计数据,采取定性分析和定量分析相结合、过程和结果分析相结合的方式,共同召开教学质量分析会,从学校管理层面、学科教学等多角度、多层面进行校际的教学质量分析。通过共同分析,总结成功的经验和做法,找出客观和主观方面存在的原因,寻找解决问题的办法,明确今后的努力方向,从而不断改进学校的教学教研管理方式,不断改进教师的教学教研工作。

三 民族地区义务教育阶段区域教研共同体实施的成效及问题

(一) 区域教研共同体实施的成效

1. 形成了教研共同体运行的长效机制。机制是保证教研共同体活动有序进行的重要保障,W 市教研室在深入研究当地教育教学问题的基础上,建立了由当地教育行政部门牵头和保障的教研共同体运行机制,出台了《关于构建区域教研共同体的实施方案》,明确了各个参与单位的责任,也专列了教研共同体运行经费,从制度和经费上保证了教研共同体的顺利开展。

2. 构建了教研共同体的运行网络。建立了"市级教研室—县(区)级教研室—牵头学校—协作学校—教研组—名师工作室"六个层级教研共同体工作网络,并进行了科学分工,明确各自工作职责,落实了各自工作任务,保证了城乡之间、学校之间、区域之间教学教研的开放与互动、合作与分享的有序进行。

3. 丰富了教研共同体的活动内容。区域教研共同体改变了以往教研内容浅层化、教研形式走过场的现象,通过"共同备课、共同说课、共同上课、共同议课、共同研究、共同交流、共同检测、共同分析"等方式，让教研内容能够植根于教师教育教学中存在的实际问题，消除了很多老师认为"教研是专家的事、个人的事"的误解，打破了教研的神秘性，降低了教研难度，调动了教师参与教研共同体活动的积极性，提升了教师的教育教学水平和技能。

4. 促进了城乡之间、校际的合作交流。区域教研共同体打破了城乡之间、校际的界限，采取"强强联手、强弱结对、就近组合、区间合作"等方式，整合了学科资源、教师资源，满足了学校、教师的需求，促进了共同体、学校、教师之间的经验交流与分享。既解决了校际教学教研的"短板"，又促进了校际的合作，较好地解决了校际资源共享的问题。

5. 促进了教师之间的交流互动。区域教研共同体打破了以往学校以教研组为单位开展教研活动的壁垒，为教师提供了平等交流与合作的平台，让教师走出教研组、走出学校，通过参与校际、区域间的教研共同体活动，使教师能够看到教研共同体活动为解决自己教学问题带来的好处，能够切实提高自己的业务能力，从而促使教师从封闭走向开放，并逐渐开始主动参与。区域教研共同体促进了教师之间的平等交流与有效合作。

6. 加快了青年教师的专业发展速度。访谈中 B 主任告诉我们，近三年入职的青年教师必须参与教研共同体，而且每个层级的教研共同体也都有培养青年教师的任务。一般来说，一个新教师要成为一个优秀的教师需要 3—5 年，但在教研共同体的引领下，部分好学上进的青年教师入职两年左右就能代表学校外出上课，而且能够得到专家们的一致好评。因为他们的专业成长过程注入了许多优秀的元素，从一开始就看到了最优质的教学及其生成过程，这为他们今后反思和改进教学提供了许多可资借鉴的标准。

（二）区域教研共同体实施存在的问题

1. 高位专业引领无法保障、低层次研讨现象比较普遍

从区域教研共同体建设的背景和运行的程序来看，W 市教研共同体建设比较符合当地教育教学实际，也在一定程度上解决了当地教育教学实践中存在的一些问题，缩小了城乡教师教育教学的差距，尤其是农村学校青年教师得到了快速成长。但调查发现，W 市教研队伍数量不足，

无法满足高位引领各教研共同体的需要。W 市教研室现有 14 名专职教研员，但由于年龄、专业水平等方面的原因，真正能够高位引领各个教研共同体发展的教研员只有 8 名左右，这 8 名教研员年龄都在 48 岁以上，按照共同体的安排，他们每个工作日都会奔赴各个基层教研共同体指导和监督教研工作。除此之外，还会经常收到县（区）级教研共同体的关于指导教研的邀请。面对这种邀请，W 市教研室为了调动他们开展教研活动的积极性，基本都是"有求必应"。长期以来就会存在两个方面的问题：一是市教研室由于人数和年龄等方面原因的无法满足部分县（区）级教研共同体专业引领的要求，所以县（区）级教研室为了完成教研共同的任务，只能自己组织教研活动，缺乏高位引领教研共同体活动就演变成了简单的教学问题探讨，不能分析教学问题产生的深层次原因，当然也不会对参与教师，尤其是青年教师产生较大影响。二是由于市教研室的教研员每个工作日都奔赴各教研共同体的现场，每次回到家都已是傍晚。所以，他们根本没有时间深入思考在各个教研共同体实践中发现的问题，也没有时间进一步阅读新理论。这样长此以往也会使市教研共同体的高位引领能力下降，对教研活动的指导也将会逐渐走向经验层面。

2. 各县（区）教研共同体建设层次不平衡

调查发现，W 市各个县（区）教育发展非常不均衡，区域位置和经济条件好的几个县（区）教育发展水平也较高，教育行政领导、校长和教师对教研活动也相对比较重视。无论是制度保障、专家指导，还是平台搭建、活动设计都能够按照市教研室的指导有序推进，因为活动进行得扎实，所以教师们从中获得的进步也相对较多，教师参与的积极性也相应较高。一位有两年教龄的农村青年教师告诉我们，她非常感谢教研共同体的帮助，无论她在教学中遇到什么问题，学校教研共同体的教师都会帮助她，有些问题学校教师共同体解决不了或解决不好，学校教研共同体的负责人也会请县教研室的教研员来帮忙。教研共同体还使她有机会看到了优质的课堂教学，对她的教学有重要的引导作用。相比之下，区域位置和经济状况相对较差的县（区）的教育行政部门和学校对构建教研共同体的意义和价值的认识还不到位，重视程度不够，教研共同体活动开展的过程制度保障不足、组织推动不力、跟进指导不及时，工作进展缓慢，教研共同体活动对于教师教学改进的价值也不大，所以，教师参与积极性不高。在访谈一位有三年教龄的乡镇学校青年教师时,她告诉我们,在她看来教研共同体的理念非常好,如果能够完全按照当时设计的方案进行,我们受益肯定会很大。但实际运行中形式化色彩比较浓,在她的印象中,只有一次教研共同体组织的像他理想中的教研共同体(市教研室督导时组织的教研共同体活动),其他活动似乎都是为了完成这项任务而进行的,无论是优秀的教师,还是我们这些新教师参与的积极性都不是很高。

3. 城乡教研共同体存在许多难以克服的困难

从不同层级教研共同体的运行情况来看,学校内部、同一区域学校之间、大区域教研共同体运行相对较好,各成员参与的积极性也都比较高。但城乡教研共同体运行没有预想的顺利,对城区学校和农村学校教师的促进作用都不明显。主要原因表现在以下几个方面:一是城乡距离较远,无论是将城乡教研共同体的活动地点放在城区学校还是放在农村学校,对一部分老师来说,参加活动都存在距离负担,部分农村学校距离城区60—70千米,而且交通不方便。如果教师有私家车问题还好办,如果没有私家车就显得困难重重。因为公共汽车的发车时间和开展教研活动的时间不匹配。只能由学校或教师个人负责租车,而这部分费用没有地方支出,大多数情况下就得教师个人负担,所以即使教研共同体的专业引领作用很强,教师参与的积极性也会逐渐减弱。二是大多数城区学校教师参与城乡教研共同体活动积极性不足。他们会将主要精力放在片区内校际教研共同体活动方面,因为片区内学校遇到的教学问题相似且相互交流能够给他们自己带来新的思路。因为对城区学校来说,城乡教研共同体主要是借助他们的智慧引领农村学校教师成长。虽然教育局也会将农村学校教师专业发展的成绩纳入城区学校及相关教师的考核之中,但与农村学校教师专业发展相比,他们自己专业发展给他们带来的荣誉更多。因此,他们理所当然地将主要精力用在片区内,尤其是与优质学校共同研究教学问题上。在城乡教研共同体的运行中,刚开始,由于当地教研室的监督,所以活动进行得还算扎实。一段时间以后,城区学校教师的注意力就会发生转移,农村学校教师从教研共同体中获得的帮助就会减少。

四 民族地区义务教育阶段区域教研共同体的推进策略

（一）增加市级教研员的数量，满足教研共同体对专业支持的需要

由于市级教师队伍数量不足，教研共同体运行过程中高位专业引领比较匮乏，严重影响教研共同体运行的质量。因此，首先应该加强市级教研员队伍建设，将市级骨干教师中既有研究意识，又有研究能力的部分教师选拔到教研队伍中来，增加市级教研员的数量，保障每个教研共同体都能得到高质量的专业引领。按照 W 市教研室负责人的预算，市教研室还需要补充 15 名教研员才能满足当前教研共同体指导的要求。其次，教研员要加强学习，不断提高自身引领教学实践和教学研究能力。不仅要学习国家最新的教育教学政策和改革要求，还要保证各个教研共同体的教学研究和教学改革符合国家对教育教学改革的指导方向。还要掌握学习科学、课程与教学论、信息技术等相关学科的最新研究成果，并尝试将这些最新的研究成果运用到教研共同体的教学实践和教学研究中去，实现真正意义上的高位引领。

（二）借助当地师范大学的科研团队，提升教研共同体的研究能力

调查发现，W 市教研室与当地师范大学有一定的业务往来，但仅限于师范大学研究项目的调研和实验，W 市教研室基本处于被动服务的角色，还没有发展成一种合作关系。从研究方面来说，当前实施的教研共同体还没有走上边实践边研究的教研道路。查阅教研共同体的研究文本发现，各个教研共同体现有的研究文本基本停留在经验总结层面，还没有上升到理论研究的高度。访谈发现，其原因主要表现在两个方面：一是教师没有受过专业的研究训练，不会做研究。二是教研共同体对教师做研究的方法指导不够。W 市教研室的负责人告诉我们，理论研究对他们来说，的确是他们的短板。鉴于此，研究认为，应该积极和当地师范大学教育学院联系，首先请他们从研究方法和研究的一般程序上给教研员和教师做一个相对比较系统的辅导。其次，以项目的形式引导师范大学的教育学院课程与教学论专业的教师及研究生介入教研共同体的过程。事实上，这种形式对师范大学教育学院和当地中小学是一件双赢的事。既可以为师范大学教育学院课程与教学论专业的师生提供真实的实践场域，又能提升当地教师教研共同体的理论研究水平。

(三) 借助信息技术手段，扩大优质智力资源的辐射范围

信息技术正在成为中国教育的新引擎，已经在很多方面促进了中国教育的发展，也在一定程度上促进了城乡教育一体化发展。如任友群教授主持的江西上饶市教育信息化促进教育发展，历经三年时间已经彻底改变了当地教育发展滞后的面貌。[①] 2018 年开始国家在宁夏进行了信息技术促进贫困地区教育变革的实验，已经取到了阶段性的成果。鉴于此，我们建议 W 市教研室一定要充分运用信息技术手段，在当地教育网中组建一个教研网络学习空间，将部分优秀教师作为兼职教研员和专职教研员一起聚合在网络学习空间，采用线上线下相结合的指导方式引领和促进各个教研共同体的健康发展，在一定程度上可以解决教研员数量不足的问题，尤其是可以为解决城乡教研共同体运行的困境提供方便。需要说明的是，从当前部分发达地区的网络教研共同体实施的情况来看，单纯的线上指导效果并不是太理想。所以，我们认为在教研共同体的引领和指导中首先必须保障必要的现场指导时间，让线上指导来优化和弥补线下指导的不足。

---

① 任友群等：《我国教育信息化推进精准扶贫的行动方向与逻辑》，《现代远程教育研究》2017 年第 4 期。

第六章

教育信息化促进民族地区城乡义务教育一体化发展的理论研究

从当前民族地区城乡义务教育学校发展现状的比较来看，城乡学校办学条件和教师教学投入等方面存在一定的差异，但差异不显著。民族地区义务教育城乡学校差异比较突出地表现在教师资源和课程资源两个方面。也就是说，影响民族地区城乡义务教育一体化发展最核心的要素是教师和课程。然而，民族地区又存在优质师资数量不足且流动困难等问题。因此，本研究认为只有借助信息技术才能引进优质的教师资源和课程资源，最大限度地盘活民族地区的优质教师资源和课程资源，发挥其辐射作用，促进民族地区城乡义务教育一体化发展。

第一节 教育信息化促进民族地区城乡义务教育一体化发展的路径及机制

信息化是我国全面建成小康社会和实现现代化的必然选择。党的十八大报告提出要促进工业化、信息化、城镇化、农业现代化同步发展。教育信息化是国家信息化的重要组成部分，是构建信息时代现代化国民教育体系、形成学习型社会、促进科技创新和社会和谐的内在要求，具有基础性、战略性、全局性的地位。以教育信息化带动教育现代化是推进我国教育事业改革发展的战略选择，是推动民族地区城乡义务教育一体化发展的战略选择，也是阻断我国民族地区贫困代际传递的必由之路。

一 教育信息化促进教育发展的演进历程

教育信息化是一个动态的历史进程,是信息技术与教育教学不断融合发展的过程。杨宗凯等结合联合国教科文组织(UNESCO)2005年提出的"四阶段理论"和我国教育信息化发展的实际,将我国教育信息化促进教育发展的演进历程分为四个阶段。[①]

（一）起步阶段

在这一阶段,教育信息化在我国教育发展中的作用主要体现在作为一种辅助工具协助教师完成课堂教学任务,信息技术并没有在学校的教育教学和管理中得到广泛认同和使用。如将基本的计算机知识、办公软件操作、电子邮件等逐渐纳入教学内容之中,PPT演示文稿逐渐代替教师的板书,教育管理软件开始在学校初步应用等。目前,世界主要发达国家和部分发展中国家都已经度过了这一阶段,信息技术在教育教学和学校管理中的作用已经得到大家认同并受到普遍重视,信息技术与教育教学的深度融合已经成为世界各国教育研究和实践领域的普遍行动。就当前的情况来看,我国大部分地区和学校也基本度过了这一阶段,信息技术对教育教学的重大影响已经得到中小学的广泛认同,信息技术的引入已经成为教育领域一种较为普遍的、主动的行为。

（二）应用阶段

在应用阶段,教育信息化在我国教育发展中的作用主要体现在教育教学和学校管理普遍使用信息技术来提升教学质量和提高管理效率,教师开始注重在引入信息技术的过程中改变教学方法,教育管理部门和学校开始采用信息技术来支持教师培训和专业发展。在这一阶段,教师逐渐体验到信息技术应用于教学给自己和学生带来的积极价值,但是此时面临的最大问题是信息基础设施和资源难以满足广大师生的需求。美国、英国等发达国家大都已经度过了信息技术广泛应用于教育教学和学校管理工作这一阶段。我国大部分地区和各类学校依然处于这一阶段,绝大多数学校虽然具备了信息技术基础设施条件,但因缺乏足够的优质资源,使得信息技术在教育中的应用面临"有路无车、有车无货"的尴尬境地。

[①] 杨宗凯等:《论信息技术与当代教育的深度融合》,《教育研究》2014年第3期。

（三）整合阶段

在整合阶段，教育信息化在我国教育发展中的作用主要体现在促进教师的专业能力发展和基于信息化环境的教学方法改进和创新。在这一阶段，教师将信息技术与课堂教学进行整合，组织和开展"以学生为主体"的教学活动，通过积极引导和辅助，充分发挥学生的自主性和积极性，提升学生学习效果；同时，利用信息化教学及管理平台，开展基于互联网的教学和教研活动，管理自身的学习过程，提升教师自身信息技术应用能力。世界部分教育信息化发展水平较高的发达国家正处于这一阶段，信息技术被深度引入教育教学过程，在促进教师专业能力发展中已经发挥了巨大作用。在我国，中东部经济发达地区部分学校逐渐开始进入这一阶段，他们充分利用信息技术开展基于项目的协作学习和网络协同教研，并得到越来越多学生和教师的认可，但中西部地区才刚刚起步，许多西部农村，尤其是民族地区还处于探索和调适阶段。

（四）创新阶段

在创新阶段，教育信息化在我国教育发展中的作用主要体现在信息技术开始改变课堂教学模式、改变学校、改变教育机构，重构学校的组织结构，重构教育生态。在这一阶段，学生成为学习活动的中心，教学活动和教学内容的组织都是围绕着促进学生深度而精准进行，能够实现基于学生个性发展的精准教学。同时各级教育主管部门和学校管理效率不再是由信息技术的处理能力所决定，而是其内部管理结构和事务处理流程来决定。世界少数教育信息化发展水平领先的发达国家（如美国）已经开始进入这一阶段，2010年美国国家教育技术计划（NETP2010）明确提出"变革美国教育——技术助力学习"，强调要"进行由技术支持的重大结构性变革，而不是进化式的修修补补"。可见，信息技术与教育教学的融合在美国已经逐步深入，以信息技术为支撑的教育变革已经不仅是一种远景设想，更是一种真切的现实。在我国，虽然信息技术对教育的影响已经受到普遍的关注，但绝大部分地区和学校离这一阶段还有很大的差距，技术与教育"两张皮"的现象还十分普遍，信息技术与教育教学的融合发展依然任重道远。[①]

[①] 杨宗凯等：《论信息技术与当代教育的深度融合》，《教育研究》2014年第3期。

从当前我国教育信息化促进教育发展的现状来看，无论是政策引导、理论研究，还是实践探索都在积极有序地推进教育信息化促进教育改革发展，并取得了一定的成效。教育信息化促进民族地区城乡义务教育一体化发展，就是要在深入了解民族地区教育发展实际的基础上，充分利用信息化的优势，借鉴教育信息化促进教育发展的成功经验为促进民族地区城乡义务教育一体化发展服务。

二 教育信息化促进民族地区城乡义务教育一体化发展的内涵及路径

教育信息化具有数字化、网络化、智能化和多媒化的特征[①]，为优质教育资源共享、智力资源流动、教师教学共同体建设等提供了条件，能够促进民族地区城乡义务教育一体化发展。教育信息化促进民族地区城乡义务教育一体化发展是指在遵循民族地区城乡义务教育发展规律的基础上，借助互联网平台，利用传感技术、计算机与智能技术、通信技术和控制技术，实现民族地区城乡义务教育学校优质课程资源共享、教师智力资源流动和城乡教师教学共同体建设的过程。其实质是通过信息技术引进优质教育资源、改善民族地区义务教育学校资源配置不均衡的现状，进而变革和重塑整个城乡教育系统，使民族地区义务教育阶段城乡孩子都能享受优质的教育资源。具体来说，教育信息化促进民族地区城乡义务教育一体化发展可以通过以下几种途径来实现。

（一）引进和生成优质课程资源，促进优质课程资源共享

教育信息化以网络为传播媒介，能汇聚优质资源并扩大优质教育资源的覆盖范围，可以有效解决民族地区义务教育城乡课程资源配置不均衡的问题。如前所述，我国民族地区义务教育阶段教育质量相对较低，优质教育资源也相对比较匮乏。因此，要提升民族地区义务教育整体质量，首先应该根据民族地区的实际引进国内优质的课程资源，为民族地区义务教育阶段教师提供更多的、可供学习和借鉴的优质资源。当然，引进只是丰富课程当地课程资源的一个方面。最主要的还是要引导当地教师建设适合本地学生发展实际的优质课程资源，这就需要制定相应政策，突破现有体制机制的限制，充分发挥本地优质学校和优秀教师在课

---

① 祝智庭：《教育信息化：教育技术的新高地》，《中国电化教育》2001年第2期。

程资源建设中的主体作用，促进优质课程资源建设和共享的良性循环，引导优质资源最大限度地共享，为民族地区城乡义务教育学校师生提供更多优质的教与学的资源。

（二）实施智力流动，促进优质师资共享

智力流动是指在人岗不动的前提下，利用移动互联网、大数据、云平台等信息技术和合理的政策机制，突破教师"学校人"的身份限制，将优质师资的智力服务聚合在一个网络空间，供薄弱学校师生共享的一种独特的教师流动形式。其实质是打破教师流动、人事关系和工作岗位三者相互依附的状态。智力流动突破了教师实体流动的许多局限，解除流动教师的后顾之忧，也满足了"流出"教师及其学校许多现实的要求，最大限度地发挥优质资源的辐射能力和优质资源的共享，促进义务教育城乡一体化发展。随着移动互联网的快速发展和教育均衡发展问题的凸显，智力流动在解决城乡教育均衡发展问题作用越来越得到大家的认同。我们大家都知道，均衡配置师资既是教育资源配置均衡的重要内容，也是影响教育过程均衡和教育结果均衡的关键因素。教育信息化利用网络将"专递课堂"（通过网络专门为农村和边远地区由于师资缺乏开不齐课的学校提供的网络同步课堂）或利用音视频播放设备将优秀教师的课堂教学录像呈现给农村和民族地区，在一定程度上解决了农村与民族地区因师资不足造成的课程结构失衡问题；利用"名师课堂"（特级教师、教学名师开设的网络课堂）和"教师教学共同体"开展同步或异步在线教学研讨和答疑解惑，一定程度上提升了农村与民族地区教师的教学水平。信息技术支持的优质教师智力流动能够极大地促进城乡教育一体化发展。

（三）建立城乡教师教学共同体，促进城乡教学质量共同提高[1]。

教育信息化升级了传统教育的发展方式，丰富了教与学的资源和教师交流活动的形式，为建立城乡教师教学共同体提供了条件。信息技术支持的城乡教师教学共同体是一个以"互联网+"为基础，运用大数据、云计算等技术组建起来的，以提升农村学校教师专业水平和教学质量为目标，基于教学问题、为了教学发展，在教学实践中构建起来的任务型学习共同体。它通过一定的规则和机制将城乡连接在一起，创建一个传

---

[1] 汪基德：《教育信息化促进基础教育均衡发展》，《教育研究》2017年第3期。

统教育资源与现代数字技术结合的,多层次、全学科的教学资源库和教学交流与对话系统。利用这个系统,城区学校的优秀教师可以为农村学校教师提供精准的教学帮助和资源供给。它支持城乡教师教学互动,不仅包括城区学校优秀教师对农村教师教学问题的诊断、课前准备的指导、课堂教学的引导、练习作业的设计、评价方式的建议等;包括城区学校优秀教师针对农村教师教学中暴露出的问题,推送相应的教学资源和精准的学习资源等;还包括为指导者和学习者提供个性化的学习支持和服务。即通过深入发掘与分析记录的学习者的学习痕迹,为指导者和学习者提高科学合理的分析和评估,帮助指导者和学习者及时调整指导和学习策略[①],进而促进城乡教学质量共同提高。

三 教育信息化促进民族地区城乡义务教育一体化的要求

要实现教育信息化促进民族地区城乡义务教育一体化发展,首先要做好顶层设计,明确基于系统观的信息时代资源配置的要素。基于系统观的信息时代资源配置的要素主要包括信息化基础设施建设与配置、数字化教育资源建设与配置和教师智力资源建设与配置三个方面,只有三个要素通过"协同—优化—整合"的方式才能实现促进民族地区城乡、校际以及微观个体间的有机互动和有效协作,进而实现民族地区城乡义务教育一体化发展。

(一)完善教育信息化基础设施建设与配置

《国家中长期教育改革和发展规划纲要(2010—2020年)》指出,基础设施的建设是重中之重,是实现教育信息化战略的物质基础和首要条件,也是教育信息化进程中的重点建设内容之一。基础设施建设水平不仅反映了教育信息化的发展水平,其建设差异程度也反映着教育均衡发展的程度。调查发现,我国民族地区教育信息化基础设施建设存在重复建设和不均衡建设两方面问题。因此,我们应该整体布局、科学规划,切实提升信息技术服务教育教学的能力。第一,科学设计当地教育信息化基础设施建设发展蓝图。按照当地学校布局的实际和师生发展的需要,

---

① 安富海:《信息技术支持的城乡教师教学共同体构建研究》,《电化教育研究》2019年第7期。

建设和完善教育信息化的基础设施，避免重复建设和不均衡建设现象。第二，拓展和保障基础设施建设的投入来源，保障教育信息化发展的政府公共投入，充分吸收社会资本投入，将教育的社会服务功能和社会资源对教育的支撑作用充分融合，实现教育发展与社会发展的双赢。第三，创新基础设施建设路径，实现基础设施建设与教育信息资源建设、虚拟教师资源建设之间的相互流转，从而达到优势互补。有学者依据政府部门（包括国家教育相关部门和机构）、省/州级教育部门、社会组织（包括私人企业、社会团体、各级各类学校）以及个人家庭等不同主体在教育信息基础设施运行中所占份额的不同，把教育信息化基础设施建设运行模式划分成四大类：第一，国家支配模式。即在政府部门或国际联盟的直接出资和监管下，形成统一的从上到下的信息化基础设施建设运行模式。第二，成本补偿模式。即政府部门间接参与教育信息基础设施的运行，宏观把握方向但并不参与具体建设。第三，市场控制模式。即在社会多方组织的参与下带动教育信息基础设施建设，在市场调节的影响下形成跨界合作的建设运行模式。第四，自主建设模式。即以个人或者家庭为主体，参与教育信息基础设施建设之中，形成分散的自下而上的建设模式。[①] 研究认为，在我国民族地区，尤其是西北民族在教育信息化基础设施建设方面要以国家支持模式为主，成本补偿方式、市场控制模式、自主建设模式作为辅助来建设与配置教育信息化基础设施。

（二）加强数字化教育资源建设与配置

建设丰富优质的数字化教育资源是进行城乡教育资源共享的基础。数字化教育资源是指为教学和学习专门设计或能服务于教学和学习的各种以数字形态存在和被利用的资源，如媒体素材、题库、试卷素材、课件、案例、文献资料等。数字化资源已经成为教育信息化发展的基础资源，它具有可复制性、传播迅速、受益范围广等优势。共建、共享、共同受益已经成为数字化教育资源建设的显著特征。然而，从过去我国数字化教育资源建设的情况来看，数字化教育资源建设存在着主体责任不明确、服务对象不清晰、资源重复建设、资源管理不规范等问题。因此，

[①] 曹青林等：《国外教育信息基础设施发展政策与建设运维模式探究》，《中国电化教育》2016年第4期。

我们认为，民族地区县域内数字化教育资源的建设与配置应该在借鉴过去建设经验的基础上从以下几个方面努力。第一，明确数字化教育资源建设的主体责任。如前所述，民族地区义务教育数字化教育资源建设应该采用"政府主导、企业参与、学校应用、服务驱动、共享共建"的建设和运营模式，建立一个基于开放合作机制的教育信息化生态环境。县级教育行政部门是县域内数字化教育资源建设的责任主体，它通过与企业合作，为区域内教育行政部门、学校、师生、管理人员提供服务。第二，明确数字化资源建设的服务对象。民族地区数字化教育资源建设的服务对象是民族地区教师和学生，因此，在数字化教育资源建设过程中，应以学生和教师服务平台为抓手，建立基于云技术的区域教育资源应用平台，方便开展教育资源的整合共享，为师生提供个性化配置、按需使用的资源应用模式，提高县域内数字化教育资源建设水平和共享效益。具体来说，在数字化教育资源服务平台方面，采用上级平台向下级平台逐级免费推送，下级平台选用上级资源并将其整合在本级资源平台中，下级平台资源采用逐级向上推送，通过上级平台选用下级优质资源供本级及下级所有平台免费选用，最终实现与现有或即将建设的资源的有效对接。在网络学习空间建设方面，为师生提供基本的云存储空间，支持资源存储和知识管理；开放标准接口，通过接入第三方应用汇聚丰富多样的服务，满足师生的个性化需求；允许师生根据自身需要和偏好，实现空间的按需定制和个性化展示；提供便捷灵活的社交网络功能，促进不同用户之间的交流互动。在资源建设方面，应该遵循以下几个方面的要求。第一，按照立德树人的根本要求建设民族地区数字化教育资源。民族地区数字化教育资源的建设要严格按照立德树人的要求，加强对优质教育资源的筛选和整合，将学习者正确价值观的养成和中华民族共同体意识的形成放在数字化资源建设的首要位置。第二，按照教育规律和数字化资源运行规律建设和配置数字化教育资源。民族地区数字化教育资源建设必须深刻把握数字化资源的特点，遵循学习者认知规律和多媒体学习规律，构建符合民族地区师生实际的数字化资源中心。第三，引进县域外优质资源，整合和建设县域内优质资源。加强对民族地区数字化教育资源运用及需求现状的研究，有选择地引进县域外优质资源；盘活和整合县域内的优质资源，加强县域内优质资源库建设。

(三) 促进教师智力资源建设与配置

优质教师资源短缺和分布不均衡是民族地区城乡义务教育一体化发展中面临的最主要问题。当前民族地区主要是通过教师交流、支教、挂职以及免费师范生等举措解决这一问题，在一定程度上缓解了部分地区师资短缺的现状。但从整体实施效果和老百姓的评价来看，这些措施仍然满足不了老百姓对优质教育的需要。教育信息化为变革优质教师智力资源的建设和配置方式提供了可行性。[①] 智力资源属于社会资源范畴，同时又是一种特殊的可再生资源和软资源，具有附着性、流动性、增值性等特征。智力资源的流动性主要指人才流动性。从新经济学角度来看，智力资源已经成为知识经济增长的内生变量，是生产的重要因素。因此它同样受市场经济规律驱动，而且由于其主体附着性及主体能动性，智力资源有更活跃的市场取向。在智力资源流动过程中，必然伴随着知识传播和扩散，从而带来智力资源的增值。面对民族地区优质教师资源短缺的情况，我们也利用智力资源的流动性和增值性的特征，借助信息技术的优势，在一定政策的引导下让民族地区优质的教师资源充分流动起来，实现其增值目的，满足民族地区老百姓对优质教师资源的需求。具体做法包括以下几个方面：第一，引进县域外优质教师智力资源。当地政府根据县域内学校发展和师生的需求，有选择性地引进县域外优质教师智力资源。第二，整合县域内优质教师智力资源。整合县域内原有的优质教师智力资源，将其通过一定的方式和程序聚合在网络学习空间，为县域内师生提供智力服务。第三，培育县域内优质教师智力资源。县域内教育行政部门应该根据本地实际培养一部分优质教师智力资源贡献的"种子选手"，引导其与县域外优秀教师建立良好的互动关系，使其能尽快成长为既熟悉先进教育教学理论、方法和技术，又熟悉本土教育教学实际的本土优质教师智力资源。

四 教育信息化促进民族地区城乡义务教育一体化发展的机制

以教育信息化促进教育资源共享，实现教育公平是破解当前民族地

[①] 王星：《教育信息化促进教育均衡转型发展路径研究》，《中国教育信息化》2015年第9期。

区城乡义务教育投入不均衡、资源不均衡、师资不均衡的重要手段。因此，要实现教育信息化促进民族地区城乡义务教育一体化发展，需要在投入、技术、人员、物资等方面建立相应的持续保障机制。

（一）政策保障机制

要实现教育信息化促进民族地区城乡义务教育一体化发展，必须利用政策杠杆引导相关部门积极参与到教育信息化促进民族地区义务教育一体化发展的建设中去。只有这样，才能做到科学规划、规范运行、适时调控。

1. 制定政策、科学规划、引导相关部门共同参与

数字化平台建设、数字化教育资源建设、教师智力流动等都需要有一定的政策和措施进行指导和规范。由于当前各区域、各系统、各学校数字化教育资源建设和利用的不平衡，在实际共享中会出现一方面资源过剩、另一方面针对性资源建设不足等问题，这就需要政府制定专门政策来规范数字化教育资源的建设过程。首先，政府要根据当地教育发展实际、学校布局、学校差异、教育教学等实际进行顶层设计，明确建设目标、规模、内容及运行规则等。其次，要制定相关政策，引导和鼓励民族地区义务教育学校积极参与到数字化教育资源的建设和共享中来。最后，要建立健全管理机制，有效协调民族地区各个义务教育学校的利益关系，保障在共建共享中付出额外劳动的学校和个人能得到应有的回报，创建良好和谐的共享环境，使资源共享能够走上良性循环之路。

2. 规范收费制度，采取有偿和无偿相结合的共享策略

优质教育资源在建设和传输过程中需要一定的资金支持。对于民族地区来说，这一部分资金主要靠国家支持。国家支持的资金一部分用于购买外部优质数字化教育资源，还应该拿出一部分购买县域内优质教育资源和当地学校或教师生成的优质教育资源，这样就会破除部分学校或教师不愿意将自己的优质教育资源分享给别的学校和教师的障碍。调查发现，由于体制机制不畅通，民族地区许多较为优质的学校一旦给当地学校及教师贡献了优质的教育资源并得到当地教师和学生的认可，当地教育行政部门就会将贡献优质资源的任务交给他们，出现了能者多劳的现象。所以，大多数学校都不愿意共享自己的优质资源，当然还有一个原因就是一些学校或个人担心共享给别人后会削弱自身的优势。这些问

题都是体制机制不畅通造成的，因此，建立相关政策，保障付出一定劳动、生产优质资源的学校和个人能够获得相应的经济报酬，保证那些没有能力生产优质资源的学校和教师能无偿使用优质资源，建立良性互动的资源建设和共享系统。

（二）质量保障机制

为提高资源建设的规范性，相关部门有必要在资源库的建设过程中融入标准化管理的思想，建立相应的资源准入机制，从资源开发阶段入手为其整合与共享做好准备。可依托教育部发布的《基础教育教学资源元数据规范》《教育资源建设技术规范》《现代远程教育工程教育资源开发标准（试行）》等标准，统一资源属性描述方法、细化资源内容分类方法、建立资源入库评估标准、制定优质资源筛选策略、完善技术开发规范等。

1. 基于数字化教育资源内容的评估

对数字化教育资源内容的评估是对资源内在的质量进行判断，是最根本、适用性最广的评价方式。主要包括准确性、完整性、创新性、教育性、知识性和相关性6个指标。准确性是指资源内容本身反映所属知识点或知识点属性的客观程度，资源设计人员不能带有个人偏好来提供、传递和制作数字化学习资源；完整性是指数字化教育资源内容必须兼具广度和深度；创新性是指资源内容是否新颖、独创并且及时更新，既要判断资源内容的独创性，又要判断资源内容的时效性；教育性是指资源内容能达到教育目标和教学任务的要求，能够引导学习者进行学习与实践，支持学习者开展自主学习和探究性学习[1]；知识性是指资源内容是否包含丰富的学科专业性知识；相关性是指资源内容与学习者需求的匹配程度。强相关性意味着目标学习者能及时获得学习资源，并且资源与学习者的学习目标和学习需求紧密相关。除此之外，民族地区数字化教育资源内容的评估还应强调其内容正确的价值导向。

2. 基于数字化教育资源组织形式的评估

资源内容是通过一定的形式来组织和呈现的。因此，资源组织形式的好坏在一定程度上反映了数字化教育资源质量的高低。对数字化教育

---

[1] 谢海波：《高校网络教育资源评价的探讨》，《远程教育杂志》2011年第4期。

资源组织形式的评估包括易用性、精简性、标准化、艺术性和可重用性等5个评价指标。易用性包含两层含义：一方面是资源表达方法易于理解，另一方面是资源使用方便、导航清晰。精简性是指资源的组织要尽可能简单明了，方便存储和传输。标准化是指资源必须符合国内外数字化学习资源开发与建设的技术规范和标准。标准化是资源能够共享的必要保证。艺术性是指资源应具有良好的交互界面，形象、生动、直观地展示资源，能吸引使用者的注意，引起使用者的兴趣。可重用性，重用也叫重复使用，是指同一事物不作修改或稍加改动就可以多次重复使用。数字化教育资源的可重用性是指资源可以多次被使用，不仅包括在不同时间、不同地点可以重复使用，也包括不同使用者在不同使用情境中可以重复使用等。[①]

3. 基于资源支持系统的评估

数字化教育资源必须借助于相应的资源支持系统才能完整有效地组织起来并被使用者使用。资源支持系统包括数字化学习资源超市、数字化学习资源呈现平台、电子绩效支持系统、在线学习社区平台等。系统性能的好坏主要包括可访问性、快速响应性、可靠性、稳定性、安全性、互操作性6个指标。可访问性是指学习者能够简单、快捷地检索并迅速获得所需学习资源，资源支持系统以用户为中心、界面友好、交互性强，能最大限度地满足用户要求。快速响应性是指系统反应敏捷，能够及时处理用户要求，以最快的速度提供资源内容和相关服务。可靠性反映的是整个资源支持系统的稳定性和安全性。稳定性是指系统在用户要求的时间内处于有效状态。安全性是指系统有防御风险的能力，能预防系统被中断、截获、篡改和伪造。互操作性是指两个不同的资源支持系统能够互联并共享信息。互操作性是不同资源支持系统之间实现资源共享的重要衡量指标。[②]

（三）技术保障机制

教育信息化促进民族地区义务教育资源的共享共建离不开信息技术

---

① 马元丽、费龙：《英国数字学习资源质量准则解析》，《现代远距离教育》2010年第3期。

② 马元丽、费龙：《英国数字学习资源质量准则解析》，《现代远距离教育》2010年第3期。

的支持。资源标准为数字化教育资源的统一描述提供了基本的准则和依据；资源制作与聚合工具为资源建设提供了具体的资源建设工具；面向区域、学校、教师和学生的资源传输技术支撑资源获取方对资源的有效利用。因此，在数字化教育资源的建设和共享过程中至少要提供三类技术保障。

1. 数字化教育资源的描述技术

调查发现，民族地区现有的教育资源建设中存在标准不统一，资源跨区域、跨平台共享困难的问题。所以，在数字化教育资源的建设和共享中一定要严格遵循一定的元数据标准，为实现跨区域、跨学校的资源共享做好技术保障。当前，能够有效描述教育资源元数据的标准主要有IMS 的 Learning Resource Metadata（学习资源元数据规范）、IEEE LTSC 的 LOM（学习对象元数据规范）、OCLE 的 Dublin Core 元数据标准及我国的 CELTS 等。民族地区义务教育数字化教育资源的建设和共享一定要遵循已有的教育资源元数据标准或技术规定，规范资源数据定义，并提供规范的数据接口或互操作平台，实现不同元数据模式描述的资源体系之间的互操作，促进数字化教育资源的组织和获取，为教育资源跨平台、跨终端、跨区域的共享与交流提供可靠的基础性技术保障。

2. 数字化教育资源的制作与聚合技术

数字化教育资源制作首先要使用媒体制作工具制作基础的原始媒体素材，包括文本、图片、音视频等；其次需要借助工具组合这些基本媒体素材，生成结构化的集合体，如生成适合民族地区教育教学的案例和课件等。随着技术的发展，数字化教育资源的表现形式也逐渐丰富。数字化教育资源制作时应该充分利用最近技术，以提高师生的使用效率。如利用富媒体技术更好地呈现教育资源、更好地交互和提高用户的参与度。需要注意的是，由于越来越多的教育资源和越来越复杂的资源获取方式给用户带来的"信息超载"或"信息焦虑"，因此，需要提供资源聚合技术以创设良好的资源使用环境。具体包括形成用户需求模型的挖掘技术、整合松散教育资源的汇聚技术，基于用户需求实现资源个性化推送的关联技术。关于数字化教育资源的制作和聚合工具，要更多地考虑制作后数字化教育资源的共享问题，包括对使用环境的高适应性，对用户技术能力的低要求性。[1]

3. 数字化教育资源的传输技术[2]

在民族地区城乡义务教育一体化发展中需要跨区域传输技术以实现教育资源的跨区域共享。这里的跨区域共享是指在一定区域范围内，将分散在各区域不同平台上的教育资源整合起来，供区域内不同学校和教师使用。当前实现区域教育资源共享的技术手段主要包括基于第三方资源平台集中共享或完全开放的共享；通过身份认证等技术手段实现平台之间的有机联系，在可信的网络基础设施上实现资源共享。一般来说，身份认证有三种实现方式：一是教育资源的供给方提供认证服务；二是建立共享资源的认证中心；三是联盟合作的方式。需要强调的是，跨区域传输技术必须考虑民族地区电信网络运行的具体情况，可以采用CDN等多种方式。考虑到民族地区学校在使用资源时有其特殊的需求，因此，在资源建设和传输中要重视个性化推送模式开发和建设。推送服务是基于用户需求信息，主动将数字化教育资源发送给用户，使服务由被动变为主动。个性化推送技术的重点是学习者的需求建模和关联机制。一方面，要基于学习者模型及对学习者使用资源的历史数据挖掘分析，建立学习者与教育资源的关联；另一方面，识别学习者的地理、技术环境，从而为学习者提供信息负载适中，可用的数字化教育资源。

（四）激励表彰机制

数字化教育资源的建设与共享是一个涉及面广、周期长、投资巨大的系统工程，其持续发展不仅要求当地政府要进行系统规划和引导，还要通过激励表彰措施推进数字化教育资源的良性发展。然而，当前民族地区义务教育阶段由于数字化教育资源的共享激励机制不健全，资源的知识产权问题没有得到很好的解决，数字化教育资源的建设和共享存在许多障碍。许多教师或学校不愿将自己的劳动成果被无偿使用。另外，现有的数字化教育资源的共享也存在着"搭便车"现象，其问题的根源

---

[1] 任友群等：《优质均衡视角下县域基础教育信息化发展策略》，《中国电化教育》2019年第8期。

[2] 黄荣怀、任友群等：《信息化促进优质教育资源共享的理论与实践》，高等教育出版社2017年版，第99页。

在于缺乏相应的激励机制。因此，建立和完善教育资源共享的激励机制，让更多的教师参与共享，共享活动的生命周期才能延长，把优质教育资源建设与课程经费、奖励挂钩，才能充分调动广大教师的积极性，保证教育资源的质量，促进资源共享可持续发展。

1. 对注册用户采用信誉打分。给每个注册的资源提供者和资源使用者以及每个资源都进行打分。每个注册用户拥有一个基本分，当上传资源时，共享代理管理者给该用户信誉度打分，同时根据资源的质量给资源打分。对资源使用者而言，也有信誉度要求，信誉度太低的用户不能下载到理想的资源，因此，为了下载更多的资源，使用者用户必须上传资源，提高之间的信誉度，或者通过缴费的方式获得资源。

2. 提高用户的参与度。为了对每个注册用户进行积分管理，可以通过对资源打分的方式来实现。用户每次对资源进行评价，都可以相应地获得一定的积分，这样不但可以将资源的质量交给用户评价，而且通过这种方式，用户能提高自己的积分，可以下载到更多的资源。达到一定的积分可以获得教育行政部门对所在学校和个人的奖励。

3. 提高共享资源质量的奖罚。为了鼓励更多的用户参与共享，共享代理的管理者可以根据资源使用者的浏览、检索、下载以及回复情况，将点击率高的资源加入精华或者置于页面顶部，提供该资源的提供者也能得到较高的积分，从一定意义上促进了更多的用户参与共享；另外，如果资源存在弄虚作假情况，那么提供该资源的提供者的积分将会减少，他以后在资源共享中会受到影响，情节严重的一段时间内将无法发布和下载资源。这个机制的制定，一方面可以奖励参与共享的用户，另一方面可以惩罚那些破坏整个共享系统的用户，从而保障共享资源的持续有效。[1]

4. 建立明确的激励表彰制度。建立原创资源投稿录用机制、资源项目（课题）申报机制和资源定期表彰奖励机制三种机制，如对原创性资源投稿者予以奖励和补贴；对经过一段时间的教学实践检验、得分高的优秀资源颁发荣誉证书，并作为教师职称评定、评优评先的重要依据之一；定期表彰优秀资源教师、学校及建设团队；建立"项目驱动、专家

---

[1] 刘晓林、徐明：《高校数字教育资源共享激励机制与版权保护》，《现代教育技术》2011年第2期。

引领、课题管理"研究机制,科学合理地运用激励机制引导学校和教师积极投入到资源建设中去。

第二节 信息技术支持的民族地区义务教育学校数字化课程资源库建设研究

2019年9月,习近平总书记在全国民族团结进步表彰大会上强调,要"全面加强各级各类学校国家通用语言文字教育和民族地区国家通用语言文字推广普及"。2020年4月,为贯彻落实习近平总书记在全国民族团结进步表彰大会上的重要讲话精神,教育部办公厅出台了《关于做好民族地区、贫困地区教师国家通用语言文字应用能力培训工作的通知》,要求通过国家示范引领、相关地方为主实施,以民族地区中小学和幼儿园的少数民族教师为主要对象,通过多种培训形式,使民族地区中小学和幼儿园的少数民族教师的普通话水平和相关教育教学能力在短期内得到明显提升。研究认为,培训只是提升民族地区中小学和幼儿园的少数民族教师的国家通用语言文字语言能力的一个方面。加强数字化国家通用语言文字教学资源库建设,是提升民族地区中小学和幼儿园的少数民族教师的国家通用语言文字语言应用能力的重要途径。

近年来,从国家到地方都非常重视民族地区中小学和幼儿园的少数民族教师的国家通用语言文字应用能力的提升,出台了一系列促进民族地区中小学和幼儿园的少数民族教师的国家通用语言文字应用能力提升的政策措施,为民族地区顺利推进国家通用语言文字教学和学习创造了良好的政策环境。但从当前民族地区中小学和幼儿园国家通用语言文字教育教学的现状来看,民族地区中小学和幼儿园的少数民族教师的国家通用语言文字应用能力仍不容乐观,离国家的要求还有很大的距离,字词读不准、读错、写错的现象时有发生。研究发现,适合民族地区中小学和幼儿园的少数民族教师的国家通用语言文字学习和教学资源匮乏是影响当前我国民族地区国家通用语言文字教学质量的重要因素。第一,适合少数民族教师的国家通用语言文字学习资源不足。我国民族地区,尤其是西北民族地区大多数中小学和幼儿园的少数民族教师国家通用语言文字学习能力普遍不高,对国家通用语言文字学习层次的要求相对较低。在以往国家通用语言文字应用能力的培训中,培训者很少深入了解学习者国家通用语言文字的学习基础,只是按照培训大纲的要求为少数民族教师提供学习资源,安排学习任务。这种难度过大的超负荷的学习必然造成学习效率低下,学习质量不高。第二,适合少数民族教师的国家通用语言文字教学资源不足。当前,许多民族地区已经建立了基础教育资源公共服务平台,但这些平台所呈现的国家通用语言文字教学资源对民族地区中小学和幼儿园学生的适切性不强,对民族地区教师教学的帮助不大,不能满足民族地区国家通用语言文字教学的需要。一些承担国家通用语言文字课程教学的教师为了上"公开课",常常在国家或当地基础教育资源公共服务平台上寻找一些国家通用语言文字教学的视频材料、音频材料、优秀教学课例等,但每次都很难找到他们觉得满意的资源,原因是这些资源和他所面对的学生认知和学习水平不匹配。因此,应该从国家层面加强建设适合民族地区中小学和幼儿园的教师学习和教学的国家通用语言文字教学资源,全面提升民族地区中小学和幼儿园的少数民族教师国家通用语言文字的应用能力。[1] 本研究以青海省为例,充分运用信息技术手段,针对青海藏族地区国家通用语言文字课程教学和学习的实际,建设青海藏族地区国家通用语言文字数字化课程资源库,以期能为青海藏族地区义务教育学校教师和学生提供优质的课程资源,更好地促进民族地区义务教育的发展。

一 数字化国家通用语言文字课程资源库的内涵及要求

(一) 数字化国家通用语言文字课程资源库的内涵

课程资源是学校教育资源的重要组成部分,是课程系统物质、能量和信息等结构元素的源泉,是课程实施中富含课程潜能的内容系统和活动支持系统,是课程实施得以高效开展的依托和保证,[2] 也是形成课程设计理念、实现课程目标的主要材料。课程资源的开发和利用程度决定着课程目标的实现程度和学生的发展状况。依据课程资源的功能,可以把

---

[1] 安富海:《我国少数民族双语课程资源开发及政策研究》,《当代教育与文化》2014 年第 6 期。

[2] 黄晓玲:《课程资源:界定 特点 状态 类型》,《中国教育学刊》2004 年第 4 期。

课程资源分为素材性课程资源和条件性课程资源两大类。素材性课程资源的特点是作用于课程,并且能够成为课程的素材或来源。条件性课程资源的特点则是作用于课程却并不是形成课程本身的直接来源,但它在很大程度上决定着课程的实施范围和水平。[①] 数字化课程资源是指经过数字化处理和存储,并可以在多媒体计算机及网络环境下运行的多媒体课程材料。数字化国家通用语言文字课程资源是指可以在网络环境下储存、运行、生成并实现共享的国家通用语言文字课程材料。数字化国家通用语言文字课程资源库是指在服务藏族地区师生国家通用语言文字教学和学习目标原则的指导下,按照一定的框架和结构将优质的国家通用语言文字课程资源存储在一个信息平台或网络学习空间之上,供藏族地区学校师生国家通用语言文字教学和学习之用的课程资源中心。它包括国家通用语言文字多媒体课件库、国家通用语言文字多媒体素材库、国家通用语言文字视频资源库、国家通用语言文字网络课程等有利于促进藏族地区国家通用语言文字教学和学习的课程资源。

(二) 数字化国家通用语言文字课程资源库的基本要求

数字化课程资源是教育媒体数字化的产物,与传统的课程资源相比,数字化课程资源呈现出处理技术数字化、处理方式多媒体化、信息传输网络化、学习资源系列化、使用过程智能化、资源建设可操作化等特点。随着人们对课程本质和信息技术内涵认识的不断深入,近年来,人们关于信息技术在教育中作用的研究重点由媒体逐步转移到资源的层面上,即由对媒体物理特性的研究转移到从学习者出发研究学习资源,以实现包括媒体在内的一切学习资源的使用方法与使用目的的紧密结合,以提升资源的使用效益。数字化国家通用语言文字课程资源库的建设应该汲取这方面的研究成果,将为藏族地区师生国家通用语言文字教学和学习提供服务作为其出发点和归宿,具体包括以下几个方面:第一,资源库建设必须体现优质性。当前我国藏族地区国家通用语言文字教学水平参差不齐,教师们对好的国家通用语言文字教学的标准应该包括哪些要素,具体怎样操作还不清楚,大多数承担国家通用语言文字的教师都是凭借自己关于国家通用语言文字教学的理解进行教学的,教学过程中经验的

---

① 吴刚平:《课程资源的理论构想》,《教育研究》2001年第9期。

痕迹比较明显,民族地区国家通用语言文字缺乏适合民族地区学生认知特点的科学的理论指导和实践方式。因此,数字化国家通用语言文字课程资源库建设必须将优质的国家通用语言文字课程资源纳入库中,尤其是应将一些内含国家通用语言文字教学理念、体现民族地区国家通用语言文字教学特点的优质课堂教学视频纳入资源库,以增强优质资源库对国家通用语言文字教学的引领性和示范性。第二,资源库建设应体现学科性。数字化国家通用语言文字课程资源库建设要紧密结合学科特点和学科性质,按照各学科知识的特点来进行资源分类和建设,这样不仅方便教师查找自己所需的课程资源并借鉴优秀的课堂教学方法,也有利于学生通过查找配套辅导材料和测试题及时弥补自己学习的不足和检测学习中存在的问题,以实现教学的最优化。第三,资源库建设应具有全面性。回顾当前出现的许多资源库,除了存在建设的盲目性问题外,大多数资源库都存在避重就轻的做法,如大多集中在小学资源建设方面,幼儿、初中和高中相对较少。数字化国家通用语言文字课程资源库一定要囊括国家通用语言文字课程的各个层面,为整个国家通用语言文字教育服务而不是只管一个阶段。第四,资源库建设的规范性。数字化国家通用语言文字课程资源库的规范性包括两个层面:一是技术层面的规范性。数字化国家通用语言文字课程资源库强调一定要按照教育部颁布的《教育资源建设技术规范》关于资源建设的技术要求去呈现国家通用语言文字课程资源。二是内容层面的规范性。内容层面的规范性主要强调资源库所呈现的所有教学和学习内容一定要符合国家教育教学的相关规定,不能为了考虑学生生活实际而降低国家标准,也不能为了民族特色而忽视国家要求。第五,资源库建设的适切性。如前所述,民族地区已经建立了许多基础教育资源共享平台,但平台中的内容没有考虑到民族地区学生认知发展的特殊性,对民族地区教师教学和学生学习帮助不大。数字化国家通用语言文字课程资源库建设一定要结合当前民族地区教师教学和学生学习的实际,尽可能地做到能够引领教师的教学方向,但不能离他们目前的教学水平和学生学习的水平太远。第六,资源库还应具有操作简便的特性。在国家通用语言文字课程资源库建设中,不应有过于复杂的操作界面,特别是经过动态的网页登录后,应该清晰地告诉师生其所要的资源在哪里,不要让教师和学生经过多层路径以及复杂的界面后才能搜索到相关的课程和学习资源。总之，数字化国家通用语言文字课程资源库的建设不仅要考虑到藏族地区学校国家通用语言文字教师教学和学生学习的实际需要，因为这是数字化国家通用语言文字课程资源库建设的出发点，还要考虑到资源库建设对国家通用语言文字教学的引领和指导作用，这是由我国民族地区国家通用语言文字教学的特殊性决定的。

二 数字化国家通用语言文字课程资源库的必要性

调查发现，我国民族地区国家通用语言文字教学的成效不容乐观，未能实现国家以及各级政府对国家通用语言文字教育教学的目标。当前，在新疆、西藏等民族地区，具有汉语言专业背景的真正能够胜任国家通用语言文字教学的教师数量严重不足，所以需要其他专业背景的教师来承担国家通用语言文字课程的教学任务。这样一来，国家通用语言文字课程资源就显得异常重要，只有给那些非专业的教师提供优质的、适切的课程资源，才有可能保证民族地区国家通用语言文字课程教学的质量。本研究认为，当前解决国家通用语言文字课程资源匮乏问题最有效的途径是建立数字化国家通用语言文字课程资源库，其原因主要表现在以下几个方面：

（一）民族地区学校素材性国家通用语言文字课程资源匮乏、条件性国家通用语言文字课程资源运用率不高

适合青海藏族地区教学和学习的素材性国家通用语言文字课程资源匮乏是影响国家通用语言文字课程教学的主要因素。调查发现，青海藏族地区义务教育学校许多承担国家通用语言文字课程的教师除了国家统一配发的教科书和课程标准外，其他可资利用的课程资源不多。（一些承担国家通用语言文字课程教学的年轻教师为了上"公开课"也常常试图在网络上寻找一些国家通用语言文字教学的视频材料、音频材料、优秀的教学课例，但每次都很难找到他们觉得满意的素材资源，原因是这些资源和他所面对的学生认知和学习水平不匹配。）"巧妇难为无米之炊"，没有相应的课程资源，课程实施困难重重和课程目标实现大打折扣当属情理之中。适合青海藏族学生的国家通用语言文字学习材料也比较少，走进青海藏族地区的学校发现，无论是小学还是中学国家通用语言文字

课程学习者抄袭作业的现象比较普遍。原因是他们手里拿的国家通用语言文字课程学习材料对于他们目前的认知水平来说难度太大。一方面，适合当地教师教学和学生学习的素材性国家通用语言文字课程资源严重不足；另一方面，存在条件性课程资源利用率不高的问题。国家在推进普及九年义务教育和义务教育均衡发展的过程中已经督促各级地方政府为民族地区的学校配齐了相应的条件性课程资源，除一些教学点外，乡镇一级的学校都有多媒体教室、电子白板、电脑室、网络等条件性课程资源。走进青海藏族地区学校的设备储存室，我们发现，一些电子白板和相应的教学用具都没有拆封。电脑室的管理员告诉我们，除了"微机"老师带领学生上课，其他老师基本不来电脑室。偶尔有一些不回家的年轻老师会来这里看看电影、打打游戏。素材性课程资源利用率偏低是民族地区学校普遍存在的问题。

（二）民族地区学校领导课程意识不强、教师课程开发的能力不足

一般来说，有了条件性课程资源就可以自己开发素材性课程资源。为什么这一看似简单的"常理"在青海藏族地区学校没有成为必然，而出现了上述这种一方面素材性课程资源缺乏，另一方面存在条件性课程资源闲置的悖论呢？研究发现，青海藏族地区义务教育学校的领导课程资源开发的意识不强、教师课程资源开发的能力不足，同类的研究[1]也证实了这一点。虽然绝大多数校长和教师在经历了新课程理念的培训后都认识到开发课程资源的重要性，也知道上好一节课必须要有相应的课程资源做保障，但由于对课程资源的概念、类型、开发方式等方面理解得不够深入，也没有参与课程资源开发的经验，致使他们关于课程资源的认知只能永远地停留在"认识层面"。一些校长坦诚地告诉我们，外出学习以后也意识到了自己学校课程资源缺乏的问题，也曾试图号召和组织教师开发过相应学科的课程资源，但都因为自己对课程及课程资源开发的理解不够和教师的能力问题而"流产"了。上述两种现象和问题不是哪一个学校面临的个别问题，而是民族地区义务教育学校存在的普遍问题。因此，我们认为应该集中力量、整合资源，建立民族地区数字化国

---

[1] 王标、宋乃庆：《教师开发利用少数民族文化课程资源的现状调查与思考》，《民族教育研究》2013年第2期。

家通用语言文字课程资源库,为民族地区学校师生国家通用语言文字教学和学习提供应有的课程资源。数字化国家通用语言文字课程资源库作为一个服务藏族教师国家通用语言文字教学和学生学习的公共信息服务平台,具有资源类型多样、信息更新迅速、交流互动便捷等特征,它的建设和运行将能弥补适合民族地区的国家通用语言文字课程资源不足,改善我国少数民族国家通用语言文字教育质量不高、推进困难的现状,进一步促进少数民族教育的发展。

三 数字化国家通用语言文字课程资源库的策略

(一) 数字化国家通用语言文字课程资源库建设的定位

数字化国家通用语言文字课程资源库建设的目的是充分利用信息技术共享性、交互式等优势为教育教学提供服务,以期更好地促进教师的教学和学生的学习。因此,无论何种技术充当的都是工具的角色,而不是目的。当前出现的许多教育资源库只讲"量",软件商尽可能多地呈现资源的丰富性,将数据容量大作为卖点,忽视了资源库的教育性和教学性,造成资源内容与教学和学习的实际需求不匹配。任何资源库都应首先厘清自己的服务对象,一个学校教育教学的资源库只有以服务于教师的教、学生的学,服务于师生的共同学习,服务于学生的发展这个出发点才能取得应有的效果。另外,在建立数字化教学资源体系的系统模型时,应该本着以学生为主体、以建构主义为理论基础、以现代教育理念为指导的思想,重视学习者的学习过程和师生双方的共同活动,充分体现数字化教学与学习的需求特点。基于以上认识,我们认为数字化国家通用语言文字课程资源库建设首先必须明确为什么要建设这个资源库?谁应该成为资源库建设的主体?资源库的服务对象是谁?通过怎么样的方式来为这些对象提供服务等问题。只有厘清上述这些问题才能使资源库真正发挥其促进民族地区国家通用语言文字课程教育发展的作用。

(二) 数字化国家通用语言文字课程资源库的主体

20世纪70年代,在国家民族政策和教育政策的指导下,我国成立了八省区蒙文教材协作组,80年代以后,又逐步成立了五省区藏文协作办公室、三省区哈文协作办公室、东北三省朝文协作办公室和五省区藏文教材审查委员会。至此,少数民族地区这种跨省的教材开发逐渐发展起来，这些协作办公室在各自民族教育的发展中发挥了非常重要的作用。它带给我们的经验是民族地区政府要高度重视国家通用语言文字课程及教学，要专门成立机构引领、指导和监督国家通用语言文字课程教学过程和成效。鉴于此，我们认为，在数字化国家通用语言文字课程资源库建设中，首先，成立领导小组。应该做的是各民族地区应该在省级层面成立的数字化国家通用语言文字课程资源库建设领导小组，办公室设在教育厅基教处，统一协调并做好资源库建设的顶层设计。其次，组建专家组。不仅要将长期从事国家通用语言文字教学研究的专家、资源建设的专家、必要的技术专家纳入专家组，还要突破原有人事管理机制和评价机制的壁垒，将长期在民族地区担任国家通用语言文字管理、教学的优秀校长、教师和教学研究人员纳入专家组，这样不仅能保证数字化资源库建设的方向性、还能保证数字化资源库建设的高质量，更能保证数字化资源库建设的适切性。

（三）数字化国家通用语言文字课程资源库的结构与内容

2000年教育部颁布的《教育资源建设技术规范》指出，教育资源一般包括9个方面内容。(1) 媒体素材：媒体素材又分为文本类素材、图形图像类素材、音频类素材、视频类素材、动画类素材五大类。(2) 试题：测试中使用的问题、选项、正确答案、得分点和输出结果等的集合。(3) 试卷：用于进行多种类型测试的典型成套试题。(4) 课件：课件是对一个或几个知识点实施相对完整教学的用于教育、教学的软件，根据运行平台划分，可分为网络版的课件和单机运行的课件。(5) 案例：案例是指由各种媒体元素组合表现的有现实指导意义和教学意义的代表性的事件或现象。(6) 文献资料：文献资料是指有关教育方面的政策、法规、条例、规章制度，对重大事件的记录、重要文章、书籍等。(7) 常见问题解答：常见问题解答是针对某一具体领域最常出现的问题给出全面的解答。(8) 资源目录索引：列出某一领域中相关的网络资源地址链接和非网络资源的索引。(9) 网络课程：网络课程是通过网络表现的某门学科的教学内容及实施的教学活动的总和。[1]

---

[1] 余胜泉、朱凌云：《〈教育资源建设技术规范〉体系结构与应用模式》，《中国电化教育》2003年第3期。

按照《教育资源建设技术规范》的要求和国家通用语言文字课程资源的特点，我们认为，数字化国家通用语言文字课程资源库的建设可采用数据库存储模式与文件目录存储模式相结合，将文本、练习题、试卷、案例、文献资料、课件、图形图像、音频、视频、动画、网络课程作为条件菜单，将幼儿、小学、初中、高中作为第一级菜单，将各年级作为第二级菜单，将具体学科和课程内容作为第三、四级菜单。所有资源可以按照科目章节的顺序进行查找，也可按照资源的类型进行分类查找，同时配有资源搜索引擎，可进行模糊查询。具体呈现方式如下图所示：

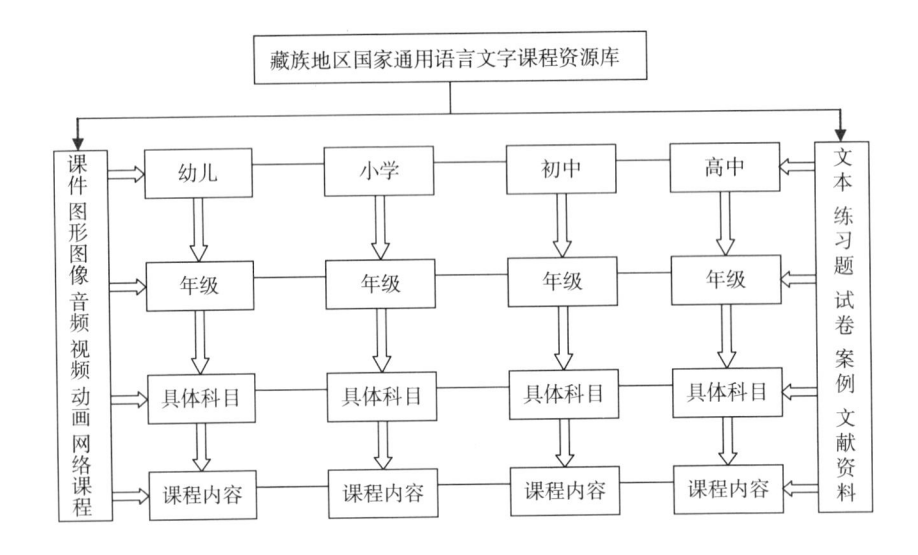

（四）数字化国家通用语言文字课程资源库建设的管理

教育资源库发展的总体趋势是要从产品层次上升到服务层次，在资源体系自身得到不断完善的同时，更应注重个性化的服务功能，使用户获得深层次的、专业的支持。因此，数字化国家通用语言文字课程资源库的管理不是为了管理资源数据而管理，而是为了藏族地区师生更好地教授和学习国家通用语言文字提供更符合藏族地区教师和学生的思维和习惯的课程资源。数字化国家通用语言文字课程资源库的管理是国家通用语言文字课程资源得以有效应用的保障，也是国家通用语言文字课程资源库能否持续研发和良性发展的关键。在当前国家通用语言文字课程资源缺乏的情况下，国家通用语言文字课程资源库需要按照"统一协调、集中存储、资源共享"的原则进行分级分类管理，即采用在省级教育行政部门的统筹协调下，国家通用语言文字课程资源建设办公室、州县、学校三级管理方式。具体分工如下：省级教育行政部门做好顶层设计，统筹协调国家通用语言文字课程资源库建设的相关专家、提供应有建设和研发经费；国家通用语言文字课程资源建设办公室从当前民族地区国家通用语言文字课程教学和资源运用的实际情况出发，统筹规划，组织国家通用语言文字课程建设的力量开发和管理国家通用语言文字课程资源库，在已经建立了省级基础教育资源公共服务平台上专门开设一个模块，对资源进行分类管理，并对平台的运行情况不断进行检测，以便能更好地服务教师的教学和学生的学习；自治州或县（区）国家通用语言文字课程资源管理机构需要做三件事：一是负责征集当地优质的课程资源，将本地区有利于国家通用语言文字课程实施的资源和教师优秀的国家通用语言文字课程教学案例、优秀的教学视频、课程设计等分类进行整理，由国家通用语言文字课程资源建设办公室审核后上传到国家通用语言文字课程资源平台上，供藏族地区的教师和学生共享。二是将适合各地学校实际的优秀课程资源刻盘后送往网络还没有覆盖的牧区小学和教学点，这些学校的教师和学生最需要国家通用语言文字课程资源；学校主要负责资源的运用，不仅要对资源的使用情况做详细记载，对教师使用率较高的资源分类整理，组织本校教师进行研讨，根据教学需要重新整合资源，还要将自己学校优秀的课程资源分类整理后传送到自治州或县国家通用语言文字课程资源研发机构，以便与其他学校的教师和学生分享自己的教学成果。三是配备专门的技术人员。因为藏族地区农村中小学教师信息技术能力普遍不高，所以会在资源运用过程中存在不同层次的技术问题，这种在专业人员看来很小的技术问题会严重影响他们共享资源的信心，所以，我们认为有必要配备专门的技术人员12小时在线为教师和学习解决下载、编辑、上传等资源共享中的技术问题，保证每个教师和学生都无障碍运用优质资源。省级国家通用语言文字课程资源建设办公室、州县、学校三级国家通用语言文字课程资源库建设和管理要以省级国家通用语言文字课程资源建设办公室为核心和枢纽，以"优质、便捷、共建、共享"为建设理念，实现资源存储、资源搜索、资源发布、资源下载和资源维护的良性运行，为藏族地区国家通用语言文字的教学和学习提供优质、便捷、及时的课程资源，促进民族地区教育的快速发展。

第三节 学习空间支持的民族地区城乡义务教育教师智力流动的路径与机制研究

如前所述，我国民族地区，尤其是西北民族地区义务教育学校教师交流存在优质师资不足、校际距离过大且交通不便等特殊问题。这些问题使得民族地区义务教育学校教师交流制度推进异常艰难且没有发挥应有的作用。鉴于此，我们认为应该在"保峰填谷"思想的指导下，以"人岗不动"为前提，利用互联网技术和信息化手段，将优质师资的智力服务聚合在网络学习空间，通过机制创新、服务迁移等手段和方式，使教师的智力流动起来，最大限度地发挥优质资源的辐射能力和优质资源的共享，在虚拟的空间中帮助薄弱学校的教师发展和学生成长，促进民族地区城乡义务教育一体化发展。

一 民族地区义务教育学校教师交流遭遇的困境

2014年《意见》出台以后，民族地区根据《意见》的要求，针对具体情况，制定了本地教师交流政策的落实计划和实施措施，但从民族地区教师交流的现状来看，教师交流政策实施的效果不容乐观。调查发现，新疆阿克苏地区每学年参与教师交流的优质学校骨干教师仅占交流教师总数的9.6%（2018年参与交流的教师总数为22人，骨干教师只有两人），青海海东地区每学年参与教师交流的优质学校骨干教师的数量不足交流教师总数的8%（2018年参与交流的教师总数为13人，骨干教师只有1人），甘肃省甘南藏族自治州合作市2018年参与教师交流的优质学校骨干教师只有1人。上述三个民族地区优质学校骨干教师参与交流的数量远远达不到《意见》所规定的"骨干教师交流应不低于交流总数的20%"的基本要求，究竟是什么原因使民族地区教师交流之路如此艰难呢？第一，优质师资稀缺，难以实现"保峰填谷"的交流效果。教师队伍数量不足、优质师资严重缺乏、教师结构不合理是民族地区教师队伍面临的主要问题，也是义务教育学校教师交流在民族地区遭遇的最大瓶颈。《意见》强调，推进优质资源的合理配置，重点就是要引导优秀校长和骨干教师向农村学校、薄弱学校流动。调查发现，许多民族地区义务教育优质学校在《意见》出台后，也曾严格按照《意见》的要求，选派了一部分（占优秀教师的10%左右）优秀教师到了农（牧）区的薄弱学校去交流。一学期下来，优质学校的教学质量出现了断崖式下滑现象。调查发现，"流出"学校的校长和家长非常不愿意让优秀的教师"外出"交流。义务教育学校教师交流的目的是促进义务教育的高位均衡发展，而不是把一杯好茶变成两杯白开水。然而，从当前民族地区教师交流出现的问题来看，如果严格按《意见》的要求，民族地区义务教育学校教师交流必然走上拖垮优质学校，最终走向"削峰填谷"的平均发展道路。第二，教师民族成分多样、文化认同多元，生活存在诸多不便。我国大多数民族地区是一个多民族的聚集区。每一个民族都有生发于本土的民族文化，每种民族文化都有自己独特的认识和阐释自然、人文、社会的规则体系。作为民族文化重要组成部分的宗教，更是对民族人的生产生活和价值追求都有着重要的支配地位。"它通过其教义和宗教仪式对人们精神世界进行引导，对人们的个性进行塑造。从而导致民族间性格特征的差异。宗教的影响渗透到民族物质精神生活、心理意志等各个层面，在不同时空环境下支持、左右着民族人的文化价值取向及社会行为。"作为民族个体的教师从小就浸染在这种民族文化和宗教环境之中，并通过各种认知方式和行为活动，将自己生活其中的民族文化和宗教体验整合融入自己的心理结构中。这种独特的心理结构、认知方式和宗教信仰决定了他们处在异文化的工作环境中会存在许多不适应、不方便，甚至产生文化冲突。访谈中有相当一部分教师提到了文化差异和生活适应问题（主要是指因为信仰而产生的饮食禁忌问题）。

二 智力流动提出的依据、核心要素、实施路径与机制构建

高速发展的互联网技术不仅丰富了智力流动的内涵，还为智力流动创造了更加便利的条件和无限发展的空间。科学合理的智力流动必将促进民族地区优质资源的共享，促进民族地区义务教育均衡发展。

（一）智力流动提出的依据

面对民族地区教师交流遇到的这些困难，民族地区也积极探索和出

台了许多推进措施。以新疆、青海、甘肃为例，他们都在《关于义务教育学校教师交流轮岗实施意见》中重申了教师交流的重要性，明确了教师交流的时间和保障机制。采取了学区一体化管理、学校联盟、名校办分校、集团化办学、对口支援、乡镇中心学校教师走教等促进教师交流的措施。然而，这些措施并没有使民族地区教师交流的困境得到应有的改观。其主要原因是：骨干教师不愿意离开原来的学校，骨干教师所在的学校也不支持教师"离开"。这种暂时的"离开"对骨干教师的家庭、生活以及原来的学校都会产生许多不利影响。从民族地区教师所生活和工作的实际情况来看，骨干教师的这种"不愿意离开"显得合情合理。于是，如何使优质学校的骨干教师不离开原来的工作单位，又能促进优质师资的共享成为研究的聚焦方向。"互联网＋"推动的教育发展极大地促进了教育资源供给与适应性服务能力的提升。[①] 在"互联网＋"的背景下，借助信息技术，通过优秀教师的智力流动为薄弱学校师生提供优质资源和适应性服务，是引领薄弱学校发展，帮助薄弱学校师生成长的"双赢"选择。研究认为，利用互联网技术和信息化手段，通过机制的创新、资源的重组、服务的迁移，使教师的智力流动起来，在虚拟的空间中帮助薄弱学校的教师发展和学生成长，最大限度地发挥优质资源的辐射能力，是均衡配置师资，促进优质资源共享，实现民族地区义务教育均衡发展的有效途径。智力流动是发展经济学和人力资本领域用来破解封闭的人事管理制度而提出的一个重要概念和采取的一种柔性引进人才的方式。近年来，随着移动互联网的快速发展和教育均衡发展问题的突显，智力流动被教育领域广泛应用，旨在解决教育资源发展不均衡问题。[②]

（二）智力流动的核心要素

学习空间支持的智力流动是指在人岗不动的前提下，利用移动互联网、大数据、云平台等信息技术和合理的政策机制，突破教师"学校人"的身份限制，将优质师资的智力服务聚合在一个网络空间，供薄弱学校

[①] 黄荣怀：《互联网促进教育变革的基本格局》，《中国电化教育》2017年第1期。

[②] Sadowski‐Smith, C., *Intellectual migration and brain circulation: conceptual framework and empiricalevidence*, Journal of Chinese Overseas, No.11, Jan 1, 2015, pp. 43–58.

师生共享的一种独特的教师流动形式。其实质是打破教师流动、人事关系和工作岗位的三者相互依附的状态。智力流动突破了教师实体流动的许多局限，解除流动教师的后顾之忧，也满足了"流出"教师及其学校许多现实的要求，是当前民族地区教师交流的一种有效方式。

智力流动作为一种新型的教师流动方式，其核心要素主要包括以下几个方面。

一是人岗不动。人岗不动是教师智力流动与实体流动的最大区别。人岗不动是指参与智力流动的教师，人事关系和工作岗位仍保留在原来单位，只是将自己的智力聚合在网络学习空间，通过在线服务的方式帮助薄弱学校的教师发展和学生成长。人事关系和工作岗位是影响教师交流的重要因素。学习空间支持的智力流动是一种基于网络平台的智力服务，它将人事关系和工作岗位与教师流动脱钩，跟现实的人事关系和工作岗位不发生任何关联。这种做法不仅能够解决优质学校"流出"教师的后顾之忧，也不会给教学行政部门带来管理上的问题。

二是优质师资。智力流动，从构词的角度讲，智力是前提，流动是形式。没有优质的智力资源作前提，任何形式的流动，都不可能促进薄弱学校的发展。民族地区教师交流之所以没有很好地促进薄弱学校的发展，是因为优质师资没有流动或流动的数量很少。因此，优质师资是智力流动的前提保障。参与智力流动的优质学校应该根据自身的情况、对口的薄弱学校的要求和前期的现场调查的情况选择相应学科的优质师资，组建教学共同体，通过一定的程序和机制聚合优质智力资源，为"流入"学校的师生提供适切性的智力服务。

三是网络学习空间。网络学习空间作为支持教与学的信息系统，是智力流动必备的条件。在传统学校管理的环境下，教师只能是"学校人"，优秀教师的智力服务的受益范围和对象相对有限。移动互联环境中的教师的智力流动不受时间、空间限制，可以通过网络学习空间让更多的薄弱学校的师生受益。网络学习空间包括数字教育资源、决策与管理、交流与对话三个核心子系统。数字教育资源系统主要是用来储存和管理各类形态的数字教育资源；决策与管理系统主要负责用户需要与资源供给；交流与对话系统是人与虚拟学习空间的信息交流的通道。[①] 在网络学习空间中，我们可以将优质学校的优秀教师从实体学校中"抠"出来，赋予他们一个虚拟的身份，通过一定的政策机制，引导优秀教师在规定的时间内从实体学校流转到网络学习空间，实现教师现实服务与虚拟服务的有机整合。管理人员通过管理持有虚拟身份的教师的在线服务时间、师生反馈的情况等，对教师进行评价和评估。

四是机制保障。机制是以一定的规则和程序把事物的各个部分联系起来，使其能够协调运行并发挥应有的作用。智力流动的机制保障包括三个方面的内容：（1）通过建立协调机制，保障网络学习空间正常、持续、稳定地运行；（2）通过建立约束机制，保障智力流动有序运行，并充分发挥其应有的作用；（3）通过建立奖励机制，增强参与智力流动的教师、学校、教育管理者参与智力流动的主动性和积极性。

（三）智力流动的实施路径

智力流动作为一种特殊的教师交流形式，只有依靠优质师资的智力资源，借助网络学习空间这个平台，才能达到促进个性化学习理想的状态，最终实现促进民族地区义务教育均衡发展的目的。

1. 筛选优质师资

《意见》明确指出，城镇学校、优质学校骨干教师交流轮岗应不低于交流总数的20%。国家强调了教师交流中的骨干教师的引领和示范作用，这不仅体现在对"流入"学校学生的成长的引导和帮助方面，也体现在对"流入"学校教师的专业发展引领方面。因此，参与智力流动的教师也应该是优质学校的骨干教师。因为骨干教师都是教学一线成长起来的精英，是教师发展生态中的中坚力量，他们不仅具有扎实的专业基本功和优秀的教学素养，而且在行业内具有非常强的影响力和辐射力。他们的"出场"不仅能得到"流入"学校教师的认可，而且能得到"流入"学校学生及家长的欢迎，也不会遭遇"流出"学校骨干教师的太多反对。由于智力流动不会对"流出"学校产生太多不利影响，因此，"流出"学校一定要根据"流入"学校的需求，精选该学校及学科优秀的教师参与

[①] 贺相春、郭绍青等：《网络学习空间的系统构成与功能演变》，《电化教育研究》2017年第5期。

智力流动。参与智力流动的教师人数可以突破20%，甚至可以达到30%。

2. 组建网络学习空间

智力流动作为移动互联网环境下的一种特殊的教师流动形式，必然要借助于移动互联网、大数据、云平台等新型的信息技术来实现。当前，在民族地区实现智力流动最有效的方式就是网络学习空间，将优质的教师资源和学习资源，通过一定的方式和程序聚合在网络学习空间，为"流入"学校的师生提供智力服务。它是以"互联网+"为基础，运用大数据、云计算等技术组建起来的个性化协同学习环境，它将多组"优质—薄弱"学校连接在一起，创建一个基于网络技术的，通过传统教育资源与现代数字技术结合的，多层次、全学科的教学资源库和交流与对话的系统。基于智力流动的网络学习空间包括优质学校的数字教育资源系统、"优质—薄弱"学校交流与对话系统和分析薄弱学校教学需求的决策管理系统。数字教育资源系统用来储存优质学校相关学科的教学和学习的资源；决策与管理系统主要在深入分析薄弱学校相关学科教学现状的基础上为其提供需求的判断和精准的资源供给；交流与对话系统是为每一组"优质—薄弱"学校提供一个交流对话的平台，在这个平台上"优质—薄弱"学校可以就相关的教育教学问题进行讨论交流。

3. 实施智力流动

民族地区教师的智力流动就是将优质学校骨干教师的智力资源按照一定的程序和方式聚合在网络学习空间的三个系统中，然后通过一定的机制保障，使其能够有效地发挥帮助薄弱学校教师发展和学生成长的方式。具体来说，包括以下三个方面：一是将优质学校筛选出的骨干教师教学共同体所参考和学习的教学资源，教学共同体自己的教学设计、教学视频、作业设计、评价标准以及在对薄弱学校相关学科分析基础上所提出的教学建议等内容呈现在数字教育资源系统中供薄弱学校教师教学参考。二是管理人员根据数据分析和效果反馈及时将薄弱学校教学和学校的教学和学习需求呈现给优质学校的骨干教师教学共同体，优质学校骨干教师教学共同体根据管理人员反馈的信息改进指导策略和推送新的教学和学习资源，增强对口帮扶的针对性和实效性。三是为每一组"优质—薄弱"学校提供一个交流对话的平台，把平台分成不同区域，每一组"优质—薄弱"学校属于一个固定的区域。在这个固定区域中，薄弱学校教师和学生每天都可以和优质学校的骨干教师在这里进行咨询问题、交流讨论,优质学校的骨干教师每天也必须在这里在线答疑(优质学校筛选出的骨干教师每天要有固定的时间在线答疑薄弱学校师生的问题)。网络学习空间通过优秀师资和优质数字化学习资源的聚合,不仅实现了基于现有条件的实体学校与基于网络的学习空间的有机结合①,还实现了基于数字资源的本地课堂教学与基于互动交流的异地课堂教学之间的有效交流,在虚拟课堂与实体课堂的混合中促进了薄弱学校师生的共同发展。

4. 形成个性化学习空间

智力流动更高层次的目标是促进个性化学习,因此,智力流动的实施还应该能够促进学生个性化学习空间的形成。从学习场所的虚实角度来看,学习空间包括物理空间和虚拟空间两部分。个性化学习空间是指学习者个人通过他人指导与自主学习而构建起来的适合自我学习状态的虚拟学习空间。个性化学习空间具有开放、共享和跨界的特征。随着互联网技术的不断发展和完善,学习者任何个性化需求都能够在这个空间中找到所需要的知识和服务。个性化学习空间不仅能够为学习者提供任何个性化的学习支持和服务,还能够感知学习情境,并通过深入发掘与分析记录的学习历史数据,给予学习者科学合理的学习分析和评估,从而帮助学习者进行正确的决策,及时调整学习方式,进而促进学习者思维品质的发展、行为能力的提升和创造潜能的激发。② 智力流动会让薄弱学校的每一个学生和每一位教师在优质学校骨干教师的引导和帮助下建立属于自己的个性化学习空间。他们能够在大数据的帮助下,了解自己的学习情况及可能的后果,并及时调整自己的学习策略。

(四) 智力流动的机制构建

智力流动作为信息时代教师流动的特殊形式,不仅需要从理论诠释、基本程序等方面系统推进,更需要从制度设计、机制创新等方面逐步确立。

---

① 王继新:《"互联网+"教学点:新城镇化进程中的义务教育均衡发展实践》,《中国电化教育》2016 年第 1 期。

② 祝智庭:《智慧教育新发展:从翻转课堂到智慧课堂及智慧学习空间》,《开放教育研究》2016 年第 1 期。

1. 建立智力流动的协同机制

教师智力流动虽然不会像教师实体流动那样，涉及编制、岗位等问题，但也需要各方协同完成。本研究认为智力流动应该建立"以县为主，政府主导，学校、企业共同参与"的协同机制，即形成政府投入与企业建设相结合、日常教学与在线服务相融合、智力服务与管理服务相结合的具体运行模式。政府和企业的结合主要是做好硬件建设和维护、软件的使用、网络通信技术等方面的工作，保障网络学习空间能够正常、持续、稳定地运行，保证良好教育信息化环境。日常教学与在线服务相融合包括两方面的内容：一是薄弱学校在综合分析自己学校教育教学实际的基础上提出需要重点帮扶的学科及具体内容的详细方案，优质学校根据薄弱学校所提的方案，结合自己学校的实际，选派薄弱学校所需学科的骨干教师组成教学共同体，在上一学年结束前进入薄弱学校深入了解其所要求帮扶的学科存在的具体问题，然后会同薄弱学校一起形成帮扶的具体方案，在今后教学的过程中，优质学校骨干教师有针对性地解决薄弱学校教师教学和学生学习遇到的问题。二是在网络学习空间中，优质学校的骨干教师通过在线分享教学资源和答疑解难帮助薄弱学校的师生发展和成长。最终实现优质的智力资源在薄弱学校的高度共享和高效流动。智力服务与管理服务相结合是指管理人员将大数据分析得到的薄弱学校师生学习行为状况及时反馈给优质学校的骨干教师，使其能不断调整帮扶内容、改进帮扶策略，增强帮扶的针对性。

2. 制定智力流动的约束机制

约束机制是指为规范参与智力流动教师的行为，便于智力流动有序运行，充分发挥其作用而制定的具有规范性要求。《意见》指出，教师交流的人员范围为义务教育阶段公办学校在编在岗教师。在同一所学校连续任教达到地方教育行政部门规定年限的专任教师均应交流轮岗。也就是说，参与教师交流是国家赋予教师，尤其是优质学校教师的重要责任和光荣使命。从这个意义上讲，我们也应对参与智力流动的教师提出一些基本要求。经优质学校筛选出参与智力流动的教师每人在网络学习空间中有一个虚拟身份。管理人员可以通过管理具有虚拟身份教师的在线教学时间，参与讨论、答疑辅导时间及反馈等，对这些教师进行评价和评估，对反馈好的教师和反馈不好的教师做出快速准确的反应，由管理机构及时通知"流出"教师自己所服务的反馈情况，以便其及时调整和改进服务方式。对于那些师生反馈持续处于优秀状态的教师，管理部门应该在职称评聘、评优选先中优先予以考虑，也可在绩效工资中予以适当的体现；相反，对于那些师生评价持续处于合格线下的教师，管理部门针对具体问题提出改进要求，限期进行整改，如果改正不及时或屡教不改，管理部门应该通知"流出"学校取消"流出"资格，并在职称评聘、评优选先中予以限制。

3. 落实智力流动的激励保障机制

《意见》指出，既要对教师参加交流提出明确要求，又要通过激励保障机制进行政策引导，激发教师参与交流的积极性和主动性。与教师实体交流相比，虽然智力交流相对比较容易，但也要求教师要额外付出许多时间和精力，额外付出就应该得到额外的报酬。因此，为了保障智力流动正常运行与稳步推进，需要在物质奖励、职称评聘和提拔任用等方面建立相应的保障机制，即县级财政部门应该设立教师流动专项资金，通过专项资金为智力流动提供充足稳定的资金支持。及时维护、更新和改善智力信息环境，维持网络学习空间的正常、持续、稳定运转，恰当合理地补贴和奖励参与智力流动的教师、学校、教育管理者，增强他们参与智力流动的主动性和积极性，最大限度地促进民族地区义务教育的均衡发展。

第四节　信息技术支持的民族地区城乡义务教育教师教学共同体建设的路径与机制研究

城乡义务教育一体化是在教育公平的核心价值取向下，打破城乡二元僵局，建设城乡教育共同体，在保持与发挥城乡教育区域性特色与优势的基础上，促进城乡教育互动联结、相互帮扶，逐步实现城乡教育协调发展的动态进程。[①] 教师是城乡义务教育一体化发展的根本保障，也是

---

① 范先佐、战湛：《我国县域城乡义务教育发展存在的问题、原因及对策》，《贵州师范大学学报》（社会科学版）2016年第6期。

促进城乡义务教育一体化发展的切入点。① 充分利用互联网技术和信息化手段的优势，建立城乡教师教学共同体，为城乡教师交流、研讨教学问题提供平台，通过机制创新、智力流动等方式，使城市学校优秀教师能够帮助农村教师提升其教学能力、进而提升农村学校教学质量，是现阶段推进城乡义务教育一体化发展的有效路径。

一 信息技术支持的城乡教师教学共同体构建的必要性

（一）政策要求

从均衡发展到一体化发展

20世纪50年代初期国家确立的"以农补工"政策，促进了中国经济社会的快速发展，却造成了城乡经济社会发展的巨大差距及严重的"城乡二元体制"。21世纪以来，随着和谐社会、科学发展观的贯彻和落实，以教育的地区差异、城乡差异和校际差异为特征的教育公平问题日益引起社会各界的关注。2002年，党的十六大应需提出了"城乡统筹"的城乡发展观。2003年，党的十六届三中全会进一步指出，要"建立有利于逐步改变城乡二元经济结构的体制"。教育界开始从城乡统筹的视角思考教育的城乡关系，规划教育的城乡发展方式。② 2005年，《教育部关于进一步推进义务教育均衡发展的若干意见》正式将"教育均衡发展"上升到国家政策层面。2006年，新修订的《中华人民共和国义务教育法》，六处强调"教育均衡"，标志着"教育均衡"在法律层面得到了确认。2007年，党的十七大首次提出了"城乡一体化"。2008年，党的十七届三中全会系统阐述了"城乡一体化"的内涵。强调"要发挥城市辐射带动优势和城乡之间的关联优势，使城乡资源共享"。2010年颁布的《国家中长期教育改革和发展规划纲要（2010—2020年）》正式提出了"城乡教育一体化"的概念，并要求到2020年基本实现区域内义务教育均衡发展。2012年，教育部印发的《国家教育事业发展规划第十二个五年规划》，提出了"十二五"期间城乡教育一体化实现的具体目标。2012年党的《十

---

① 国务院：《国务院关于统筹推进县域内城乡义务教育一体化改革发展的若干意见》（国发〔2016〕40号）．2016-07-02。

② 《十六大以来重要文献汇编》（上册），中央文献出版社2005年版，第17页。

八大报告》指出，要合理配置教育资源，重点向农村、边远、贫困、民族地区倾斜。2013年党的十八届三中全会通过的《中共中央关于全面深化改革若干重大问题的决定》明确提出，要统筹城乡教育资源均衡配置，构建城乡教育一体化发展的体制机制。2016年，国务院印发的《关于统筹推进县域内城乡义务教育一体化改革发展的若干意见》，从城乡学校建设、师资配置、班级规模、教师待遇、治理体系等方面对推进县域内城乡义务教育一体化改革进行了全面部署。2017年，教育部印发的《义务教育学校管理标准》指出，要对义务教育学校进行统一管理。2018年党的十九大报告明确指出，"推动城乡义务教育一体化发展，高度重视农村义务教育，努力让每个孩子都能享有公平而有质量的教育"。2018年，中共中央、国务院颁布的《关于全面深化新时代教师队伍建设改革的意见》，进一步强调了城乡义务教育学校教师队伍均衡发展问题。

从政策演进和发展来看，城乡教育均衡和城乡教育一体化两个政策术语，体现了国家对城乡义务教育政策认识的深化，蕴含了国家对不同阶段城乡教育发展状况的科学研判和对城乡关系宏观政策的积极回应。城乡教育一体化是对城乡教育均衡概念的丰富、发展和超越，并具有教育目标的城乡共生、教育资源的城乡互动、教育对象的城乡交融等三个方面的政策意蕴。城乡教育一体化不仅提出了城乡教育均衡发展的目标，更重要的是指出了实现目标的新模式和新战略。[①]

（二）现实困境

每个孩子都享有公平而有质量教育的目标仍然在路上

1. 城乡教师分层配置问题依然存在，城乡教学质量差异十分明显

在国家和地方政府一系列政策的引导下，我国城乡义务教育学校在硬件建设方面的差距逐渐缩小。但在学校管理机制、教师专业水平、课程资源建设、课堂教学改革等方面差距仍然很大。教师是造成这些差距的决定性因素。义务教育阶段教师的城乡差距不仅体现在数量上，还体现在质量上，更重要的是体现在农村教师岗位的吸引力上。调查发现，城乡教师数量上的差距虽然正在有序改观，农村教师的数量趋于充足，

[①] 张力：《城乡一体化发展是义务教育均衡发展的更高要求》，《中国教育学刊》2017年第12期。

但学科结构性矛盾突出，部分学科教师严重不足，如新疆、甘肃和四川的藏族地区的汉语教师严重短缺，理科教师、音体美教师数量不足，特别在西北少数民族地区农村初中音乐、美术、信息技术三门学科教师平均每校不足一人。农村教师中学非所教问题比较突出。相对于城乡教师数量的差距来说，城乡教师的质量差距更为严重。从教师的职称结构上看，城市教师高级职称所占比例大，而农村所占比例小。以2016年为例，全国小学高级教师比例城市比农村高3.28百分点，中学高级教师比例城市比农村高8.67个百分点，城市、县镇和农村高级教师的比例呈倒金字塔形分布。城乡教师存在分层配置问题。[①] 有学者从学科知识、一般教学法知识、学科教学知识等方面对省会城市、地级城市、县级城市、乡镇、村校的教师专业水平进行了对比研究。比较与差异性检验表明，各层级教师在教师知识方面存在非常显著的差异，其中学科知识与学科教学知识的差距非常显著，城市教师专业水平明显高于农村教师。[②] 课堂观察进一步印证了城乡教学质量的差距，2018年笔者曾深入甘肃的M县、青海的D县、新疆的F市，对城乡义务教育课堂教学问题进行了调查，整体来说，无论是初中还是小学，县级城市、乡镇、村校的教师课堂教学水平呈明显递减趋势。一些乡镇学校和村小课堂教学中时常会出现知识性的错误，至于教学方法的适切性问题，根本无从谈起。部分学校虽然也引进和利用一些网络教学资源在教学，但大多数教师完全按照教学资源库中提供的演示文稿给学生上课，基本不关注学生已有知识的储备情况和学习能力，课堂教学比较低效。

2. 当前城乡教师专业共同体运行存在许多问题

教师专业共同体建设是各地推进城乡义务教育一体化发展的重要举措，在各地政府的引导下，诸如联片教研、捆绑共进、协同发展、名师工作室等教师专业共同体建设的新模式如雨后春笋般地不断涌现，在一定程度上促进了城乡教师的互动。但实际运行中也暴露出许多问题。第

[①] 中华人民共和国教育部：《中国教育统计年鉴（2016）》，中国统计出版社2017年版，第550—558页。

[②] 张源源：《城乡义务教育教师分层化问题研究》，硕士学位论文，东北师范大学，2011年。

一，城乡教师专业共同体名存实亡，没有发挥其应有的作用。调查发现，许多地区都建立了类似的城乡教师专业共同体，从政策文本到实施意见，从机构设置到责任归属，可以说相当完备。但深入教师群体研究发现，大多数地区，尤其是西北民族地区城乡教师专业共同体基本处在瘫痪状态，没有发挥智力共享的作用。其原因，一方面是这些地区城乡学校相距太远，共同体开展专业活动不方便；另一方面是这些地区教师数量不足，教师没有更多的时间和精力参与专业共同体活动；更主要的原因是没有为城乡教师高效互动建立制度保障，甚至存在"谁优秀谁倒霉"的现象。第二，城乡教师专业共同体异化为城市学校选拔农村教师的有效途径。调查发现，许多地区的城乡教师专业共同体异化为城乡学校选拔农村学校教师的平台。城乡教师专业共同体通常会组织教学技能比赛、同课异构等活动，城市学校的校长一般都会积极参与，通过这些活动一旦发现优秀的、可塑性强的农村教师，就想方设法调进自己的学校。访谈中一位农村校长明确表示："我就不想让我们学校的教师参加什么城乡教师专业共同体活动，参加一次活动就会丢一两个人！"大多数农村学校校长也抱怨道："我们学校就是练兵场，每年迎来一批'新兵'，送走几个'骨干'。"这种反向流动，进一步加剧了城乡义务教育一体化发展的困境。

二 信息技术支持的城乡教师教学共同体的内涵及特征

（一）信息技术支持的城乡教师教学共同体的内涵

什么是共同体？"共同体"（Community）是相对于"社会"而言的一个社会学概念。德国社会学家费迪南·滕尼斯（Ferdinad Tonnies）1887年出版的《共同体与社会》（Community and Society）中将它界定为严格意义上的学术概念。[①] 他认为"共同体"强调人与人之间的紧密关系、共同的精神意识以及个体对共同体的归属感和认同感。滕尼斯之后，德国社会学家马克斯·韦伯（Max Weber）对"共同体"进行了新的阐释，认为在个别场合内、平均状况下或者在纯粹模式里，只要是以社会行为取向为基础，是参与者主观感受到的（感情的或传统的）共同属于

---

① ［德］斐迪南·滕尼斯：《共同体与社会》，商务印书馆1999年版，第9页。

一个整体的感觉的社会关系，就应当称为共同体。后来，"共同体"又衍生出许多新的概念。但无论怎样演化，共同体作为一个社会学概念，首先强调的是参与者的归属感、认同感，以及在彼此理解基础上达成的情感共契与相互关怀。① 鉴于此，我们认为共同体是指拥有共同的历史传统、文化背景或共同信仰、价值目标、规范体系，关系稳定而持久的社会群体。

什么是教学共同体？萨乔万尼将学校视为一个共同体，认为它之所以不同于一般意义上的组织，在于维系它的是责任担当而不是合同。它以价值、情感和信念为核心，培育和创造出一种"我们"的感觉。这个共同体更多地依靠规范、目标、价值、协同自治、社会化，以及天然的相互依赖关系。② 教师群体首先应该是一个共同体，这个群体一方面应该具有迪尔凯姆所说的机械团结的集体意识，另一方面应该具有滕尼斯所强调的集体的归属感和认同感。因此，本研究认为，教学共同体是指教师群体（可以是一个教研组、一个年级、一所学校，可以是同质的几所学校，也可以是异质的几所学校等），基于教学问题、为了教学发展、在教学实践过程中构建起来的专业共同体。构建教学共同体旨在强调和鼓励教师之间彼此的情感关怀与智力共享。

什么是信息技术支持的城乡教师教学共同体？费林（Fellin）认为，一个令人满意的共同体应当是一个"有能力回应广泛成员需要，解决他们问题和困难的共同体"。③ 为什么要建立城乡教师教学共同体呢？目的是通过城乡教师的经验和智力共享，解决农村教师教学中遇到的问题和困难，帮助农村教师提升其教学能力、促进其专业发展，进而提升农村学校教学质量，使每个农村孩子都能享有和城市孩子一样的教育。为什么要利用信息技术来建立城乡教师教学共同体呢？信息技术能够为城乡教学互动提供很多方便，是智力流动必备的条件。它利用网络学习空间，（通过机制的创新、资源的重组、服务的迁移等方式使教师的智力流动起

---

① 李慧凤、蔡旭昶：《"共同体"概念的演变、应用与公民社会》，《学术月刊》2010年第6页。

② Lynch, Sean., *Building Community in Schools*, Community: 8.3 (2004): 299-335.

③ Fellin, Phillip: *The Comunity And the Social Workers*, F. E. Peacock Publishers. 1995, p.70.

来，在虚拟的空间中帮助农村学校的教师发展，既可以解决县域内优质师资不足、优秀实体教师流动困难，又可以最大限度地发挥智力资源的辐射和服务范围。）信息技术支持的城乡教师教学共同体是一个以"互联网+"为基础，运用大数据、云计算等技术组建起来的，以提升农村学校教师专业水平和教学质量为目标，基于教学问题、为了教学发展、在教学实践中构建起来的任务型学习共同体。它通过一定的规则和机制将城乡连接在一起，创建一个传统教育资源与现代数字技术结合的、多层次、全学科的教学资源库和教学交流与对话系统。利用这个系统，城市学校的优秀教师可以为农村学校教师提供精准的教学帮助和资源供给。[①]

（二）信息技术支持的城乡教师教学共同体的特征

第一，它是一个城乡教师专业学习共同体。信息技术支持的城乡教师教学共同体首先应该是一个基于共同目标和兴趣而组织的、旨在通过合作、对话和分享等活动来促进城乡教师专业发展的专业学习共同体。它应该由学习者（即教师）及其助学者（包括教育专家、学校领导、学科教研员、骨干教师等）共同构成。城乡教师经常在学习过程中进行沟通、交流，分享各种学习资源，共同完成一定的学习任务，逐渐形成了相互影响、相互促进的人际联系。它强调城乡教师对共同体的自我认同、自我控制、自我适应和自我发展，强调城乡教师的主体性和能动性，并重视开放性、个体差异性、非平衡性的价值。[②]

第二，它是一个旨在提升农村教学质量的任务型共同体。城乡教师教学共同体是一个在城乡教育一体化发展战略的背景下产生的、试图通过提高农村教师教学能力以提升农村教学质量，让农村孩子能够享有公平而有质量的教育的专业共同体。具体来说，城乡教师教学共同体通过组织教学研讨、共同备课、听课评课、跟踪指导、答疑解惑等活动和方式解决农村教师教学困难、帮助他们改进教学、引导他们研究教学，进而提升他们了解学生、整合资源、调适方法等驾驭教学的能力。促进知识经验与智力资源的共享是这个专业共同体的核心理念和价值追求，当

[①] 安富海：《学习空间支持的智力流动：破解民族地区教师交流困境的有效途径》，《电化教育研究》2017年第9期。

[②] 袁维新：《教师学习共同体的自组织特征与形成机制》，《教育科学》2010年第5期。

然，城市教师通过交流互动也会在这个专业共同体中获得应有的发展。

第三，它是一个需要政策规约和引导的专业共同体。城乡教师教学共同体是为了弥补城乡和校际差距，整体提升农村教学质量，由城市的优秀教师帮助和引导农村教师改进教学，满足农村学生享受优质教育资源需求而建立的专业共同体。因此，与一般的学习共同体相比，城乡教师教学共同体不是一个自愿、自发形成的学习型组织，也不是两个或两个以上的教师群体基于共同目标的自觉行动。虽然这个共同体有共同愿景，但这个共同愿景不是基于成员的个人意愿整合凝聚起来的，核心成员与参与者在学习过程中也不会自发形成相互依赖、主动合作的关系。因此，它需要建立一种使城市优秀的教师愿意帮助农村教师，农村教师也愿意积极参与到学习和交流之中的政策机制，引导不同群体的教师积极参与到共同体之中，不断提升农村师资水平，缩短城乡和校际差距，促进城乡教育一体化发展。

三 信息技术支持的城乡教师教学共同体构建的路径与机制

（一）信息技术支持的城乡教师教学共同体的路径

信息技术支持的城乡教师教学共同体作为一个任务型专业学习共同体，虽然内含学习共同体的一些元素，如雪莉·霍德（Shirley M. Hord）教授提出的共享和支持性领导、共同的价值观和愿景、共同学习和应用、支持性条件、共享的个人实践等路径[①]，但由于信息技术支持的城乡教师教学共同体不是一个基于自愿、自发建立起来的专业学习共同体，所以，它还需要注入一些特殊的元素，才能使其更好地发挥作用。

一是规则与机制。规则是城乡教师教学共同体所有成员必须遵守的条例和章程。机制是构成城乡教师教学共同体各要素之间的结构关系和运行方式。之所以将规则与机制放在首位，是因为对于城乡教师教学共同体而言，规则和机制是最核心的要素。没有一定的规范要求和相应的机制引导，城乡教师教学共同体就会像以往的城乡教师组织一样，要么流于形式，要么走向异化。

---

① ［美］胡弗曼：《学习型学校的文化重构》，贺凤美译，中国轻工业出版社 2006 年版，第 7 页。

二是网络学习空间。网络学习空间是实现"人人皆学、处处能学、时时可学"的基础设施,它具有个性化、开放性、连通性等特征,能够利用多主体间的交流、互动和共享实现数字资源和智力资源的互联互通与互学互鉴。它赋予了学习者以自主自助的学习形式和丰富的学习内容,为学习者自主学习和多元化选择提供了便利。信息技术支持的城乡教师教学共同体的建构就是要充分利用网络学习空间优势,将优质的智力资源和学习资源,通过一定的方式和程序聚合在网络学习空间,为教师,主要是农村教师教学提供智力服务。

三是共同的愿景和价值观。"没有共同愿景就没有学习共同体。"[①] 学习共同体的概念本身就包含了共同的价值观和愿景,它有助于确定和规约成员的行为。发展共同愿景必须基于共同的价值观,价值观是以理性的方式影响共同体成员从可利用的模式、方法和行为目标中作出选择,它渗透在成员的日常行为之中,引导着成员的方向,规约着成员的行为。只有制定出每个成员都认同并能为之自觉行动的共同愿景和价值观,共同体才有可能实现其预期的目标。

四是共同学习与应用。共同学习和应用是指城乡教师通过共同学习和讨论交流,将学习结果用于自己的教育教学活动。城乡教师共同学习与应用首先要帮助教师认识到与他人一起学习的价值。其次要让这种价值能够在自己的教育教学实践中彰显出来。再次要彰显城乡教师之间的社会性交互,通过城乡教师之间的交流对话和人机交互,不仅可以呈现和剖析自己的问题、检验和调适自己的观点,还可以了解和学习他人的观点,进而形成对教育教学的本真认识。

五是开放与合作。城乡教师教学共同体应该是一个开放的学习系统。首先是对外开放。要加强与县域内外的教研队伍、高等师范院校的学科教学研究队伍等专业团队的合作,不断吸纳先进的教学理念和教学方法指导共同的教学活动。其次是对内开放。城乡教师在一定的互惠、信任和合作基础上分享知识和经验。互惠、信任和合作有利于共同体凝聚力的形成。凝聚力和分享意向又会进一步促进个人和组织的开放,把参与

---

① [美]彼得·圣吉:《第五项修炼———学习型组织艺术与实务》,郭进隆译,上海三联书店1998年版,第237页。

者从个人主义者转变为知识共享、责任共担和有社会公益感的共同体成员，促进共同体进一步发展。

六是任务与评价。城乡教师教学共同体是以促进农村教师专业发展、提升农村学校教学质量，促进城乡教育一体化发展，使城乡学生都能享有公平而有质量的教育为目标的任务型共同体。因此，在城乡教师教学共同体建立之初，一定要有明确的帮扶任务、精准的帮扶计划、阶段性的帮扶成果等。除此之外，还需要建立符合教育教学规律的帮扶考评办法。明确的任务要求和科学的评价体系是城乡教师教学共同体达成目标的主要保证。

（二）信息技术支持的城乡教师教学共同体的机制

第一，建立精准帮扶机制，制定帮扶指导规则。在现行的体制机制下，大多数城市学校的优秀教师不愿意付出更多的精力和时间去做原本不属于他们承担的工作。因此，县级政府应建立相应的机制和规则引导城市优秀教师去帮助农村教师发展。首先，应该建立相应的激励保障机制。通过物质奖励照顾、职称评聘倾斜和提拔任用优先等相应的机制，激励和保障那些优秀教师的额外付出得到应有的回报，"不能让英雄既流汗又流泪"。其次，应该建立相应的约束机制。由政府聘请第三方利用动态监测系统监控精准帮扶的整个过程，并将监控发现的问题及改进的建议及时告知监控对象，保证帮扶活动有序优质地进行。最后，制定相应的帮扶指导规则。由县级教育行政部门会同教育理论专家、城市学校和农村学校校长和教师代表，根据本县的城乡教育差距、学校布局、教师和学生数量等具体情况制定本县精准的帮扶指导原则。

第二，树立愿景与价值观，制定帮扶目标。城乡教师教学共同体是在促进城乡教育一体化发展，使城乡适龄儿童都能公平地享有高质量的教育的价值观的引领下建立的。所以，城乡教师教学共同体的愿景就是要通过一定的机制和规则，让城市的优秀教师通过同步课堂、专递课堂、现场指导、在线交流、资源推送、答疑解惑等方式帮助农村教师提升课堂教学质量。因此，城乡教师教学共同体建立之初，必须有一个组织完善、结构合理的机制来确认并告知城乡共同体的全体教师，他们共同期望的愿景和主导的价值观就是通过帮助农村教师提升农村教学质量。然后再利用科学合理评价方法进行前测的基础上，制定每个帮扶团体的具体帮扶的阶段性目标和最终目标。

第三，建立网络学习空间，搭建帮扶平台。城乡教师教学网络学习空间包括资源服务模块、学习与指导过程服务模块、技术支持服务模块和个性化服务模块。资源服务模块应该包含县域内所有优质的教育资源、国家教育平台中适合本地的优质教育资源和其他发达地区优质的教育资源。学习与指导过程服务模块是支持城乡教师教学共同体活动的核心模块，不仅包括城市优秀教师对农村教师教学问题的诊断、课前准备的指导、课堂教学的引导、练习作业的设计、评价方式的建议等，还包括城市优秀教师针对农村教师教学中暴露出的问题，推送相应的教学资源和精准的学习资源等。技术支持服务模块是指保障城乡教师教学顺利交流互动的各种软件、工具等能够正常发挥作用，并不断更新和更换更有利于城乡教师交流互动的软件和工具。个性化服务模块是指学习者个人通过他人指导与自主学习而构建起来的、适合自我学习状态的模块。城乡教学共同体中的每一位教师指导与学习的过程中都可以建立属于自己的个性化学习空间。它不仅能够为指导者和学习者提供个性化的学习支持和服务，还能够通过深入发掘与分析记录的学习者的学习痕迹，为指导者和学习者提高科学合理的分析和评估，从而帮助指导者和学习者及时调整指导和学习策略。

第四，组建教学共同体，开展帮扶活动。城乡教师教学共同体的成员来自不同学校，拥有不同的知识背景和教学文化。因此，建立城乡教学共同体首先要建立良好的沟通和交流渠道，应多方式、多层面加强成员间的相互理解、相互信任，最后结成一种互惠和信任的关系，这样才有可能更好地进行知识分享和智力流动。其次，在城乡学校层面建立教师教学共同体。即由县级教育行政部门主导，按照办学的规模和层次，将一所城市学校、一所乡镇学习、一所教学点的教师组合在一个共同体，通过城市学校优秀教师指导乡镇学校教师、乡镇学校优秀教师指导教学点教师，当然教学点教师也可以直接寻求城市优秀教师的帮助，逐渐形成城市、乡镇、教学点共同探讨和研究教学问题，提升教学质量的专业共同体。建立共同体不是仅仅搭建互动交流的平台，而是要形成共享的主题，共享的学习主题能够产生共同体的向心力，促进共同体的持续发展。对于教师教学共同体来说，共享的主题并不是一两次讨论的话题，而是为农村教师教学改进和城乡教师专业发展提供的一个框架性的纲领。再次，在城乡教师层面建立教师教学共同体。除了教育行政部门按照学校一体化发展要求和规划建立起来的城乡教师教学共同体外，城乡教师个人可以通过私人关系和发展需要自行建立教学共同体，如在县级教学名师、学科带头人等的领衔下建立教学共同体。还可以根据自己在教学和专业发展中遇到的困难，在县域内的教学共同体的网络学习空间中自行寻找适合自己发展的指导教师，组建基于"自觉合作""自觉交流""自觉共享"的微型教学共同体。城乡教师教学共同体所开展的学习活动实质上是一种协同学习，因此，无论是学校层面还是个人层面的教学共同体，都应该在"深度互动，信息汇聚，集体思维，合作建构"的理念指导下开展活动。信息技术支持的城乡教师学习共同体基本活动形式应该是协作学习、协作教研和协同教学。①

第五，构建科学评价体系，引导帮扶活动良性发展。所谓科学评价是指能够反映和遵循自然、社会、思维等特定事物客观规律的评价。构建科学的成效评估体系，就是要在尊重教育教学发展和改进的规律、动态监控的基础上，评价城乡教师教学共同体对农村学校教学质量提升的成效。另外，关于城乡教师教学共同体的评价还应该确立主观与客观相结合的评价原则。在主观评价方面，首先，关注校长、教师的实际需求与感受，以及学生、家长的满意度、认可度等主观指标。其次，要关注专家学者观点和农村学校校长的体会与感受。最后，通过典型经验的总结，基于城乡教育一体化发展的目标，建立较为全面的精准帮扶指标评价体系。在客观评价方面，通过网络学习空间、大数据等技术收集动态的教学共同体的活动数据，客观评价帮扶成效。

城乡义务教育一体化不仅蕴含着教育目标的城乡共生，还蕴含着教育资源的城乡互动。城乡一体化教育资源配置的重点是城市教育对农村教育的反哺，关键是促进城乡教育资源的交流，根本目的是保证城乡学生均等、公平地享受教育资源。强调城市教育对农村教育的反哺，既是对长期以来形成的城乡不同的教育供给方式的政策矫正，也是对当下城

---

① 祝智庭：《协同学习：面向知识时代的学习技术系统框架》，《中国电化教育》2006年第4期。

乡分立的教育资源配置方式的制度纠偏。构建城乡一体化的教育资源配置机制，不仅要继续落实好国家关于校长教师交流等城市教师支援农村教育的政策措施，还要根据各地实际，充分利用信息技术，用智力流动的方式解决农村师资数量不足、质量不高的问题，努力使农村孩子能够享有公平而有质量的教育。

第七章

教育信息化促进民族地区城乡义务教育学校数字化课程资源共享的问题及对策研究

当前，我国实现教育现代化进入了"倒计时"阶段，面对日益艰巨的发展任务，急需民族教育后发赶超，缩小差距，实现与全国同步发展的水平。党的十九大以来，党和国家高度重视民族教育发展，全面部署新时期的民族教育工作，发布了一系列促进民族教育发展的重大政策举措。然而，从当前民族教育发展的现状和诸多关于民族教育的研究成果来看，民族地区义务教育发展还存在许多不均衡的问题，主要表现在师资和课程资源两个方面。数字化教育资源共享是实现城乡义务教育一体化发展、促进教育公平的重要途径。进入 21 世纪以后，我国涌现出许多关于城乡义务教育数字化教育资源共享研究的理论成果，许多地区也开展了大量的实践探索，但这些实践探索都是根据当地的实际而进行的，只能借鉴，不能直接移植到民族地区的数字化教育资源建设中来。本研究以新疆 F 市城乡义务学校为对象，通过对其数字化教育资源共享现状的调查，了解其城乡义务学校数字化教育资源共享存在的问题，在借鉴其地区义务教育学校数字化教育资源共享经验的基础上，结合民族地区的实际，探索适合民族地区特殊性的数字化教育资源共享路径与机制。

如前所述，课程资源是影响民族地区城乡义务教育一体化发展的重要因素之一。许多农村学校由于师资力量薄弱没有能力建设自己的课程资源，甚至有些农村学校的校长和教师还没有认识到课程资源开发和运用对于提升教学质量和促进学生学习的重要性。鉴于此，我们认为应该充分利用教育信息化的优势，打破体制机制的限制，引进和建设优质课程资源，使民族地区城乡教师都能运用优质课程资源进行教育教学，进而使每个学生都能够享有公平而有质量的教育。

第一节　研究设计

一　研究思路与研究方法

（一）研究思路

第一，确定研究问题。通过现实考察和文献研究确定本研究的研究问题。

第二，完成调研的准备工作。明确调研目的，制订调研计划。编写教师和学生问卷，制定教育行政部门、校长和教师的访谈提纲，课堂观察量表和学校基本情况表，并进行进一步的测试和修改。

第三步，深入新疆维吾尔自治区 F 市实施调查。发放和回收教师和学生问卷和学校接班情况表；对教师、校长等相关人员进行访谈；对相关教师的课堂教学进行观察。

第四，分析调查资料。对调查获得的数据、访谈资料、观察资料和政策文本进行定性和定量分析。

第五，针对调查得到的问题，结合民族地区特殊性，在一定的政策和理论的指导下提出适合民族地区数字化课程资源共享的有效路径。

（二）研究对象

新疆维吾尔自治区 F 市位于新疆维吾尔自治区中北部。本研究以新疆维吾尔自治区 F 市为调查研究场域，包括四所学校和当地教育局。学校主要包括两所小学和两所中心校，其中市直属学校一所，乡镇小学三所。发放教师问卷 220 份，回收 215 份，回收率 97.7%，学生问卷 300 份，回收 277 份，回收率 92.3%。访谈各民族教师 10 名，校长 6 名，教育行政部门人员 5 名。观察课堂 10 节。

（三）研究方法

1. 文献研究法

本研究采用文献法主要做了两方面的研究：一是借助互联网、中国知网、书籍及其他媒介查找与本研究主题相关的国内外文献资料，通过文献资料的梳理和分析，明确本研究问题的发展现状，总结当前研究的经验与不足。二是通过对城乡教育一体化相关文献的研究，了解城乡教育一体化政策研究的演进过程及存在的问题。

2. 调查研究法

调查研究法包括问卷调查法和访谈法。问卷调查法是研究者根据研究需要有针对性地对研究对象进行调查的一种方式，通常以书面问卷为主。本研究主要采用书面问卷的形式对新疆维吾尔自治区F市部分教师和学生进行调研，问卷由开放性问题、封闭性问题以及半开放半封闭问题组成，旨在全面了解民族地区硬件和网络建设现状、数字化课程资源共享现状、师生对课程资源的获取与使用现状、师生对现有资源的满意度以及影响教师使用课程资源的因素和课程资源不能有效共享的原因等方面的问题。访谈法是研究者依据访谈提纲采用问答方式就本研究所涉及的问题进行调查的一种研究方法。本次调查设计了针对校长、教师、教研员、教育行政部门教师管理人员及学生的访谈提纲，旨在从不同的层面了解民族地区数字化课程资源共享现实、使用与获取现状、教师参与网络平台的意愿以及他们对资源共享的需求与建议（问卷和访谈提纲见附录五）。

3. 观察法

观察法是研究者根据需要有针对性地对某一过程或具体对象进行观察的方法。本研究从教师和学生两个角度进行了观察。在观察中突出对以下几个方面的关注：（1）教师在哪种多媒体教学环境中进行教学活动；（2）教师是否使用信息化教学手段；（3）教师是否使用数字化课程资源；（4）教师使用何种数字化课程资源；（5）教师对数字化课程资源的使用程度和效果如何；（6）学生对数字化学习资源的态度及运用情况。

二 问卷编制及信效度检测

调查问卷有三类题目，第一类题目为单选或多选，第二类题目根据李克特量表的五级原理设定选项，第三类题目为开放性问题。问卷的编制维度主要是围绕数字化课程资源共享的整体情况设计的，包括教师的基本情况，硬件设施建设和使用情况、数字化课程资源共享情况、获取和使用情况、教师对资源的需求情况、影响城乡资源共享的因素等几个方面。本研究主要采用了SPSS19.0对问卷数据进行了整理、数据处理和分析。

问卷的信度反映的是问卷内部的一致性和稳定性，即量表能否测量出各维度的特征程度。Cronbach's Alpha（以下简称Cronbach's α）取值在0—1之间，α系数越高，信度越高，问卷的内部一致性越好。低信度：α<0.35，中信度：0.35<α<0.70，高信度：0.70<α。本研究的教师问卷和学生问卷信度分析结果如表7—1、表7—2所示，教师问卷可靠性分析得出Cronbach's α值为0.856，学生问卷可靠性分析得出Cronbach's α值为0.800，均介于0.8—0.9，说明本研究的教师问卷和学生问卷可靠性和稳定性较强。

表7—1　　　　　　　　教师问卷可靠性统计量

Cronbach's Alpha	N
0.856	9

表7—2　　　　　　　　学生问卷可靠性统计量

Cronbach's Alpha	N
0.800	9

效度，即有效性，它是指测量工具或手段能够准确测出所需测量的事物的程度。测量结果与要考察的内容越吻合，则效度越高；反之，则效度越低。一般情况下，KMO>0.9非常适合因子分析；0.8<KMO<0.9适合，0.7以上尚可。Bartlett<0.05认为该问卷效度具有良好的结构。本研究的教师问卷和学生问卷的效度分析结果如表7—3、表7—4所示，教师问卷KMO值为0.843，Bartlett小于0.05，学生问卷KMO值为0.730，Bartlett小于0.05，说明教师问卷和学生问卷均适合做因子分析并且具有良好的结构，通过效度检验。

表7—3　　　　　　教师问卷 KMO 和 Bartlett 的检验

取样足够度的 Kaiser – Meyer – Olkin 度量		0.843
Bartlett 的球形度检验	近似卡方	1076.226
	df	36
	Sig	0.000

表7—4　　　　　　学生问卷 KMO 和 Bartlett 的检验

取样足够度的 Kaiser – Meyer – Olkin 度量		0.730
Bartlett 的球形度检验	近似卡方	630.969
	df	28
	Sig	0.000

三　数据收集与分析

（一）统计描述分析

统计描述分析是进行其他统计分析的基础，通过各种统计图表和数字特征量对样本乃至总体特征进行较为准确地把握。本研究将通过统计描述分析民族地区城乡义务教育数字化课程资源共享程度、教师获取数字化课程资源的途径、数字化课程资源使用情况、制约教师运用数字化课程资源的因素、师生对数字化课程资源的需求等数据。

（二）相关性分析

相关性分析旨在衡量变量之间线性相关程度的强弱，重点研究两个变量之间线性关系的强度和方向，两变量均为结果变量，不分主次。本研究分析实现数字化课程资源的硬件资源环境与数字化课程资源共享情况的相关性、教师获取数字化课程资源的途径与数字化课程资源使用情况的相关性、数字化课程资源的建设情况与教师对现有课程资源的满意度之间的相关性等，通过了解各因素之间的相关性，分析数字化课程资源共享不理想的原因，为改进数字化课程资源共享路径提供科学依据。

（三）独立样本 t 检验

独立样本 t 检验是对两个相对独立的样本总体，推断两个总体的均值是否存在显著性差异。本研究分析城乡学校教师对数字化课程资源共享的认识、对数字化课程资源获取方式、获取数字化课程资源的困难、教师访问网络平台时间等方面是否具有较大的差异性。通过对城乡教师以上维度的样本进行 t 检验，确定城乡教师在数字化课程资源共享过程中存在哪些方面的差异性，为改进城乡数字化课程资源共享提供新的思路。

第二节 民族地区城乡义务教育学校数字化课程资源共享的现状

一 信息化硬件设施和网络建设现状

学校信息化硬件设施和网络建设是保证民族地区城乡义务教育学校优质资源顺利共享的前提。本研究对新疆维吾尔自治区 F 市四所学校信息化硬件建设情况和网络建设情况进行了调查。通过对数据统计分析发现，这四所学校信息化硬件设施均能够达到国家标准和满足师生教学和学习需求，均接入了宽带网络和建设了多媒体教室等信息化教学环境，城乡学校的信息化硬件设施建设基本均衡，但城区学校网络建设情况明显优于农村学校。具体情况详见表7—5 和表7—6。

表7—5　　　　　城乡学校硬件设施建设具体情况

学校		城区学校	农村学校		
		F市W小	J中心校	Z中心校	S小学
硬件设施建设	多媒体教室（个）	23	36	46	36
	录播教室（个）	1	1	1	1
	计算机（联网）（台）	127	267	229	225
	卫星接收设备	1	1	1	1
	扫描仪（个）	5	5	2	3
	打印机（个）	5	20	8	12
	复印机（个）	2	6	4	5
	科学实验室（个）	2	4	2	3
	学科功能教室（个）	6	6	6	5

表7—6　　　　　　　城乡学校网络宽带建设整体情况

学校		是否接入网络宽带	是否能正常浏览相关网站	是否能正常下载资源
城区学校	F市W小	是	是	是
农村学校	J中心校	是	是	否
	Z中心校	是	是	否
	S小学	是	是	否

F市J中心校校长告诉我们，他们学校教师机每人一台，每个教室都配有多媒体一体机，还配有电子实验室等多功能教室，在2016年建立了录播教室。网速和市里的学校相比稍微慢一点，操场设施建设不完全。F市W小学某数学教师也谈到，学校基本每个教室都配备多媒体一体机，每个老师都有工作机，宽带网络比较畅通，学校内都可以用网线连宽带。访谈进一步印证了调查的结果。在F市，无论城区学校还是农村学校都已经实现宽带网络校校通，学校的多媒体教室、录播教室等信息化教学环境建设也相对完整，能够达到国家标准，满足教师教学和学生学习的需求。但城乡学校网络建设方面还存在一些差距，特别是农村学校的网络宽带明显落后于城市学校。

二　城乡数字化课程资源共享现状

数字化课程资源的共享是数字化课程资源建设的最终目的，也是促进城乡义务教育一体化发展的重要手段。数字化课程资源的共享程度对城乡义务教育一体化发展有重要影响，数字化课程资源共享现状主要包括城乡学校数字化课程资源共享现状、教师对数字化课程资源共享现状和教师参与网络平台共享课程资源的时间与意愿三个方面。

（一）城乡学校数字化课程资源共享现状

城乡学校共享数字化课程资源是城乡教育资源共享的重要途径。在城乡课程资源共享方面，新疆维吾尔自治区F市主要采用"捆绑联盟共进"模式，该模式也是县域内城乡学校之间共享优质资源的主要方式，是实现县域义务教育一体化发展的重要手段。调查发现，市级平台和极少数优质学校已建设了相应的优质资源库，但各区域之间、城乡之间数字化课程资源的共享、校际资源共享情况不尽人意。网速慢、学校媒体设备闲置、教师的精力和能力不足等现状都会使数字化课程资源的应用和共享出现障碍。访谈中,F 市教研室主任也告诉我们,现在全市用的还是自治区建的平台,还有极少数城区优质学校有自己的资源库,但是城乡现在没有共建的资源,共享基本没有发生,教师也没有时间和能力去做这件事情。

(二) 教师数字化课程资源共享现状

1. 教师对共享数字化课程资源的认识

如表 7—7 所示,经独立样本 t 检验可以看出:城区学校教师对共享数字化课程资源认识的总平均值 M = 3.7222,标准差 SD = 0.77318;农村学校教师对共享数字化课程资源认识的总平均值 M = 3.7522,标准差 SD = 0.77525;通过对城乡教师共享数字化课程资源认识总体进行 T 检验,结果为 T = -0.255,P = 0.0799 > 0.05,由此可知,城乡教师对共享数字化课程资源认识平均得分和离散程度大致相同,并且 P 值远大于 0.05,说明城乡教师对数字化课程资源共享的认识不存在差异。

表 7—7　　　城乡教师对共享课程资源认识差异性 t 检验

维度	城市中小学		农村中小学		T 值	P 值
	均值	标准差	均值	标准差		
愿意将自己的课程资源共享给其他教师	3.7222	0.77318	3.7522	0.77525	-0.255	0.0799

从教师个人对于课程资源共享的认识上来看,城乡教师在认识上存在一定差异。如表 7-8 所示,城乡教师不确定自己是否共享了课程资源的比例分别是 43.1% 和 32.9%。访谈同样发现,大多数教师将自己制作资源能力等同于制作 PPT 能力,这进一步表明大部分城乡教师对课程资源共享的理解不准确。

表 7—8　　　　　城乡教师对共享课程资源的认识　　　　　(%)

愿意将自己的优质教育资源共享给其他教师	城区学校	农村学校
完全不同意	0	0
不同意	1.4	1.4

续表

愿意将自己的优质教育资源共享给其他教师	城区学校	农村学校
不确定	43.1	32.9
同意	37.5	46.9
完全同意	18.0	18.8

2. 教师间共享数字化课程资源现状

城乡教师之间共享数字化课程资源的现象基本停留在私人关系方面。（教育行政人员认为，城区学校教师在硬件应用上比农村教师好些，尤其农村学校的设备维护也跟不上，以至于很多硬件渐渐变为摆设。部分教师直接下载使用网上的课件，没有根据学生实际情况进行再加工。）教师间的数字化资源共享主要是农村学校教师观看城区学校教师的教学视频，仅此而已。农村学校教师认为，教师之间共享课程资源主要表现在私人层面，我和 W 学校几位老师是大学同学，所以我经常会向他们寻求课程资源的帮助，他们也会积极支持我。至于和城区学校其他老师之间共享课程资源，好像很少。总体来说，教师们愿意将自己拥有的数字化课程资源共享给其他教师。但教师间课程资源共享更多的还是局限于县域内的教研活动或者校本教研活动，有个别县或者学校建立了名师工作室的微信公众号，但优质资源数量、传播范围非常有限。

（三）教师参与网络平台共享课程资源的时间和意愿

如图 7—1 所示，每天访问网络学习平台 1—2 小时的城乡教师占 70%。如表 7—9 所示，城乡教师在教育网站上经常做的事情是搜索和下载资源用于教学（81.4%）和观摩优质课程（82.3%），这说明大部分教师都会借助网络平台进行学习。

如表 7—10 所示，经独立样本 t 检验发现：城区学校教师访问网络平台时间总平均值 $M = 2.0556$，标准差 $SD = 0.47140$；农村学校教师总平均值 $M = 2.0885$，标准差 $SD = 0.41411$；对城乡教师访问网络平台时间总体进行 T 检验，结果为 $T = -0.346$，$P = 0.730 > 0.05$，P 值远大于 0.05，说明城乡教师在访问网络平台的时间方面不存在差异。

■3小时以上 ■2—3小时 ■1—2小时 ■1小时以下 ■几乎没有

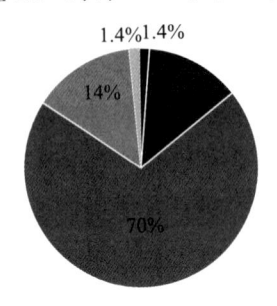

图7—1　每天访问网络学习平台时间

表7—9　　　　　教育网站与平台中最经常做（多选）　　　　　（%）

	城市中小学	农村中小学	城乡教师
搜索和下载教学资源用于教学	84.7	79.7	81.4
上传教学资源	19.4	29.4	26
观摩优质课程	87.5	79.7	82.3
论坛发帖与跟帖	6.9	1.4	3.3
其他	1.4	3.5	2.8

表7—10　　　　城乡教师访问网络平台时间差异性t检验

维度	城市中小学		农村中小学		T值	P值
	均值	标准差	均值	标准差		
每天访问网络学习平台的时间	2.0556	0.47140	2.0885	0.41411	-0.346	0.730

访谈中，许多教师告诉我们，他们非常希望有机会能够通过网络平台与其他地区老师交流学习，在获取优质资源的同时提升自己的专业能力。调查发现，城乡教师都很乐意与发达地区或其他民族地区教师通过网络平台进行同伴间的互助学习活动，也普遍认同网络平台的互助学习可以促进自身的进步和成长。

（四）教师对数字化课程资源获取的途径和使用现状

1. 教师获取数字化课程资源的途径

如表7—11所示，城乡教师当前使用的课程资源主要是自己开发和加工的资源，分别占62.2%和69.4%。利用校本资源的比例分别为51.4%和52.2%。以上两个方面，城乡教师没有太大差异。然而在网络资源的运用方面，城乡教师存在一定差异。

表7—11　　　　　　教师使用的课程资源来源途径　　　　　　（%）

	城区学校	农村学校
校本资源	51.4	52.2
自己加工的资源	62.2	69.4
网上直接下载的资源	31.9	15.7
网上获取资源再加工	88.9	27.6

如表7—12所示，经过独立样本t检验可以看出：城区学校教师获取课程资源总平均值M=0.7133，标准差SD=0.4048；农村学校教师获取课程资源总平均值M=0.5132，标准差SD=0.4718；对城区和农村教师获取课程资源进行T检验，结果为T=2.065，P=0.036<0.05，P值小于0.05，说明城乡教师在获取课程资源方面整体上存在差异。具体从各级维度来看，城区学校教师在各级维度上的平均得分均高于农村中小学教师，但在校本资源和自己制作的资源两个维度上，P值远大于0.01，说明在校本资源和自己制作的资源两个维度上，城乡教师无差异；网上直接下载的资源P=0.001<0.01，网上获取资源再加工P=0.009<0.01，城乡教师网上直接下载的资源和网上获取资源再加工两方面均存在较为显著差异。这说明城区学校教师更善于通过网络的渠道获取数字化课程资源，并且会在获取资源后根据教学对象和课堂情况进行再加工，而农村学校教师通过网络获取资源相对比较少，再加工的能力相对弱于城区学校教师。

表7—12　　　　　城乡教师获取课程资源差异性t检验

维度	城市中小学		农村中小学		T值	P值
	均值	标准差	均值	标准差		
校本资源	0.5139	0.50331	0.3717	0.48541	1.900	0.059
自己制作的资源	0.7222	0.45105	0.5929	0.49348	1.832	0.069

续表

维度	城市中小学 均值	城市中小学 标准差	农村中小学 均值	农村中小学 标准差	T值	P值
网上直接下载的资源	0.7389	0.34826	0.3363	0.47454	2.055	0.001
网上获取资源再加工	0.8889	0.31648	0.7522	0.43365	2.473	0.009

t检验还表明，城乡教师在直接下载资源方面也存在差异。访谈发现，大多数农村学校教师不上网查找资源的原因是找不到相应下载资源的渠道和自己需要的优质资源。

2. 教师对数字化课程资源使用现状

如图7—2所示，F市城乡教师将课程资源应用于课堂的频率和效果并不乐观，而且城乡差异较大。通过学生问卷分析发现，城区学校教师对课程资源的应用能力和熟练程度均明显优于农村学校教师。53.1%的城区学校教师能够经常在课堂上引用课程资源开展教学，辅助自己完成教学任务。仅有19.84%的农村学校教师能够做到这点，更多的教师还只是偶尔应用数字化课程资源，也就是说，农村学校教师还是不能熟练、合理地使用课程资源开展教学。总体来说，调研所涉及的农村学校大多数教师不善于合理利用已有的数字化课程资源。

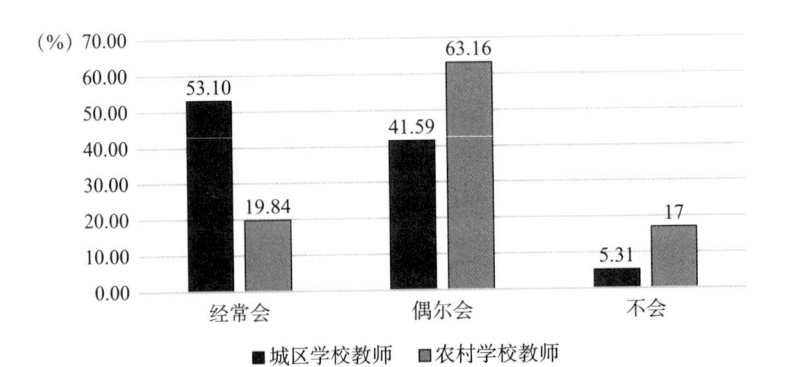

图7—2 教师对数字化课程资源的使用情况

通过对设备管理员和部分教师的访谈我们发现，教师获取和使用数字化课程资源过程中存在许多问题。（教研室主任认为："城区学校的教师无论是多媒体设备使用上还是资源应用上都比农村教师好些，尤其农村学校的设备维护也跟不上，大部分设备和资源只是在任务下达期间进行一次性的建设，没有进行后期的整合与维护，以至于很多设备渐渐变为摆设。部分教师直接下载使用网上的课件，没有根据学生实际情况进行再加工），教师过分依赖课件，教师之间偶尔会相互借鉴。"教师们认为："大多数教师能够下载和使用网络资源，例如使用课件和观看课堂实录的视频，大多数老教师缺少制作资源的能力。"从数据和访谈中我们发现，F市信息化设施和数字化课程资源大多数是一次性建设，信息化设施后期的维护与管理不善给教师们正常使用带来许多不便，课程资源更新不及时与整合不充分影响了数字化课程资源的使用效率。

（五）教师对数字化课程资源的满意情况

1. 教师对现有的数字化课程资源的总体满意度

教师对现有数字化课程资源满意程度会直接影响共享的质量。研究对师生关于数字化课程资源的总体满意度进行了测量，问卷采用李克特量表五级维度的形式。结果如表7—13所示，可以看到，从城乡教师满意度差异性角度分析，教师整体对所建数字化课程资源满意度为3.0023，接近不满意，说明现有课程资源的建设不能很好地满足师生日常的教学和学习需求，城区学校教师的满意度略高于农村教师。访谈也发现，当前数字化课程资源建设中存在重复建设、无序建设、优质可用课程资源匮乏并存的现象。这些现象是造成教师对现有课程资源不满意的主要原因。

表7—13　　　　　教师对现有的数字化课程资源的满意情况

	城区学校教师	农村学校教师	城乡教师
数字化课程资源满意度	3.1151	2.8835	3.0023

2. 教师对所获取数字化课程资源特性的满意度

本研究在调查了师生对数字化课程资源的总体态度之后，进一步了解了他们对现有数字化课程资源特性的满意情况。统计结果从图7—3的雷达图和表7—14中可以看到，从城乡教师对数字化课程资源满意度差异性角度分析，城乡教师对数字化课程资源特性满意度的差异虽然不大，但整体上城区学校教师的满意度都明显高于农村教师。从城乡教师对数字化课程资源各个特性的满意度来看，大多数教师"在内容上能客观准确反映教学知识及其属性，便于教师组织教学"方面较为满意，均值达到4.0265；但"能对教学起到较好的帮助作用""能适应大部分教学情境，便于教师结合具体知识点再加工和改造""种类丰富、数量众多、能够覆盖所教学科"等方面处于不确定状态，均值在3—4；在资源的及时更新、维护和管理方面的均值在2.9905，满意度较差。

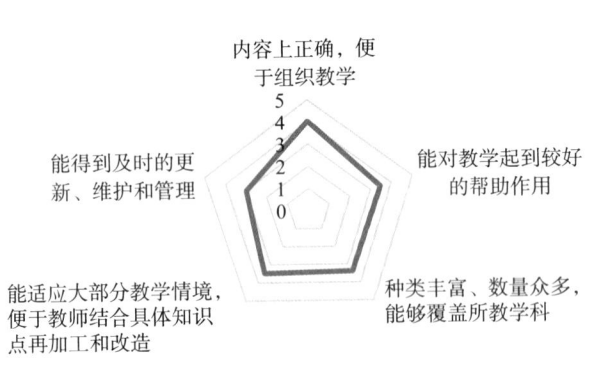

图7—3　教师对所建数字化课程资源特性的满意情况

表7—14　　　　　教师对所建数字化课程资源特性的满意度

课程资源特性满意度	城区学校教师	农村学校教师	平均值
在内容上能客观准确反映教学知识及其属性，便于教师组织教学	4.0972	3.9558	4.0265
能对教学起到较好的帮助作用	3.5000	3.4389	3.4695
种类丰富、数量众多，能够覆盖所教学科	3.5556	3.2035	3.3796
能适应大部分教学情境，便于教师结合具体知识点再加工和改造	3.5722	3.3778	3.4750
能得到及时的更新、维护和管理	3.0972	2.8837	2.9905

根据相关关系密切程度和相关方向的统计指标。$r>0$ 表示正相关，$r<0$ 表示负相关，$|r|>0.95$ 表示存在显著性相关，$|r|\geqslant 0.8$ 表示高度相关，$0.5\leqslant |r|<0.8$ 表示中度相关，$0.3\leqslant |r|<0.5$ 表示低度相关，$|r|<0.3$ 表示关系极弱，$r=0$ 表示无显性相关，其中 Sig 系数 <

0.05表示两者之间无显著差异。如表7—15所示,教师对数字化课程资源特性的满意情况均在0.01水平上显著相关。其中资源"在内容上正确,便于教师组织教学"与"资源种类丰富、数量众多,能够覆盖所教学科"的r=0.869,大于0.8,所以表示高度相关;资源"在内容上正确,便于教师组织教学""对教学起到较好的帮助作用"与"能适应大部分教学情境,便于教师结合具体知识点再加工和改造""资源得到及时的更新和维护"的r值分别为0.516、0.556和0.609、0.628,介于0.5—0.8,表示中度相关;资源对教学起到较好的帮助作用与资源种类丰富、数量众多,能够覆盖所教学科的r=0.472,介于0.3—0.5,表示低度相关。

表7—15　　　　对所建数字化课程资源特性的相关性分析

		能适应大部分教学情境,便于教师结合具体知识点再加工和改造	种类丰富、数量众多,能够覆盖所教学科	资料得到及时的更新和维护
在内容上正确,便于教师组织教学	Pearson相关性	0.516**	0.869**	0.556**
	显著性(双侧)	0.000	0.000	0.000
	N	215	215	215
对教学起到较好的帮助作用	Pearson相关性	0.609**	0.472**	0.628**
	显著性(双侧)	0.000	0.000	0.000
	N	215	215	215

注:** 在0.01水平(双侧)上显著相关。

以上数据分析中发现,数字化课程资源是否种类丰富、学科全面,是否适用于自己的课堂,是否方便再加工、及时更新、方便管理是教师对数字化课程资源关注的重点,它们之间具有较强的相关性。F市W小学一位数学教师认为,"现有的多媒体资源多数只是数量上的堆积,在内容、形式上都与民族地区教学情况有一定差距,资源比较粗糙,缺乏可用性。希望今后能有更多更优质的多媒体资源包,这样方便我们老师更好地获取,可以服务于课堂教学。另外,希望在资源开发上要考虑资源是否方便再加工和整合"。从访谈中我们也可以看出,获取途径复杂、不便于二次加工、费用昂贵是阻碍教师使用数字课程资源的重要因素。所以，对于教师来说，资源优质丰富、获取便捷快速、费用低是他们选择数字课程资源的核心要素。因此，建设优质、丰富、便捷、免费的资源库是促进城乡教育一体化发展、提升民族地区教育质量的有效途径。

（六）制约数字化课程资源共享的因素

1. 制约城乡学校数字化课程资源共享的因素

如图7—4所示，资源分类不合理，难以在众多资源中及时找到自己最需要的资源（88%）和没有形成适合地方教学的资源库（67%）是制约教师参与资源共享最主要的两个因素，这表明当地政府对民族地区课程资源建设和共享的重视程度不够，没有充分考虑到民族地区的特殊性，对特色资源库建设的关注不够。选择没有有效引进优质课程资源的教师占比例60%，说明当地没有积极引进外部资源。对图书馆文献资料的建设可利用性低，学科资源建设的不全面，覆盖面小也是制约教师参与资源共享的原因之一；相关制度保障不健全、没有专门的协调管理机构，资源的统筹协调工作和资金落实不到位制约着共享活动开展的质量。

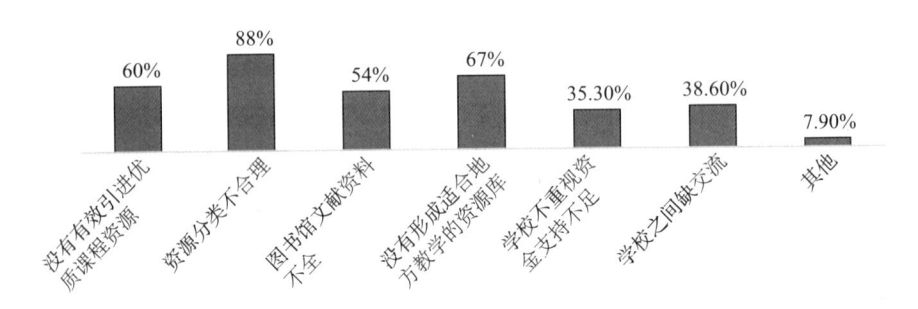

图7—4 城乡学校不能共享课程资源的主要原因

关于制约城乡学校共享数字化课程资源的相关性分析发现，如表7—16所示，相关性均在0.01水平上显著相关。其中学校不重视、资金支持不到位与没有有效引进优质课程资源、资源分类不合理、资源覆盖面小、没有建成地方特色资源库的r值分别为0.385、0.308、0.449、0.354，介于0.3—0.5，表示低度相关；学校之间缺乏交流与没有有效引进优质课程资源、资源分类不合理、资源覆盖面小、没有建成地方特色资源库的 r 值分别为 0.374、0.359、0.311、0.333，介于 0.3—0.5，表示低度相关。说明学校对资源共享的重视程度和学校间交流程度都是课程资源能否有效共享的重要因素。

表 7—16　制约教师参与课程资源共享主要因素的相关性分析

		没有有效引进优质课程资源	资源分类不合理	资源覆盖面小	没有建成地方特色资源库
学校不重视、资金不支持	Pearson 相关性	0.385**	0.308**	0.449**	0.354**
	显著性（双侧）	0.000	0.000	0.000	0.000
	N	215	215	215	215
学校之间缺乏交流	Pearson 相关性	0.374**	0.359**	0.311**	0.333**
	显著性（双侧）	0.000	0.000	0.000	0.000
	N	215	215	215	215

注：** 在 0.01 水平（双侧）上显著相关。

访谈中 F 市 J 校校长谈到，现在对于数字化课程资源的共享共建还谈不上，也顾及不到，因为课开好开齐都会比较艰难，最主要原因就是教师数量严重不足，还存在结构性缺编的问题，所以说这点是目前急需解决的主要问题，也是影响教师参与共享和共建的主要因素。F 市 W 校教师们也认为，教师事务性工作量太大，没有充足的时间和精力加入到网络学习，还有很多教师并没有足够的信息化能力去开发和建设网络资源，所以共享困难比较大。

研究发现，制约民族地区教师参与优质课程资源建设和共享的因素是多方面的。教师数量严重不足，学科结构不平衡，教师教学能力偏低、教师事务性活动多等问题严重影响教师参与优质课程资源建设和共享。

2. 影响教师运用数字化课程资源开展教学的因素

如表 7—17 所示，经过独立样本 t 检验我们发现，城区学校教师获取数字课程资源的主要困难总平均值 M＝0.5105，标准差 SD＝0.4308；农村学校教师获取数字课程资源的主要困难总平均值 M＝0.5122，标准差 SD＝0.4443；对城区和农村教师获取数字课程资源的主要困难总体进行 T 检验，结果为 T＝2.262，P＝0.262＞0.05，P 值远大于 0.05，说明城乡教师在获取数字课程资源的主要困难方面整体上不存在差异。具体从各级维度来看，P值均远大于0.05，说明城乡教师在获取数字课程资源的主要困难的各个要素上均不存在差异。

表7—17　城乡教师获取数字课程资源的主要困难差异性t检验

维度	城区学校教师		农村学校教师		T值	P值
	均值	标准差	均值	标准差		
资源获取下载等技能	0.8056	0.39855	0.8053	0.39773	0.004	0.997
硬件设备陈旧老化	0.4028	0.49390	0.5133	0.50205	−10.474	0.142
缺乏足够的支持数字化教学的软件	0.5833	0.49647	0.5398	0.50063	0.578	0.564
获取资源时间太长，增加教师备课负担	0.6944	0.46387	0.6549	0.47753	0.556	0.579
缺乏足够的本专业优质共享资源	0.6944	0.46387	0.6637	0.47454	0.433	0.665
学校缺乏相应的鼓励和推动措施	0.4602	0.50039	0.44440	0.50063	0.208	0.835
校园网速慢	0.4159	0.46387	0.3056	0.49508	10.537	0.126
其他	0.0278	0.16549	0.0442	0.20656	−0.570	0.569

如图7—5所示，城乡教师普遍认为自己的信息技术技能是制约数字化课程资源运用的主要原因，比例为77.2%，并表示需要接受相关的培训来提高自己的信息技术水平及对课程资源的运用能力；而获取资源时间太长和缺少本专业优质课程资源分别占64.7%和63.7%。多数教师反映，现有课程资源在内容、资源呈现方式、及时更新等方面都不能很好地满足师生的教学与学习需求。分析发现，在课程资源的运用中，学校重视程度不高、宣传力度不大，缺乏相应的激励措施引导教师积极参与、教师的资源共享意识不强、校园网速慢、硬件设备陈旧老化等因素均造成了现有教育资源质量不高、不全，无法满足教学需求，也影响了课程资源的共享和教师利用课程资源教学的积极性。

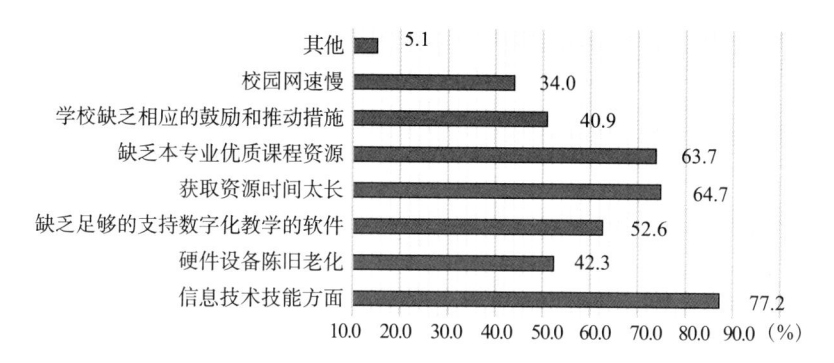

图 7—5 教师获取数字化课程资源的困难情况

类别	百分比(%)
其他	5.1
校园网速慢	34.0
学校缺乏相应的鼓励和推动措施	40.9
缺乏本专业优质课程资源	63.7
获取资源时间太长	64.7
缺乏足够的支持数字化教学的软件	52.6
硬件设备陈旧老化	42.3
信息技术技能方面	77.2

由此可见，影响教师运用数字课程资源开展教学的因素是多方面的，在访谈时我们进一步发现，对于新疆维吾尔自治区 F 市的现状而言，由于国家通用语言文字教师数量严重不足，再加上原本音体美、信息技术和理科教师数量不足，就会导致教师数量和结构在原有问题的基础上"雪上加霜"，导致教师无心也无力提升自身的信息技术运用能力、城乡之间不能进行有效的资源共享共建、城区学校没有足够的教师来帮助乡村。

（七）教师对数字化课程资源需求现状

1. 师生对数字化课程资源类型的需求情况

根据 CELTS-31 标准，数字化教育资源可以分为多媒体素材，教学课件、试题、试题库、案例等学科资源，图书馆文献资料，网络课程资源，学习工具等软件资源，教学管理信息资源以及校内优秀实训、实操、实验录像视频。师生对数字化课程资源类型的需求情况如表 7—18 所示。首先，城乡教师均对教学课件、试题、试题库、案例等学科资源、多媒体素材和网络课程资源的需求量较大，意味着无论是数量还是质量上都应在这两种类型的资源共享上多下功夫。其次，教师对图书馆文献资料的需求还比较强烈，虽然民族地区大多数学校图书数量能够满足教师阅读的要求，但书目大多比较陈旧，所以教师对图书的需求量较大。对于教学管理信息资源、软件资源和校内实训视频的需求程度相对较低。W 小学教师认为，目前有很多平台，如有自治区网络资源平台，还有国家一师一优课的平台，但资源类型和内容都不全，与现在所教教材版本也不匹配。他们最需要的是教材同步的课件和精品的课堂实录，还有优质学校的试卷等。F 市 W 小学学生们认为，他们老师上课用得最多的就是 PPT，他们认为如果老师们能用一些类似游戏的形式给他们上课，他们就会更有兴趣听。

表 7—18　　　　　教师对数字化课程资源类型的需求情况　　　　　（%）

	城区学校教师	农村学校教师
多媒体素材	81	69.90
教学课件、试题、试题库、案例等学科资源	88	88.10
图书馆文献资料	38.90	32.90
网络课程资源	72.20	65.70
学习工具等软件资源	34.70	27.30
教学管理信息资源	20.80	18.20
校内优秀实训、实操、实验录像视频	22	37.80

访谈也发现，教师们普遍希望能够引进与教材版本相对应的，实用性强的课程与教学资源。学生也更倾向于获得那些能够可视化的和可操作性强的学习资源。

2. 师生对数字化课程资源呈现方式的需求情况

数字化课程资源的呈现形式分为文本、图像、音频、动画、视频等。教师对其的需求程度如表 7—19 和图 7—6 所示，城区学校教师与农村学校教师对资源呈现方式的需求上差异不大，城乡教师最需要的资源呈现方式均为视频、动画和图像，只是在文本和音频方面存在一定差异。学生对资源呈现形式的需求程度依次为视频（38.3%）、动画（36.8%）、音频（11.2%）、图像（9.3%）和文本（4.4%）。总体来说，师生对视频、动画、图像的需求程度较为突出。

表 7—19　　　　　师生对资源呈现形式的需求情况　　　　　（%）

	教师			学生
	城区学校教师	农村学校教师	城乡教师	城乡学生
文本	8.8	5.6	7.2	4.4

续表

	教师			学生
	城区学校教师	农村学校教师	城乡教师	城乡学生
图像	19.2	15.4	17.6	9.3
音频	5.4	4.6	4.8	11.2
动画	26.5	33.7	29.9	36.8
视频	40.1	40.7	40.5	38.3

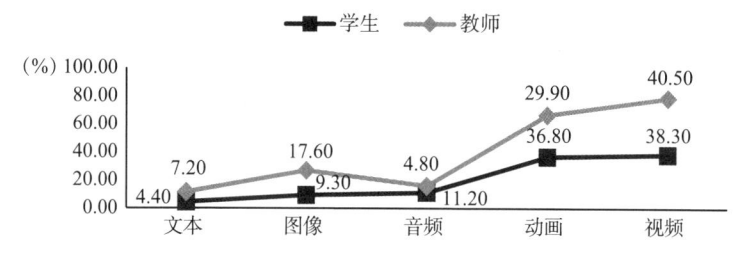

图7—6 师生对资源呈现形式的需求

第三节 民族地区城乡义务教育学校数字化课程资源共享存在的问题及原因

通过F市义务教育阶段数字化课程资源建设与共享现状的了解，我们发现，F市义务教育阶段数字化课程资源建设与共享虽然已经起步，但还存在许多亟待解决的问题。

一 硬件设施后期维护与网络宽带建设存在城乡差距

研究发现，在国家一系列政策的引导下，F市投入了大量的多媒体设备、计算机和交互式电子白板设备等硬件设施。可以说，在义务教育阶段城乡学校的信息化教学硬件设施方面基本实现城乡均衡配置。但在硬件设施的后期管理和维护方面存在城乡差异。农村学校由于缺乏专业的人员，对硬件设施的后期管理和维护跟不上，不仅降低了硬件设施的利用率，而且缩短了硬件设施的使用寿命。从网络接入水平和信息化教学环境来看，大多数义务教育学校的网络已覆盖了几乎所有教学场所，其中绝大多数学校已经具备了简易多媒体教学环境或交互多媒体教学环境，部分学校正在开展网络教学环境的建设，少数学校有自己的校园网络平台。在学校互联网接入水平方面，城乡学校也存在较大差异。整体来说，农村学校网速较慢，大多数农村学校的网络带宽不能支持跨校网上观摩课程活动的开展和对数字化课程资源的使用。相比之下，城区学校网络带宽能支持跨校网上观摩课程活动和跨区域共享数字化课程资源。

二　优质数字化课程资源匮乏，教师对资源的满意度较低

F市优质数字化课程资源非常有限。事实上，本研究所涉及的四个民族地区在数字课程资源方面存在的共同问题是优质数字课程资源非常匮乏。虽然各省份都开发了自己的数字化教育资源平台，建立了自己的数字化课程资源库。但从对教师的调查中可以看出，教师对这些数字化课程资源不满意，认为它们不能为自己的教学提供帮助。主要原因是这些资源过于陈旧，与学生当前所学的内容不匹配，与民族地区学生认知发展水平不匹配，学科覆盖不够全面，也不便于教师下载和再加工。大多数资源是直接移植其他省份的课程资源，没有考虑当地学生的适切性，未能及时将本地优秀课程资源补充进去。

三　当地教育行政部门对数字化课程资源共享重视不够

无论是教师访谈，还是对教育行政官员的访谈，都能看出民族地区教育行政官员对数字化课程资源的共享重视不够，对信息技术在城乡教育一体化发展中的作用认识不足。他们关于信息技术促进教育发展的认识，仅仅停留在硬件建设方面。当问到如何重视信息技术在教育发展中的作用时，他们共同的特点是能说出一串建立了多少多媒体教室、多少录播教室、多少交互式电子白板等，关于数字化课程资源建设他们基本不关心，或者说他们还没有充分认识到数字课程资源对城乡义务教育一体化发展的重要价值。总之，领导不重视是影响民族地区数字化课程资源建设和共享不足的主要原因。

四 现有的数字化课程资源共享程度不高

调查发现,个别城区学校建设了自己的小型资源库,这些学校的资源是学校教师精心选择和生成的数字化课程资源,所以对当地农村学校教与学非常适切。但由于县域内共享制度不健全,城区学校不愿意将本校辛辛苦苦建设起来的资源轻而易举地共享给其他学校。个别农村学校校长用私人关系共享该校数字课程资源,但这毕竟是少数。没有充分发挥优质资源的辐射效应。还有一些学校因为帮扶项目与省外优质学校建立了资源共享的关系,但由于省外优质学校的数字化课程资源不是针对本校或本地区专门设置的,所以对于本地教学的适切性不强、运用效果也不好。数字化课程资源共享程度不高的原因主要有三个方面:一是优质资源不足;二是教育行政领导不重视;三是共享机制不健全。

五 农村学校教师信息技术能力不足,信息化教学设备闲置较多

信息技术能力为数字化课程资源的获取、应用和共享提供了强有力的技术保障。研究发现,民族地区农村学校教师信息技术能力普遍偏低,利用信息技术获得和应用数字化课程资源的能力明显不足。教师利用信息技术的能力与开展探究、合作、讨论等学习活动的能力还比较低,在获取数字化课程资源方面存在一定问题。其原因是多方面的,部分教师是因为没有合适的资源获取渠道,不知该在哪些平台和网站上获取资源;部分教师因为需要资金的投入所以放弃获取优质资源。但大多数教师会因为信息技术水平有限只能望而却步。调查还发现,许多农村学校的网络教室、录播教室和计算机设备已经落了厚厚一层灰,充分说明信息化教学设备使用效率不高、闲置时间较长。访谈中校长诚恳地告诉我们,这些设备对学校来说很珍贵,因为缺乏管理和维护设备的专业人员,所以不敢轻易使用,对于教师来说,大多数教师都不会使用这些设备,怕用坏了设备。相比之下,城区学校信息化教学设备运用比较频繁,这与学校重视和配有专业的设备管理和维修人员有关,但最主要的还是教师信息技术运用能力较强,利用信息技术改进教学的意愿也比较强烈。

六 数字化课程资源管理体系不完善

数字化课程资源不仅是课程资源的载体发生了数字化变革，也是课程资源建设、管理和服务体系的数字化。管理体系是资源有序共建共享、提高资源利用率的基础。目前，民族地区数字化课程资源平台维护不到位、资源杂乱无章，导致教师对课程资源的获取意识不强烈，共享程度低，这与课程资源本身不足、不优和资源管理体系不完善有着紧密的关系。其中最突出的原因是平台的运行和管理不得当，各类平台对资源的不能及时整合和更新，资源重复建设，缺少统一规划和协调，造成了人力、物力上的浪费。教师们本身获取资源能力较弱，再加上资源种类繁多，各式各样的平台容易影响教师的筛选。而当教师们面对各种没有分类和整理的课程资源时，往往会因为找不到适合的优质课程资源选择放弃，进一步导致了课程资源的获取率低和资源应用不广泛的现象。

七 数字化课程资源共享机制不健全

科学合理的共享机制是推进优质数字课程资源共享的重要保障。目前民族地区大部分县域没有形成数字课程资源共享共建机制。所以，即使个别学校建立了优质的数字课程资源，也不可能拿出来共享。因为优质数字化课程资源的建设不是一件容易的事，也不是一朝一夕就能够完成的。它是教师牺牲了大量的休息时间、花费了巨大的精力才建立起来的。所以，要分享这些教师的劳动成果，应该给予这些付出时间和精力的教师一定的物质或精神补偿。当然这种补偿不是由使用学校和教师来做，而是应该由当地政府通过建立一定的机制来进行。科学合理的共享机制不仅会使农村学校教师能够共享到其他学校优质的数字化课程资源，而且能使这个资源库像"源头活水"一样不断地生产出新的、更加优质的资源。

第四节 教育信息化促进民族地区城乡义务教育学校数字化课程资源共享路径与机制

借鉴已有研究的经验，结合调查分析的结果，本研究从政策引导、组织协调、平台建设、资源汇聚、资源评估、技术保障、过程监测等几个方面探索教育信息化促进民族地区数字化课程资源共享路径；从政策保障、资金保障、管理调控、技术支持和激励措施等几个方面探索教育信息化促进民族地区数字化课程资源共享机制。积极探索将社会和企业力量引入资源共享中，以期从各个方面平衡供需双方的权益和确保课程资源的质量，形成人人参与建设、不断推陈出新的、适切性强的优质数字课程资源共享局面[①]和民族地区数字化课程资源共享有效路径与长效机制。

一 教育信息化促进民族地区城乡义务教育学校数字化课程资源共享的条件

（一）提高教育行政部门领导对信息技术促进数字化课程资源共享价值的认识

研究发现，许多民族地区教育行政部门的领导已经充分认识到信息技术对教育教学的重要价值，也在极力推进信息技术与教育的深度融合，但他们的用力点主要在硬件建设方面。对教育信息化促进民族地区城乡教育一体化发展重视不够，尤其是对利用信息技术建设和促进优质课程资源在城乡义务教育学校共享的认识不足，重视不够。这种认识不足、重视不够的原因表现在两个方面：一是一些教育行政官员本身就没有认识到利用信息技术促进优质课程资源汇聚和在城乡学校进行共享，对推进县域内城乡义务教育一体化发展的重要价值。对于这类教育行政官员一定要加强培训和学习，引导和提升他们对于信息技术促进教育变革的价值的理性认识。二是一些教育行政官员虽然已经认识到信息技术对于

[①] 教育部：《教育信息化十年发展规划（2011—2020年）》，http://www.moe.gov.cn/srcsite/A16/s3342/201203/t20120313_133322.html，2012-3-13。

教育发展和变革的重要价值，甚至也了解信息技术促进数字化课程资源共享的价值，但由于数字化课程资源共享受到许多现行体制机制的限制，使得推进异常困难，所以就放弃了。对于这类教育行政官员，一定要鼓励和适当放权，鼓励和允许他们突破现有的制度限制，探索适合当地实际的数字化课程资源共享路径和运行机制。

（二）提升校长领导力和政策执行力

校长是民族地区优质教育资源建设和共享的关键人物。调查发现，部分有城区学校副校长或教导主任经历的农村学校校长对优质资源的建设和共享的认识和理解的层次远远高于那些直接从农村中小学成长起来的学校领导。因此，本研究认为，在农村学校领导人选上可以从两个方面考虑。一是本校提拔任命。民族地区农村学校在选择好提拔的人选之后，先派到当地城区优质学校挂职一学期或一年。让他们充分熟悉城区优质学校优质的课程资源生成方式和传递方式；了解城区学校信息化环境建设和运行的模式。二是跨校提拔任命。将城区学校优秀的副校长或教导主任派到农村学校任校长，让他们将优质学校的文化和管理理念与农村学校的实际情况相结合提出新的办学思路。接受当地教育行政部门的审阅后进行实施。主要目的是均衡县域内义务教育学校校长的领导水平，提升校长的领导力。另外，还要提升校长的政策执行力，有些民族地区县级教育行政部门已经制定相关优质资源共享的政策措施，但部分优质学校校长以各种借口拒绝或变相拒绝执行相关优质资源共享的政策措施，限制本校优质资源的共享范围。因此，在教育信息化促进民族地区义务教育学校数字化课程资源共享中一定要提升校长领导力和政策执行力。

（三）提升城乡教师，尤其是农村学校教师信息技术运用能力

民族地区教师信息技术运用能力是影响数字化课程资源共享的核心因素。因此，本研究认为，应该统筹推进国培项目，将"民族地区中小学教师信息技术能力提升"作为专项列入国培计划，集中支持提升民族地区教师信息技术能力。第一，构建信息技术能力培训体系。教师信息技术能力的培训与数字化课程资源的获取和利用有着密不可分的联系，目前民族地区教师的信息技术能力整体偏低，而且城乡教师信息技术能力存在一定的差距。因此，通过构建科学的教师信息化领导力培训体系，

建立明确的领导体制和协调体制,① 借助发达地区和当地师范院校的力量,将教师信息技术应用能力提升作为推进民族地区城乡义务教育一体化发展的重要组成部分。在培训体系构建的同时,应将信息技术应用能力纳入教师职业资质考核,切实提高教师运用信息技术创新教学过程和获取使用资源的基本能力。第二,依托当地师范大学教育技术学专业的研究生,实施"民族地区中小学教师信息技术运用能力提升计划"。当地师范大学教育技术学专业硕士本身就有实习和见习的任务,当地教育行政部可以利用政策杠杆和经费支持,引导师范大学或师范学院教育技术相关专业的师范生参与到民族地区中小学教师信息技术运用能力提升中来,到现场或通过网络平台解决教师尤其是农村学校教师信息技术应用中存在的问题。这样既可以实现教育技术专业师范生的见习和实习任务,又可以解决民族地区中小学教师信息技术能力不足的问题,增强教师获取资源和使用设备的能力,进一步提升他们共享数字化课程资源的能力和使用数字课程资源的效率。

(四) 统整和加强民族地区义务教育学校信息化环境建设

信息化环境是指承载优质教育资源、服务优质教育资源共建共享的硬件环境及软件环境,它是实现优质资源共建共享的支撑。② 良好的信息化环境是实现优质资源汇聚和共享的前提和基础。前期的调查研究发现,当前民族地区城乡义务教育学校虽然已经具备比较完备且城乡一体化的信息技术环境,但农村学校由于缺乏专人管理,维护不好,可能会出现部分设备运行受阻或损坏等问题。统整是指请专业人员深入义务教育学校进行排查,将需要维修的及时进行维修,不能维修的按程序报废;将能用的按照当地义务教育学校的实际重新进行布局。随着社会对信息技术需求的不断增加,信息技术的发展也日新月异,因此,应该根据实际需要和信息技术发展的现状,及时补充新的,能够更好地促进优质资源汇聚和共享的信息技术环境和设备。另外,还应该加强稳定而快速的网

---

① 黄荣怀、任友群:《信息化促进优质教育资源共享的理论与实践》,高等教育出版社2017年版,第74页。
② 钱冬明、管珏琪、祝智庭:《数字教育资源共建共享的系统分析框架研究》,《电化教育研究》2013年第7期。

络环境的建设。具体来说，要从以下几个方面努力：第一，稳定平台的使用环境、规范平台的界面、增加平台间的互动频率和方便不同区域教师线上进行交流。例如，平台在专区为教师提供在线社区功能，构建虚拟学习社区，这样可以实现不同区域教师的同伴互助、交流和指导。还可以方便查找平台上的资源和超链接到其他平台。第二，强化平台的检索功能，通过输入具体学科、年级和科目等关键词能使教师快速获取想要的资源。第三，增加资源的智能推送功能，利用数据挖掘技术实现资源的精准推送和个性定制。第四，设置资源的交易环境。虽然资源已由当地政府进行统一采买，为学校教师提供免费账号，但仍需要有订单凭证，为后期的反馈提供依据。这样的信息服务技术是集互动、搜索、发布、定制为一体的智能平台，对实现资源应用效率的提升具有很强的现实意义。第五，重视对资源库和平台的系统建设，注重对资源的更新，在资源的维护管理等方面要有明确的规定，提高资源的质量和维护管理水平。

二 教育信息化促进民族地区城乡义务教育学校数字化课程资源共享的路径

（一）确定教育行政部门实施数字课程资源建设、共享和管理的主体责任

研究认为，民族地区不能将实施数字化课程资源建设、共享和管理的责任交给电教中心或教师培训中心等机构，因为他们没有能力协调各种关系、平衡各种利益。所以民族地区实施数字化课程资源建设、共享和管理的责任只能由当地教育行政部门来承担。第一，教育行政部门要专门成立数字化课程资源建设、共享和管理的机构，由专业人员负责建设、维护和管理。第二，教育行政部门要组织专家进行数字化课程资源的建设、筛选和评估，确保数字化课程资源的适切性和引领性。即不仅能够帮助教师促进优化当前的教育教学，而且能够引导教师深入思考和认真研究教育教学问题。第三，教育行政部门组织相关人员制定数字化资源建设和共享的机制，确保提供优质资源的学校和教师能够获得相应的报酬和奖励；确保享用优质资源的过程能够高速便捷。

（二）搭建优质资源运行的网络平台

科学搭建网络平台是实现优质数字化课程资源共享的基础。当前，互联网上充满了各种各样的教与学资源平台，有的用户很多，有的基本无人问津，有的才建几个月就下线了。民族地区数字化课程资源共享平台一定要充分吸取各个网络平台成功的经验和失败的教训。要将教师的需要，重点是农村学校教师的需要放在平台建设首位。第一，资源的种类要齐全。不仅要有知识性资源，如课件、教材分析、教学案例等；还要有工具性的资源，如视频、音频、图片、动画等。第二，要方便教师查找。为了方便教师查找，必须按照教师熟悉的标准和一定的顺序将资源分门别类地呈现在平台上。第三，要方便教师上传和下载。在一定的制度激励下，优秀教师会将自己优质的课程资源上传到平台上，如果上传不方便，可能会影响教师上传资源的积极性；另外，有些资源看起来很好，但下载起来非常不方便，久而久之，教师就不愿意使用这样的平台。第四，要方便教师交流互动。这个平台不仅是一个优质课程资源汇聚的平台，而且是一个可以使城乡教师自由交流的虚拟环境，因此，一定要设置好平台的功能，保证教师畅通交流。

（三）汇聚优质数字化课程资源

根据民族地区教师和课程内容的实际，我们认为，民族地区义务教育优质数字化课程资源应该包括两个部分的内容。一部分是国内义务教育学校优质课程资源，另一部分应该是当地义务教育学校优秀教师的优质课程资源。

1. 汇聚国内义务教育优质数字化课程资源

民族地区汇聚的国内义务教育优质数字化课程资源应该包括三个方面。一是通过协商和制度，与国内优质教育资源平台建立联系，将其优秀的、与民族地区教学内容相关的课程资源与民族地区课程资源共享平台建立链接，允许民族地区教师浏览、下载和再加工。如与浙江教育资源公共服务平台建立联系。将其平台内涉及学前教育、基础教育、高中教育和中职教育等内容和名师工作室、一师一优课、案例空间、浙微课等板块与民族地区数字化课程资源共享平台建立链接关系。二是本地专业人员根据相关约定，筛选其他义务教育课程资源平台上的优秀的、与民族地区学生生活联系比较紧密的课程资源为我所用。如果将新疆基础教育公共服务平台的部分优质课程资源整合到甘肃民族地区数字化课程资源平台上，这样在更大范围和更大程度上促进了优质数字化课程资源的共享，实现了民族地区城乡义务教育一体化发展。三是通过协商和激励，引导国内义务教育发达地区的优秀教师与民族地区教师建立线上指导的联系。定期或不定期指导和帮助民族地区教师的教学设计、教学方法、教学策略和教学评价，提升其教育教学能力。

2. 汇聚和建设民族地区本土化优质数字化课程资源

除了借鉴和整合国内其他地区义务教育优秀的数字课程资源之外，最主要的还是要引导民族地区教师在学习和借鉴的基础上生成自己的优质课程资源。这些优质资源因其切合民族地区义务教育条件、适合民族地区学生身心发展的实际，所以它更容易被民族地区教师接受、学习和运用。因此，要将汇聚和建设民族地区本土化优质课程资源作为民族地区数字化课程资源建设重点。首先，由县级教研室负责将近五年来县域内参加各级优质课竞赛，"一师一优"课获奖的教学设计、课堂实录，特色鲜明的教研活动内容与形式等汇聚起来，分类传输到县域内优质资源运行的网络平台上。其次，引导和鼓励县域内城乡教师建设本体化的优质资源。一是给每个学校分配一定的优质课程资源建设的任务，城区学校和农村学校应该区别对待，有所侧重。如可以给城区优质学校每学年分配100项课程资源建设任务，给农村学校分配10项课程资源建设任务。二是根据各个学校的特点按照学科门类给学校分配优质资源建设的任务，如某城区学校小学数学比较强，就让他们跨校区组建团队，专门建设小学数学课程资源。三是教育行政部门要组织团队为各个学校建设课程资源提供技术服务和经费保障，不要让教师在资源录制、上传等过程中因技术运行不畅而产生抵触情绪。

（四）评估数字化课程资源质量

无论是引鉴的国内义务教育优质课程资源，还是民族地区教师自己生成的优质课程资源，在进入民族地区数字化课程资源共享平台之前，必须组成包括优秀教师、课程专家、心理学专家等专家团队对资源进行筛选，一是要保证课程资源正确的政治方向；二是要保证课程资源的高质量。高质量的数字课程资源具有以下几个方面的特征。第一，价值性。无论是引鉴的课程资源还是生成的课程资源首先必须保障其内容和形式符合国家教育政策和民族政策,要有利于引导民族地区青少年积极健康成长。第二,可用性。高质量的数字化课程资源首先应该具备较强的可用性。一是课程资源应易于被不同教师检索到,所以资源应该采用更加开放和包容的描述规范。二是针对教师的课程资源应该是免费使用。如果有些资源需要支付一定的费用,这部分费用也应该由地方政府埋单。不要因为费用的问题影响农村学校教师使用优质的数字化课程资源。第三,适用性。影响教师使用课程资源的因素不仅仅是资源本身有价值,还包括它对教师当前教育教学的适切性。课程资源的适用性主要包括四个方面:一是教师能够通过合理的渠道,方便顺畅地获取该资源。二是资源的呈现方式和使用的语言是否适合教师。三是资源是否支持人机互相协作和媒体对向的操作交互。四是资源极其呈现方式是否有利于吸引教师积极参与学习。第四,重用性。重用性主要强调两个方面的内容:一是指课程资源是否适合多种应用情景。二是是否允许教师在原有资源上进行再加工。只有能够在多种情景中使用,同时又能允许教师按照自己的教学思想进行再加工,[1] 这样的课程资源才能真正引领和帮助教师改进教学。

(五) 实施数字化课程资源共享

1. 依托"智慧学习广场",开展县域外优质数字化课程资源共享

浙江教育资源公共服务平台是浙江省精心打造的智慧学习广场,又称为之江汇教育广场。其主要包括特色应用、学习平台、热门专题、近期活动等部分,课程涉及学前教育、义务教育、高中教育和中职教育等课程内容。特色应用包括学科基地校、名师工作室、一师一优课、案例空间、教育博物馆、网络电视等板块;学习平台包括信息技术平台、高中选修课、高校教育技术;热门专题包括浙江教育博物馆、数字教育资源全覆盖、浙江我的家乡等多种专题;近期活动是指将优秀教学空间活动等近期活动展示在平台中并及时更新。浙江省一线学科名师也积极参与到平台资源的建设之中,在平台中交流协作,互帮互助。平台中教师有教师的空间、学生有学生的空间,师生可以在线进行良好的交互活动,

---

[1] 黄荣怀、任友群:《信息化促进优质教育资源共享的理论与实践》,高等教育出版社2017年版,第224页。

形成集智能性、灵活性、专业性为一体的智慧学习广场。智慧学习广场资源丰富、类别清晰、寻找便捷，既有政策的高位解读，也有具体的实践路径；既有名师的课堂实录和教学设计，也有对普通教师的教学困惑和教学反思。智慧学习广场的课程与教学资源对于民族地区教育和教师发展有重要的引领作用。

在引进浙江教育资源公共服务平台优质资源的过程中，教育行政部门和企业要各负其责、相互协作、积极配合。当地教育行政部门的主要职责是：第一，与浙江省教育行政部门协商合作，购买和引进浙江教育资源公共服务平台，建设资源管理标准，把好资源的质量关。第二，向县域内城乡学校教师分配进入智慧学习广场的 VIP 账号。方便民族地区城乡教师顺利快捷获取资源。研究认为，对于民族地区城乡教师来说，无论共享哪一类资源，都尽可能不让教师自己支付费用，因为支付费用会降低民族地区教师共享数字化课程资源积极性。第三，监督企业服务过程，引导学校和教师积极共享资源。当地教育行政部门根据需要引入企业参与资源共享的技术服务，但必须引导企业严格按照教育行政部门的要求进行服务并接受教育行政部门的监督。教育行政部门还应该引导和督促学校和教师积极共享数字化课程资源。企业的职责主要包括两个方面：一是按照教育行政部门的要求，在智慧学习广场中加入民族专区模块，为浙江省优质学校教师与民族地区教师提供一个对口指导和资源共享的空间。民族地区教师将自己改进的课堂实录、教学设计等资料上传于智慧学校广场的民族专区，方便浙江省名师反馈与评价。二是加强对平台的管理和维护，为供需双方提供稳定的互动、下载、上传环境，保障供需双方能够在流畅的技术环境下实现资源共享和交流互动。

共享浙江教育资源公共服务平台优质资源的方式主要包括三个方面：一是直接学习和借鉴浙江教育资源公共服务平台优质资源。直接借鉴和学习是指民族地区教师通过登录浙江教育资源公共服务平台学习平台上呈现的优秀教师的课堂实录、教学设计、教学分析、作业设计等优秀的课程与教学资源。二是引导浙江优秀教师指导和帮助民族地区教师。通过一定的激励机制引导浙江优秀教师指导和帮助民族地区教师。如将民族地区教师的课堂实录或教学设计上传到智慧学习广场的民族专区，浙江优秀教师可以通过资源平台对民族地区教师的课堂实录和教学设计进行反馈，提出自己的看法或修改建议，民族地区教师根据浙江优秀教师的建议和本地学生的实际情况改进课堂教学和教学设计。三是将智慧学习广场的民族专区向民族地区的学生开放，为学生学习提供更多可以选择的学习资源。浙江省教育行政部门也应鼓励教师积极将自己优质的课程视频上传共享平台中供其他教师使用，按照相关规定，平台按照课程视频下载量来支付资源建设经费，资源越符合用户的要求，被下载的次数越多，资源提供者可以获得的报酬就越多。

2. **盘活县域内现有的优质资源，实现本土优质课程资源高效共享**

"输血"的目的是更好地"造血"，民族地区城乡义务教育一体化发展归根结底还是要靠民族地区教育管理者和教师自己来完成。因此，一定要汇聚县域内现有的优质资源、引导生成新的优质资源、促进本土化优质课程资源高效共享。第一，利用名师工作室，形成民族地区特色资源库。调查发现，民族地区义务教育阶段都设立了名师工作室。名师工作室是教学名师和领军人才的"孵化器"，它的设立不仅充分利用了名师的优质资源辐射作用，也能不断生成更加优质的课程与教学资源。因此，我们应该充分调动名师的积极性，使名师工作室能够成为当地优质课程资源的"生产基地"。第二，充分发挥退休优秀教师的余热，帮助农村学校教师改进教学。借助互联网平台，发挥退休优秀教师作用，建立网络研修学习空间，聘请优秀的退休教师参与到网络研修活动当中，在线指导城乡教师开展教学活动和教研活动。第三，优弱结对，促进城乡校际优质课程资源高效共享。按照一定的标准将县域内义务教育学校分为城区优质学校、城区薄弱学校、农村优质学校、农村薄弱学校和教学点等不同类型。然后由教育行政部门主导，优质学校校长牵头形成县域内校际多元共享模式。该模式主要包括"协作式"共享和"同体式"共享两种形式。"协作式"共享是指区域内城区优质学校和城区薄弱学校间，城区优质学校与农村薄弱学校之间定期开展课标研读、教材分析、教学研究等交流活动，实现促进城乡校际的课程资源共享。主要是通过1（城区优质学校）+2（城区薄弱学校和农村优质学校）的形式促进城乡校际的课程资源共享。"同体式"共享是指在"协作式"共享实施后，在城区薄弱学校和农村优质学校教学质量有所提升的基础上，建立城区薄弱学校或农村优质学校与教学点之间定期开展课标研读、教材分析、教学研究等交流活动，实现促进校际的课程资源共享。主要是通过 m（城区薄弱学校和农村优质学校）+n（教学点）的形式，教学点教师通过和农村优质学校或城区薄弱学校教师结对，形成教师间的帮扶形式。这两种帮扶形式的不同点在于所面向的对象不同，在不同程度的学校间展开的资源共享形式。相同点在于都是通过同学科同年级教师共同制订学习计划、开展学习交流和教学研究等形式促进资源共享。

（六）监测和评估共享过程，保证共享质量

1. 评估资源使用者的共享效果，激励教师提升自我

提升民族地区教师教学水平是共享数字化课程资源最主要的目标。因此，要对民族教师教学能力进行评估，主要体现在以下四个方面。第一，在评价资源使用者时，要设计使用统一的阶段性的评价量表并反馈给资源使用者，形成资源供给者对资源使用者的教学水平进行监测和评估，持续跟踪评价；第二，通过校本教研记录表来评估校本教研中是否认真学习数字化课程资源，是否提出了相应的问题通过平台上与资源供给者交流，是否打磨出了适合当地学生学情的本地课堂；第三，建立资源使用反馈通道，用于收集教师资源使用过程中的反馈意见和使用效果，在后期修订和制作新的课程资源中予以修正，以确保数字化课程资源的有效利用和价值最大化；第四，当地的教研室从资源的使用类型、呈现形式、使用程度和呈现效果等方面对教师使用数字化课程资源的效果进行评价。对资源使用过程中表现突出、使用程度高的县、校进行奖励，特别是对资源使用效果较好的学校或者个人给予奖励，并将这样的先进集体或者个人作为范例，进行推广学习。

2. 评估课程资源供给者的贡献量，保护教师知识版权

对课程资源供给者的贡献量进行评估，目的是保障资源供给方能够获得相应的回报，形成共享和生产资源的良性循环，实现资源长效共享。在评估资源供给者的贡献量时，以章节或单元为计量单位，通过查看资源的检索次数或下载量以及使用者对资源的评论来判断资源的质量和作为奖励的依据，并且通过置顶访问量较高、用户对其评价较好的资源或者专门设立精品资源推荐模块，使资源使用方能够更有针对性、高效地获取优质资源，获得良好的用户体验。对资源的供给方也可进行动态监控，例如监控资源供给方对于资源使用方的需求的反馈情况等。

三 教育信息化促进民族地区城乡义务教育学校数字化课程资源共享的机制

研究发现，数字化课程资源共享程度低、辐射范围有限的主要原因是机制不畅通。科学合理的共享机制是指在区域内，能保障和促进数字化课程资源实现规范建设、高度共享和优化配置的机制，它是推进民族地区义务教育数字化课程资源共建共享的保证。[①]

1. 政策保障机制

民族地区数字化课程资源建设和共享是一项系统工程，涉及方方面面工作的协调与管理。因此，推进民族地区数字化课程资源的建设和共享首先要制定和规范相关政策，为民族地区数字化课程资源共享创造良好的制度环境与政策环境。第一，改变现有的影响民族地区数字化课程资源共享的制度和政策，通过制度改革和政策法规的建设来保障优质数字化课程资源共享的顺利实现。具体来说，将数字化课程资源建设的权利、义务和经费都收到县级教育行政部门，由县级教育行政部门成立专门的组织机构来负责调配。按照学校和教师数字化课程资源建设和共享的贡献给学校和教师相应的权利和奖励。第二，加强对数字化课程资源建设和共享的总体设计和高位引领，协调好各个主体之间的不同利益和关系。县级数字化课程资源建设和共享管理机构应该组建包括课程与教学专家、技术专家、不同学校和学科的优秀教师及学生在内的专家团队，针对民族地区教师教学和学生发展的实际和需求对数字化课程资源建设和共享的形式及内容进行总体设计，既要高瞻远瞩，也要切合实际。第三，加强宏观协调，重视资源共享在缩小城乡差距中的重要作用，保障整个系统能够健康有序的运行。在区域内要建立联动协调机制，充分调动基层教育行政部门的力量，以县级数字化课程资源建设和共享管理机构为中心，形成教育行政部门、企业、教育技术部门与学校联动协调机

---

① 孙立会：《信息化促进优质教育资源共享的挑战及对策》，《中国教育信息化》2014年第7期。

制，相互配合，合力推进数字化课程资源共享机制。①

2. 资金保障机制

建立资金供给机制，提高资源共享方积极性。近年来，随着现代化发展进程的加快，国家在民族地区的投入力度尤其是对民族地区教育的投入力度不断增加。从当前的情况来看，虽然民族地区城乡之间还存在一定的差距，但这种差距随着国家精准扶贫政策的持续推进快速缩小。调查发现，当前民族地区义务教育经费基本能够满足义务教育发展的需要。因此，在经费能够基本保证的情况，要发挥好经费的作用。在民族地区数字化课程资源建设过程中，一定要在县级财政预算中将其单列，并在经费支出中允许按照学校及教师在资源建设和共享中的贡献进行奖励和发放相应的劳务费。因为在数字化课程资源建设和共享过程中，一般来说，经济不发达、资源薄弱的贫困民族地区学校及教师在优质教育资源共建共享中得到的收益比较大；而经济欠发达、资源丰富地区的学校及教师在优质教育资源共建共享中则付出会大于收益。② 因为付出和收益严重失调，所以，数字化课程资源建设和共享的动力就显得有些不足，质量也会逐渐下降，最终走上重复低质量建设的道路。本研究认为，必须尊重优秀教师额外的劳动成果，通过一定的经济政策来平衡各主体之间的利益，使付出者和收获者均得到合理收益，从而提高数字化课程资源建设和共享的适切性和有效性。

3. 管理调控机制

如前所述，民族地区应该成立由主管教育的县（区）领导、课程与教学论专家、技术专家、义务教育学校教师及学生等组织管理机构，对民族地区数字化课程资源建设和共享作出统筹规划和协调管理。地方教育部门应成立资源共建共享领导小组，具体负责各级各类中小学校的资源共建工作，并组织各校教师积极参与资源共建共享。不仅要对课程资源建设和共享作出统筹规划和协调管理，还要根据资源建设和共享过程

---

① 教育部：《教育信息化十年发展规划（2011—2020年）》，http：//www.moe.gov.cn/srcsite/A16/s3342/201203/t20120313_133322.html，2012-3-13。

② 罗晓兰、肖希明：《我国信息资源共建共享的政策保障机制》，《情报科学》2009年第3期。

中出现的问题进行适时调控。调控是指充分利用政策、法规、行政手段等，对影响数字化课程资源建设和共享的主要因素进行调节和控制，从而平衡优化区域内各学校主体的课程资源分配，建立和谐稳定的资源建设和共享关系。一般来说，调控主要有两种方式：一是人为调控。人为调控是指区域内的教育行政部门的管理者对区域数字化课程资源的共建共享进行调控。如民族地区的教育行政部门从民族地区城乡义务教育发展的整体战略出发，制定、颁布有关数字化课程资源建设和共享的纲领、法规和政策，统一各部门、机构、组织和学校的"建设和共享"意识。二是环境调控。环境调控则是指区域内各个学校主体根据区域课程资源是否满足其需要或者满足其需要的程度来决定对资源的建设而实现的调控。如民族地区各学校，尤其是农村学校根据自己学校教师对数字化课程资源的需要对上级资源管理部门提出建设和共享的意见和建议。人为调控具有自觉性、主动性、宏观性等特点，而环境调控则具有自发性、微观性等特点。[①]

4. 技术保障机制

信息技术促进优质资源共享的方法和特征就是将资源进行数字化加工和网络化处理，实现优质资源的广泛传播、长期储存。教育资源的信息化处理是教育资源实现广泛共享的基本保证和途径。数字化课程资源库与资源平台的建设、存储、管理、更新都需要现代教育技术的保障。从信息交流共享的角度来看，开发便捷的共享技术，统一信息资源的基本标准，有助于促进资源的建设和共享。技术支持的数字化课程资源共享的保障机制主要包括两部分：一是加强对平台的管理和运营过程的监控，为数字化课程资源共享提供稳定的运行环境。数字化课程资源的建设和共享系统的运作，依据共享程度可以分为跨平台、跨终端和跨区域三个方面的共享。[②] 系统平台的多样性是现今数字时代的重要特征、跨平台共享是指要能做到不依赖于操作环境，也不依赖于硬件环境达到资源无障碍、最大化共享。跨终端共享是指资源在建设中能够尽可能自适应

---

① 尹睿：《区域基础教育信息资源共建共享机制的研究》，《情报科学》2007年第9期。

② 钱冬明、管珏琪、祝智庭：《数字教育资源共建共享的系统分析框架研究》，《电化教育研究》2013年第7期。

不同终端的要求，扩大资源的共享范围。跨区域共享是指在共享政策的引导下，综合考虑用户特征，建立区域共享联盟，实现优质资源的跨区域共享。二是增强技术对数字化课程资源共享的支撑，为教师便捷获取和使用资源提供条件。现有资源平台，无论是资源的呈现方式，还是资源分类标准较之以前从技术的角度已经做了很多改进和完善。就民族地区数字化课程资源共享平台而言，首先应将资源呈现方式、资源上传方式、格式、大小、分类标准、按照具体学科年级模块化地进行统一和分类，方便教师共享使用，在客户端上能够支持城乡教师快速进行查找和获取，避免使用过多的精力和金钱去获取资源，这样会降低教师的兴趣和耐心。还要考虑到资源之间的稳定链接和联系，加大资源传播和使用范围。调查发现，由于民族地区教师信息技术能力普遍偏低，阻碍了他们获取优质数字化教育资源的途径，所以，除了按照教师的要求和资源的特征科学合理地呈现资源，培训提升民族地区教师信息技术能力之外，还应该在资源数字课程资源共享平台运行之前，引导所有教师熟悉平台的功能、模块及使用方式。另外，应该为民族地区农村学校教师获取和使用数字化教育资源提供持续的在线技术指导，引导和帮助他们运用优质资源进行教育教学，进而提升农村学校教育教学质量。

5. 评估激励机制

民族地区数字化课程资源建设和共享的评估激励机制是指为了提高资源的建设水平和共享程度，促进优质课程资源最大可能地发挥辐射效益，资源管理机构组织专家通过对资源建设过程、运行过程等监控、考察和分析，为改进数字化课程资源建设和运行过程，提升资源运用效果提供持续服务的一种制度及其运行方式。具体包括以下几个方面的内容：第一，数字化课程资源形式和内容方面。评估主要关注教师对数字化课程资源的形式和内容的满意程度，将教师在使用过程中发现的问题、合理的建议和一些批评意见都收集起来，整合尽快改进。第二，关注浏览量和下载情况。[1] 在平台上可以通过查看资源的检索使用量或下载量以及教师对资源的评论，利用大数据分析技术来分析资源的使用情况，进而

---

[1] 胡小勇、刘琳、胡铁生：《跨区域优质教育资源协同共建与有效应用的机制与途径》，《中国电化教育》2010年第3期。

为教师提供个性化的资源推送，减少教师在搜索中花费的时间。第三，教师使用数字课程资源的情况。组织专家团队对教师使用数字课程资源的效果进行评估，重点对农村学校教师使用数字化课程资源的效果进行评估，通过访谈、课堂观察等方式了解教师是如何使用数字课程资源，教师使用数字课程资源后课堂教学有没有变化，教师还需要什么样的数字化课程资源等问题。其目的就是让数字化课程资源能够更加适应教师教学。第四，启用激励机制，提升资源质量。研究发现，很多地方优质资源的所有者由于时间成本、回报期望、版权问题、团体利益等原因不愿意将自己的优质教育资源共享出来，这时就需要相应的激励机制。激励机制是对优秀教师劳动成果的一种肯定和支持，有助于优质资源的持续汇集。因此，在民族地区数字化课程资源建设中，一定要对那些在资源建设中发挥重要作用的优秀教师、管理人员和技术骨干给予一定的经费和荣誉奖励，让优秀的、付出更多劳动的教师一定要得到应有的回报。

第八章

教育信息化促进民族地区城乡义务教育教师教学共同体建设的问题及对策研究

文献研究发现，当前我国关于城乡教师教学共同体的研究已经取得了许多成就，在实践领域也产生了积极的效益。同时，也发现城乡教师教学共同体建设中还存在许多亟待进一步研究的问题，如缺乏科学的组织管理；共同体内部供需不平衡；缺乏相应的教师资源共享平台；共同体运行效率低下，成效不显著等。另外，关于民族地区城乡教师教学共同体的研究相对较少且不深入，不能有效引领和指导民族地区城乡教师教学共同体的建设和运行。本研究以新疆维吾尔自治区 F 市为例，深入探索当前民族地区信息技术支持的城乡教师教学共同体建设和运行的现状，客观全面地分析我国民族地区教师教学共同体发展中遇到的问题及存在的原因。在此基础上，充分利用教育信息化的优势来促进民族地区教师教学共同体的建设，引导城乡教师通过协作学习、协作教研、协作教学等方式提升城乡教师的教学水平，进而促进民族地区城乡义务教育一体化发展。

第一节 研究设计

一 研究思路与研究方法

（一）研究思路

本研究首先通过文献研究深刻把握学者们关于教师教学共同体研究

取得的成就和存在的问题。其次，充分了解教学共同体的现状及运行存在的问题。在此基础上，在相关政策和理论的指导下，分析新疆维吾尔自治区F市城乡义务教育教师教学共同体建设存在问题的原因。最后，在相关政策和理论的指导下，针对新疆维吾尔自治区F市城乡义务教育教师教学共同体建设存在的问题和教师的需求，提出了建设和完善民族地区城乡义务教育教师教学共同体建设的策略。

（二）研究方法

根据研究目的和研究需要，本研究拟采用文献研究法和调查研究法。具体方法及其运用如下。

1. 文献研究法

在梳理国内外相关文献的基础上，明确城乡义务教育教师教学共同体的内涵，把握关于教师教学共同体研究取得的成就和存在的问题。厘清民族地区城乡义务教育教师教学共同体的内涵及特征，为后续研究奠定基础。

2. 调查研究法

调查研究法包括问卷调查法和访谈法两个部分。问卷调查法主要了解新疆维吾尔自治区F市义务教育阶段城乡教师教学共同体在外部支持、组织与参与方式、活动内容、工具与平台、运行困难与需求五个方面的现状，旨在厘清新疆维吾尔自治区F市义务教育阶段城乡教师教学共同体建设和运行的现状和改进的需求。访谈法主要通过对新疆维吾尔自治区F市分管教育的领导、教育行政部门负责人、校长、教师等相关人员的访谈，弥补问卷调查无法获得的信息，深入了解民族地区城乡义务教育教师共同体建设的需求和建议（问卷和访谈提纲见附录六）。

二 研究工具

（一）研究工具的维度及内容确定

1. 问卷维度确定

本问卷的问题以事实性的问题为主，用于了解当前信息技术环境下的民族地区城乡教师教学共同体建设的现状和需求。研究针对民族地区义务教育发展的实际，在参考祝智庭在关于教师共同体研究中提出的参与组织形式、工具平台、评价机制、支持保障四要素基础上确定了本问卷的维度：教师基本信息、共同体外部支持、组织与参与方式、活动内容、工具与平台、困难与需求（如表8—1所示）。其中信息技术支持的城乡教师教学共同体的外部支持主要包括人员支持、时间支持、场地支持、经费支持及政策支持五个层面；参与组织方式是指民族地区城乡教师教学参与共同体的方式与共同体的组织形式；共同体活动内容主要包括参与动机、评价方式、参与频次、奖励机制、活动主题、活动环节、教师认可度；平台和工具主要包括工具平台的使用情况和期望功能；困难与需求主要包括民族地区城乡教师在教学、研究和专业发展中的困难和需求。

表8—1　　民族地区城乡教师教学共同体现状调查问卷维度

	外部支持	参与组织方式	活动内容	平台和工具	困难与需求
队伍基本信息	人员支持 时间支持 场地支持 经费支持 政策支持	组织方式 参与方式	参与动机 评价方式 参与频次 奖励机制 活动主题 活动环节 教师认可度	使用情况 期望功能	提升需求 困难认知

2. 访谈维度确定

本研究的访谈提纲主要针对的是民族地区教师教学共同体的管理者和城乡教师两个群体，分别从四个维度设计了访谈提纲。教师教学共同体的管理者从顶层设计、活动内容、工具与平台、困难与需求四个方面进行设计。教师访谈提纲从组织与参与方式、活动内容、工具与平台、困难与需求四个方面进行设计，如表8—2所示。

表8—2　　民族地区城乡教师教学共同体访谈维度

教师访谈提纲	管理者访谈提纲
组织与参与方式	顶层设计
活动内容	活动内容
工具与平台	工具与平台
困难与需求	困难与需求

(二) 研究对象描述

本研究于2018年10月21日至11月1日对新疆维吾尔自治区F市四所学校教师进行了问卷调查,其中城区学校两所,农村学校两所,共发放问卷350份,回收问卷340份,回收有效问卷321份,有效率为91.71%。从表8—3中可以看出,参与调查的F市城乡教师基本信息统计情况,男女教师比例分别为37.1%、62.9%;汉族和少数民族教师的比例分别为64.2%、35.8%,从年龄分布来看,各个年龄阶段的教师比较平均,25岁及以下、26—35岁、36—44岁、45岁及以上教师的比例分为18.7%、27.7%、32.1%、21.5%;城区学校教师占45.5%。农村学校教师占54.5%;从职称分布来看,具有中教三级教师的比例为1.2%,具有中教二级教师的比例为9.0%,具有中教一级教师的比例为13.4%,具有中教高级教师的比例为3.4%,具有小教二级教师的比例为13.1%,具有小教一级教师的比例为22.4%,具有小教高级教师的比例为15.3%,未评定职称的教师比例为22.1%。

表8—3　　　　　　　　调查对象基本信息统计

类目	选项	人数	比例(%)
性别	男	119	37.1
	女	202	62.9
民族	汉族	206	64.2
	回族	78	24.3
	维吾尔族	5	1.6
	哈萨克族	19	5.9
	藏族	5	1.6
	其他	8	2.5
年龄	25岁及以下	60	18.7
	26—35岁	89	27.7
	36—44岁	103	32.1
	45岁及以上	69	21.5

续表

类目	选项	人数	比例（%）
所在学校	城市小学	104	32.5
	农村小学	113	34.7
	城市初中	41	13.0
	农村初中	63	19.8
职称	中教三级	4	1.2
	中教二级	29	9.0
	中教一级	43	13.4
	中教高级	11	3.4
	小教二级	42	13.1
	小教一级	72	22.4
	小教高级	49	15.3
	未评定	71	22.1

根据研究需要和研究对象的实际情况，本研究选取了 F 市 5 位城乡学校校长，15 位城乡学校教师，3 位教育行政部门的管理人员进行了深度访谈。具体访谈对象情况见表8—4。

表8—4　　　　　　　　　访谈对象基本情况

校长			教师			教育行政部门人员		
人数	性别	民族	人数	性别	民族	人数	性别	民族
2 1 1 1 —	男 男 女 女 —	汉 维 汉 维 —	4 4 1 3 3	男 男 男 女 女	汉 维 回 哈 维	2 1 — — —	男 男 — — —	汉 哈 — — —
5			15			3		

第二节 民族地区城乡义务教育教师教学共同体建设的现状

根据研究设计，本研究从外部支持、组织与参与方式、活动内容、工具与平台、运行困难与需求五个方面了解了新疆维吾尔自治区 F 市义务教育阶段城乡教师教学共同体建设和运行的现状。

一 教学共同体的外部支持情况

城乡教师教学共同体的外部条件主要包括参与人员支持、时间支持、场地支持、经费支持、政策支持五个方面。

（一）教学共同体活动人员情况

为了全面了解 F 市教师教学共同体开展情况，本研究首先对 F 市师资队伍及教师流动情况做了城乡对比分析。在关于教师数量能否满足教学需要的问题上，城区学校教师选择"稍有不足"的比例达 72.4%，农村学校教师选择"稍有不足"的比例却不到一半，占 49.1%；选择"充足"的城区学校教师和农村教师比例分别为 23.1%、34.5%；认为师资严重不足的城区学校教师仅占 4.5%，但农村学校教师却达到 15.2%。整体来看，当前 F 市教师数量不足且农村学校比城区学校情况严重。

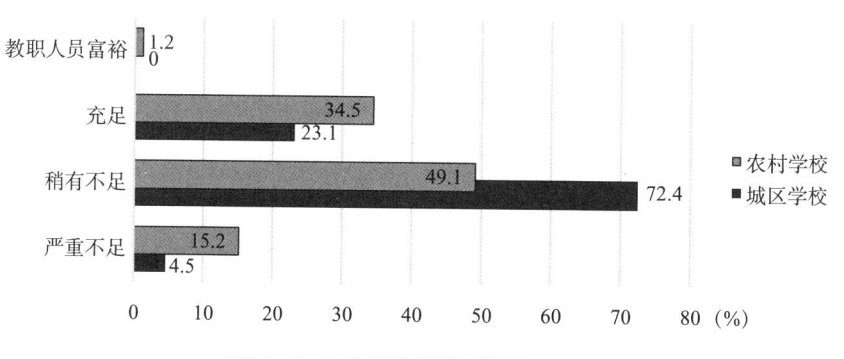

图 8—1　F 市城乡学校师资情况统计

由图 8—2 中可以看出，对于学校的缺编情况，F 市城乡教师也表现出了较为明显的差异，88.5% 的城区学校教师认为学校的教师基本满足教育教学需要，而仅有41.8%的农村学校教师认为学校的教师基本满足教育教学需要。认为学校教师缺编比较严重和非常严重的城区学校教师仅有7.1%、1.9%，农村学校教师却达到了33.3%、9.7%，这也进一步说明F市农村学校教师缺编情况比城市学校严重。

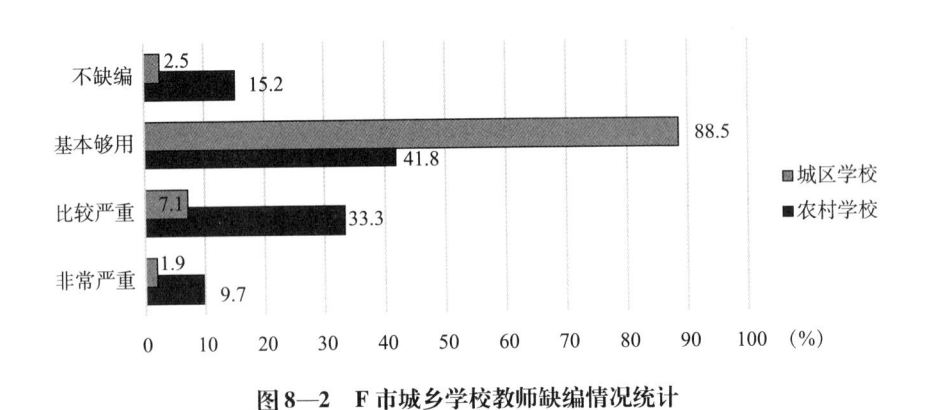

图8—2　F市城乡学校教师缺编情况统计

在关于师资缺乏主要原因的问题上，F市城区学校教师与农村学校教师答案也有差异。由表8—5中可知，选择"无空编，难以招聘新教师"的城区学校教师仅占5.8%，而农村学校教师则占到了30.9%，再次印证了农村学校的编制问题是严重的且补充教师困难；将"待遇不够好，留不住教师"作为主要原因的城区学校教师占10.3%，农村学校教师达到了47.3%，说明待遇和生活条件是影响教师在农村学校任教的原因之一；在小科目教师缺编方面，农村学校比城区学校更为严重。这个问题在访谈中也得到印证，一位校长表示：他们学校当前面临的最主要的问题是师资短缺，按照1∶19的师生比，他们还差20多位老师，很多活动没办法正常开展。在师资短缺的情况下，城乡教师教学共同体活动难以实现高质量交流的效果，基本停留在形式层面。

表8—5　　　　　　教师缺编的主要原因情况统计

	无空编，难以招聘新教师	个别小科目课程师资难配齐	招聘途径不畅	待遇不够好，留不住教师	其他
城区学校	9	134	7	16	7

续表

	无空编，难以招聘新教师	个别小科目课程师资难配齐	招聘途径不畅	待遇不够好，留不住教师	其他
百分比（%）	5.8	85.9	4.5	10.3	4.5
农村学校	51	92	11	78	16
百分比（%）	30.9	55.8	6.7	47.3	9.7

关于教师流失及流动的问题，农村学校教师与城区学校教师都认为优秀骨干教师流失很严重，所占百分比分别为73.3%、78.8%，因为"远离家乡"而流失的城乡教师所占比例分别为67.3%、26.7%，因"两地分居"城乡流失的教师比例为占到7.1%、37.6%。如图8—3所示，F市城乡优秀教师流失情况严重，家庭问题是影响民族地区城乡教师流失的主要原因之一。调查所涉及的一所九年一贯制学校，共134名教师，大部分教师为少数民族（哈萨克族），其中67位教师由于语言问题不适应当前的教学活动被借调到一中、二中、市政府、教育局等部门担任后勤工作，还有一些少数民族教师无法胜任语、数、英、科学等主要学科的教学，转岗去教体育、综合实践等课程。学校主要学科基本都是由刚刚从大学毕业的"特岗"教师担任。虽然他们很敬业，但由于缺乏必要的教学经验，导致学校的教学质量普遍不高。这种缺编的问题在调查的几所学校都存在，一位教育局行政人员在访谈中这样说道："整体来说，我们市教师数量不足，特别是小学英语、中学语文、音体美教师。有一所学校800名学生，只有一名体育教师。在编制方面，总体超编，结构性缺编。寄宿制学校没有给宿舍管理员、财务人员等后勤人员编制，所以部分不能上课的民族教师去当宿舍管理员、财务人员，但是还占着专任教师的编制。"

由图8—4中可以看出，在教师外出参与交流的问题上，选择"普通教师"的农村学校教师和城区学校教师的比例分别为55.8%、73.1%，选择"骨干教师"比例分别为27.9%、23.7%，选择"新任教师"的比例分别为10.9%、2.6%，选择"空闲教师"的比例分别为0.6%、5.5%。从这些数据中我们可以看出，F市城乡学校教师轮岗交流主要以普通教师为主，参与交流的骨干教师比例并不高，没有完全落实国家关

图 8—3　教师流失的类型情况统计

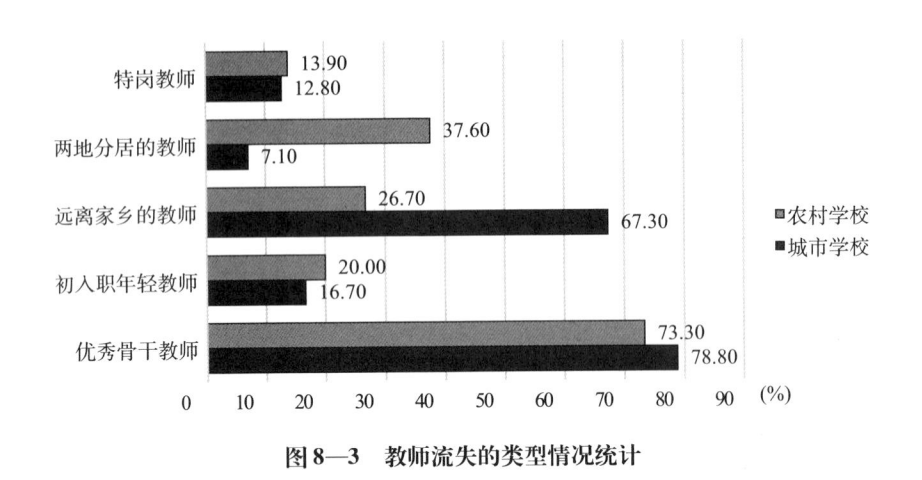

于教师交流的相关政策。城乡教师流动没有发挥促进优质资源流动的作用，反而存在"反向流动"的现象。虽然教师交流的政策明确规定每年轮岗交流的教师不低于20%，但从F市的调研结果来看，教师轮岗交流效果并不明显。其原因主要包括两个方面：第一，城区学校出于自身教学质量和教师数量的考量，不愿意将优秀教师派出交流。第二，轮岗交流保障制度落实不到位，无法切实保障农村学校和教师的切身利益，在访谈中一位教育局的行政人员也谈到：虽然目前政策明确规定，每年轮岗交流的教师不低于20%，但从结果来看，并没有完全达到这个比例。轮岗交流过程中存在很多问题，比如农村教师的利益无法保障，因为城区学校的教师在交流时存在占用农村学校的编制后离开的情况。在保障农村学校利益方面，要充分考虑到城乡教师职称比例。由于城区学校优秀教师多，一旦进入农村学校，极有可能挤占农村教师职称名额，如果能够长期服务于农村学校，就会促进农村学校教学质量的提升，但如果挤占职称名额后离开，就会影响农村学校教师的积极性。

（二）教学共同体活动时间情况

从表8—6中可以看出，关于参与教学共同体的时间问题，F市城乡教师选择"几乎没时间"的城乡教师比例高达为47.6%，而选择"通常有时间"教师比例为33.8%，18.6%的城乡教师选择了"有时有时间"，通过数据的统计我们可以看出，城乡教师在参与教学共同体的时间投入上并不充足。

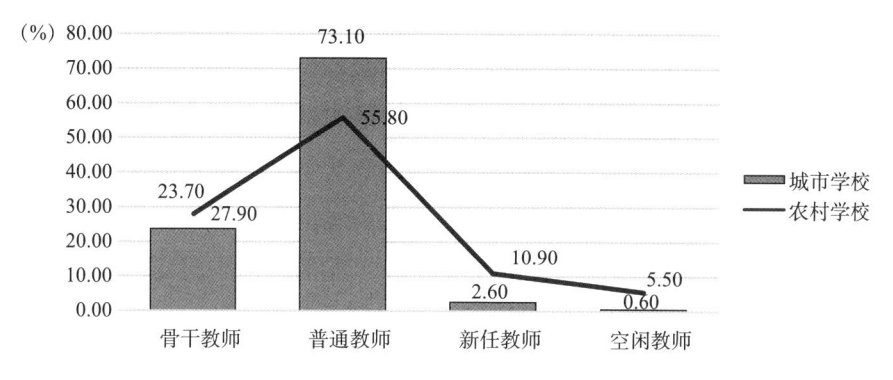

图8—4　跨校轮岗交流的教师类型情况统计

表8—6　　　　　城乡教师参与共同体活动时间因素统计

城乡教师参与共同体活动时间因素统计表	人数	比例（%）
通常有时间	112	33.80
有时有时间	59	18.60
几乎没时间	150	47.60

从图8—5中可以看出，关于教师参与教学共同体的频次情况，61%的城乡教师选择了"有时参加"，32%的城乡教师选择"经常参加"，7%的城乡教师选择了"从未参加"。可以看出，F市城乡教师参与教学共同体的频次并不高。

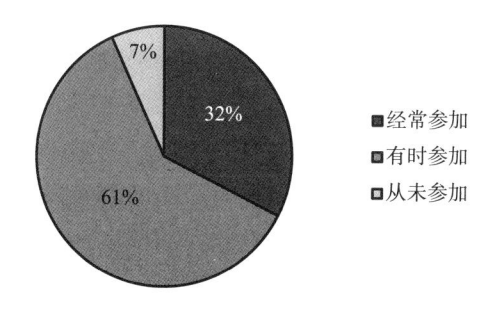

图8—5　城乡教师参与教学共同体的频次情况

如表 8—7 所示，在城乡教师教学共同体的组织方面，60.3% 的城乡教师选择"有时组织"；而选择"经常组织""几乎不组织"的教师比例分别为 37.4%、2.3%。结合上面教师参与情况，我们可以判断，当前民族地区城乡教师参与教学共同体的次数不多可能与县域内共同体的组织频次不多有直接关系。

表 8—7　　　　　　　　　城乡教师教学共同体组织情况

共同体组织活动情况	人数	比例（%）
经常组织	120	37.40
有时组织	193	60.30
几乎不组织	7	2.30

（三）教学共同体活动场地因素

调查发现，当前 F 市开展的城乡教师教学共同体活动可分为传统的面对面的线下活动和基于社交软件与网络平台的线上活动两种情况，所以城乡教师教学共同体的场地也可分为现实场地和虚拟场地两种。

表 8—8　　　　　　　　　教师教学共同体的场地情况

共同体的开展场地	人数	比例（%）
虚拟场地	180	56.07
现实场地	141	43.93

从表 8—8 中可知，教师选择"虚拟场地"和"现实场地"的教师比例分别为 56.07%、43.93%，从统计结果来看，F 市城乡教师教学共同体采用虚拟场地更为普遍，但访谈却发现"虚拟场地"中活动的效果并不理想。

（四）教学共同体活动经费情况

从图 8—6 中可看出，F 市城乡教师在"城乡教师教学共同体是否有专门的资金支持"一题中选择完全同意、同意、不确定、不同意、完全不同意的比例分别为 3.1%、33.0%、60.9%、1.9%、1.1%。从这些数据可以看出，当地对城乡教师教学共同体建设和运行的经费投入不足。

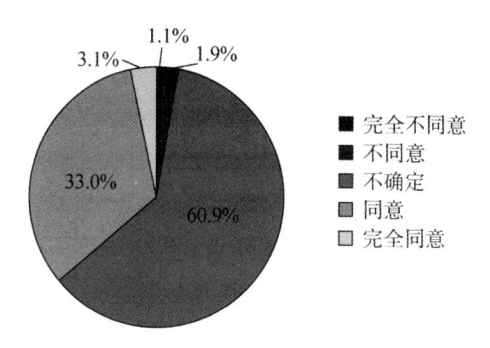

图8—6 教师教学共同体资金支持情况

通过对当前城乡教师教学共同体的资金支持与所在学校（城市、农村）的卡方检验，如表8—9所示，Sig值小于0.05，教学共同体资金支持与所在学校（城市、农村）有显著关系，城区学校的资金投入大于农村学校资金投入。

表8—9　　　教师教学共同体资金支持情况卡方检验

	值	df	Sig
Pearson 卡方	20.142a	5	0.01

（五）教学共同体活动政策支持情况

调研发现，F市没有专门出台支持建立城乡教师教学共同体的相关政策，只是在一些促进城乡教育一体化发展和城乡教师专业发展的文件中提到了"鼓励建立城乡教师教学和研究共同体"的建议。正如F市教研室一位老师所言："这种政策属于鼓励性政策，鼓励性政策如果没有相应的鼓励措施，一般都不会达到理想的效果。"

二　城乡教师参与和组织教学共同体的方式

（一）参与方式分析

教学共同体包括面对面的实体型共同体，基于网络的协作学习、协作教研、协作教学的网络型共同体和线上线下混合进行的混合型共同体三种形式。如图8—7所示，F市城乡教师参与"实体型""混合型""网络型"的比例分别为 21.21%、37.62%、41.27%。调查还发现，F 市城乡教师参与教师教学共同体的倾向形式存在差异。城区教师主要以混合式教师教学共同体形式为主，约有 67.2% 的城区学校教师更倾向于参与混合型共同体学习方式，而农村学校教师则更倾向于参与实体型教师教学共同体，约占 78.1%。另外，如图 8—7 所示，不同年龄的教师倾向于参与共同体的形式也存在一定差异。36—45 岁和 45 岁以上的教师更倾向于选择实体型的共同体形式，而 25 岁及以下和 26—35 岁的青年教师们则更倾向于选择混合型和网络型的共同体形式。

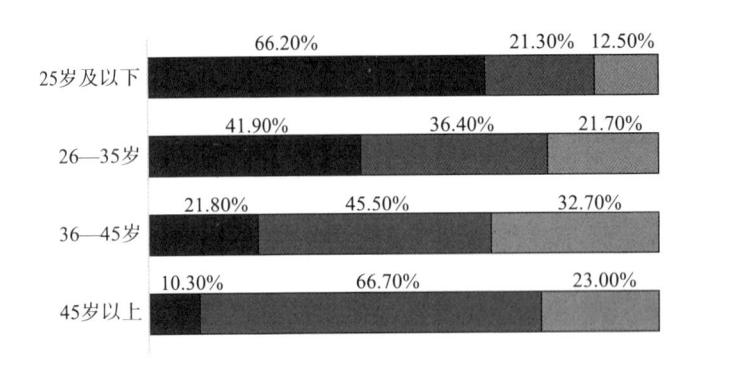

图 8—7　教师教学共同体参与形式情况

（二）组织形式分析

教师教学共同体的主要组织形式包括区域教研共同体、教师工作坊、名师工作室、网络学习共同体等形式。① 如图 8—8 所示，F 市城乡教师中倾向于区域教研共同体比例为 37%，倾向于名师工作室的比例为 33%，倾向于教师工作坊的比例为 19%。名师工作室和区域教研共同体受到城乡教师的普遍欢迎。城乡教师倾向的共同体组织形式存在差异。

如图 8—9 所示，在区域教研共同体和名师工作室的选择比例上城区学校教师大于农村学校教师，在教师工作坊形式上，农村学校教师大于城区学校教师。

---

① 周凤霞、黎琼锋：《试论城乡教师专业发展共同体及其构建》，《教育理论与实践》2016 年第 23 期。

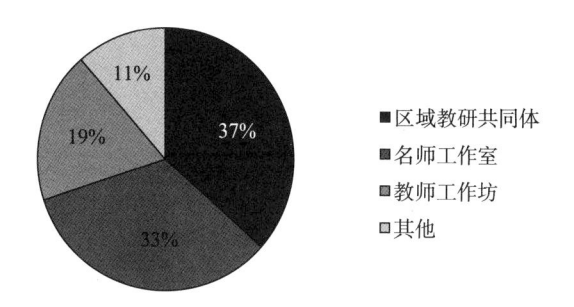

图 8—8　城乡教师教学共同体的组织形式情况统计

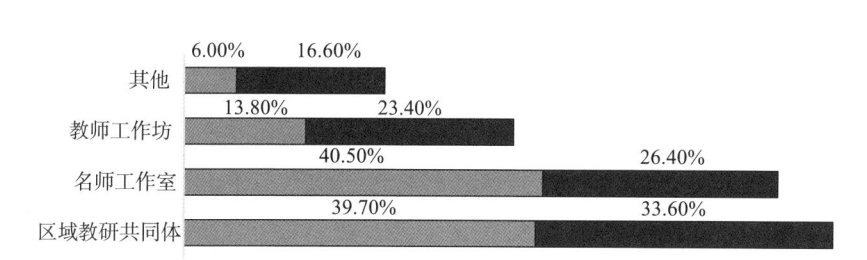

图 8—9　城乡教师教学共同体的组织形式差异

三　教师教学共同体活动情况

（一）参与动机分析

1. 城乡教师参与教师教学共同体活动的主要动机是自身发展和完成任务

从图 8—10 中可以看出，50.35% 的教师参与共同体的动机是提升自身专业素养，但仍然有相当一部分（45.94%）的教师参加城乡教师教学共同体的动机是迫于学校硬性工作要求，选择福利机制的教师仅占 0.3%，选择学校文化氛围浓厚、成果共享的教师比例占 3.41%，也可以从侧面说明当前 F 市城乡教师教学共同体运行中缺乏应有的奖励机制和学习氛围。

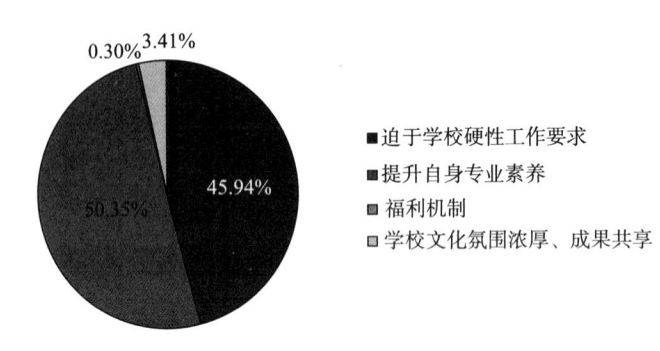

图 8—10　城乡教师教学共同体的动机情况统计

2. 城乡教师参与共同体动机存在显著差异

通过表 8—10 中可知，卡方检验的结果 Sig 值为 0.000（小于 0.05），城乡教师参与教学共同体的动机存在显著差异。

表 8—10　　　　城乡教师教学共同体的动机情况统计

	值	df	Sig
Pearson 卡方	46.998[a]	3	0.000

结合图 8—11 可知，F 市城区学校教师参与城乡教师教学共同体的动机主要是迫于学校硬性工作的要求，占到了 64.7%，而出于提升自身专业素养的教师仅占 33.3%，而农村学校教师正好相反，出于提升自身专业素养的教师占到 66.1%，而选择迫于学校硬性工作的要求的教师比例为 27.9%，出于福利机制的城区学校教师数量为 0，农村学校教师数量也仅有 0.6%。

3. 工学矛盾突出成为影响城乡教师参与共同体的重要原因

如表 8—11 所示，在关于"不愿意参加城乡教师教学共同体的原因"问题的回答中，选择没有时间和精力、收获不大、形式内容简单枯燥、经费支持不够的城区学校教师选择比例分别占了 91.0%、84.6%、71.2%、8.3%，农村学校教师的选择比例为 69.7%、56.4%、58.2%、11.5%，通过相关数据可以看出，F 市城乡教师参与教学共同体活动的积极性不高，主动性不强。

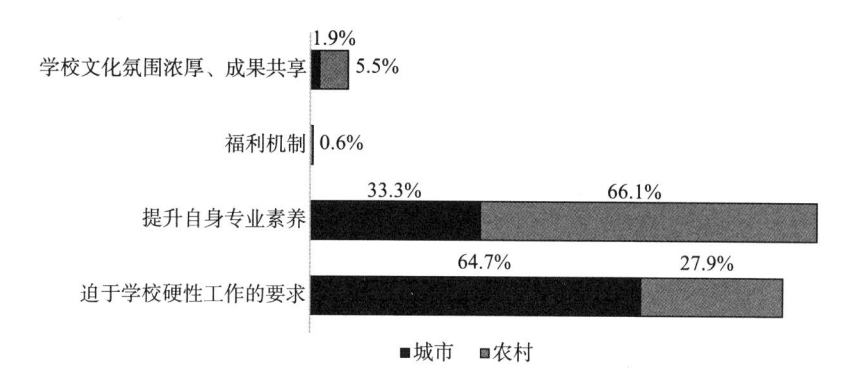

图 8—11 城乡教师教学共同体的动机情况统计

表 8—11　　　　　　　影响城乡教师教学共同体的原因情况

	没有时间和精力	收获不大	形式简单内容枯燥	经费支持不够	其他
城区学校	142	132	111	13	2
百分比（%）	91.0	84.6	71.2	8.3	1.3
农村学校	115	93	96	19	19
百分比（%）	69.7	56.4	58.2	11.5	11.5

在访谈中，进一步印证了我们关于"F市城乡教师参与教学共同体活动的积极性不高，主动性不强"的判断。一部分教师认为城乡教学共同体仅仅是形式而已。一位校长认为，教师们在参与过程中，动机可转化。在一些大型的活动中，如公开课、大型赛课以及优课评选中，为了完成这个挑战性的任务，每个教师都需要他人的支持，这种需求激发了教师参与活动的内在动机。教师参与活动的动机是可以转化的——如果教师在参与活动中有积极的体验和丰硕的成果，那么学习的外部动机可以逐渐转化为内部动机，同时教师的参与感会逐渐提高。访谈还发现，由于共同体学习的内容设置更多是基于农村学校教师，城区学校教师的角色更多是提供帮助，不能从共同体中提升自身的素养，也没有相应的奖励机制，所以城区学校教师参与城乡教师教学共同体的动机很低。一位城区学校教师谈道：城乡学校教师之间经常有交流活动，如共同教研、共

同备课等形式，学校安排他，他就去，主要是完成学校的任务，基本没有什么收获。

（二）活动主题分析

由图 8—12 中可知，当前 F 市城乡教师教学共同体活动主题主要涉及的是"课堂教学"、"学科专业知识"和"课题研究"，教师选择比例分为 20.4%、20.6%、20.7%；选择班级管理和"信息技术、教育技术"的比例分别为 18.2%、19.30%，选择"关注学生身心发展"的比例为 0.8%。

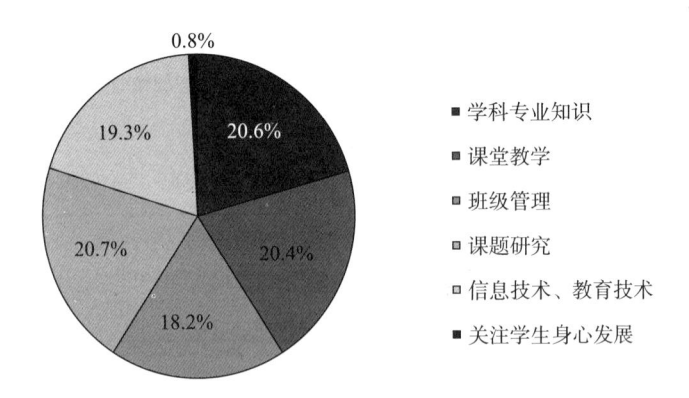

图 8—12　城乡教师教学共同体的活动主题情况统计

由表 8—12 中可知，F 市城乡教师参与的教学共同体互动主题在"学科专业知识"与"学生身心发展"两方面没有差异，在"课堂教学问题""信息技术、教育技术""班级管理""课题研究"方面存在差异。在"课题研究"和"信息技术、教育技术"这两类主题的选择上，城区教师选择比例大于农村学校教师，在"课堂教学问题""班级管理"两类主题上农村学校教师选择的比例大于城区学校教师。

表 8—12　城乡教师对教学共同体的活动主题认识差异情况

共同体活动主题	卡方/F 值	自由度	Sig（单侧）
学科专业知识	1.402a	1	0.152*
课堂教学问题	16.179a	1	0.000*
班级管理	26.337a	1	0.000*
课题研究	10.458a	1	0.001*

续表

共同体活动主题	卡方/F 值	自由度	Sig（单侧）
信息技术、教育技术	17.621a	1	0.000*
学生身心发展	2.074a	1	0.128*

（三）活动方式分析

F 市城乡教师教学共同体活动方式比较丰富，对教师的跟踪指导不够。调研发现，当前城乡教师教学共同体活动方式主要包括教学研讨、听课评课、共同备课、专题讲座、自主学习、教学反思、跟踪指导、答疑解惑等。由图 8—13 中可知，F 市城乡教师参与最多的前两个共同体活动方式是教学研讨和专题讲座，分别占 18.7% 和 16.9%，其次是自主学习和共同备课，分别占 16.7% 和 15.1%，跟踪指导和答疑解惑仅为 5.1% 和 1.0%。访谈也发现，虽然共同体活动的方式多种多样，但持续性和针对性不够，对有困难的教师跟踪指导不够。

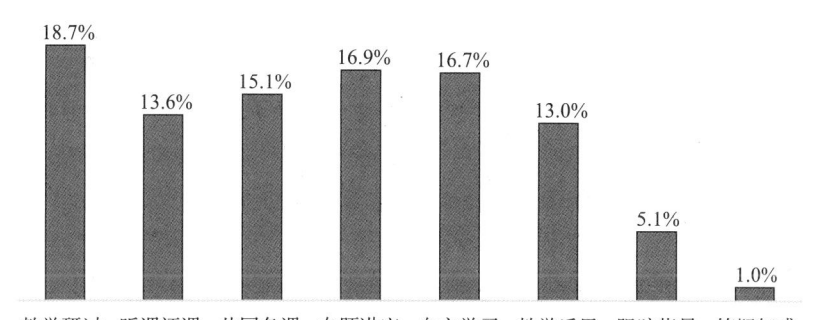

图 8—13　信息技术支持的城乡教师教学共同体活动形式占比

F 市城乡教师在教学共同体的形式认识方面存在显著性差异。如图 8—14 所示。城乡教师教学共同体在教学研讨、听课评课、共同备课、专题讲座、自主学习、跟踪指导、答疑解惑等方式认知方面存在显著性差异，在答疑解惑环节农村学校教师选择比例大于城区学校教师，而在跟踪指导、专题讲座、自主学习、共同备课、听课评课、教学研讨方式方面城区学校教师选择比例大于农村学校教师。这说明农村学校教师教育教学中遇到的问题更多，更渴望通过教学共同体来解决这些问题。

■城市 ■农村

图8—14 城乡教师教学共同体活动形式统计

活动形式	城市	农村
答疑解惑	43.7%	56.3%
跟踪指导	53.6%	46.4%
专题讲座	68.9%	31.1%
自主学习	68.2%	31.8%
教学反思	55.0%	45.0%
共同备课	71.1%	28.9%
听课评课	57.5%	42.5%
教学研讨	57.4%	42.6%

(四)教师参与教学共同体频次分析

城乡教师参与共同体次数整体偏少。

由图8—15中可知,有25%的城乡教师选择了没有参与过参加共同体活动,选择参加次数在1—3次的教师比例为32%,选择参加次数在4—6次的教师占总人数的28%,参加7次及以上的教师占总人数的比例为15%。由此可知,当前F市城乡教师参与教学共同体的次数普遍偏少。

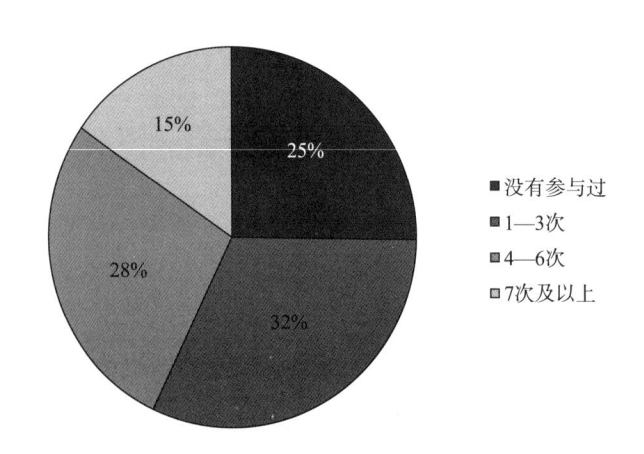

图8—15 F市城乡教师近一年参与教师教学共同体频次统计

农村教师比城市教师参与共同体次数多。

由表8—13中可知，F市城乡教师参与共同体的次数存在显著性差异，农村学校教师参与共同体次数多于城区学校教师。虽然没有参与过教学共同体的农村教师比例（28.8%）比城区学校教师（21.2%）稍多，但参与7次及以上的农村学校教师比例为18.8%，高于城区学校比例（11.2%）。这也充分说明农村学校教师更渴望通过教学共同体解决自己现实的教育教学问题和提升自己专业能力。

表8—13　　　　城乡教师参与教师教学共同体频次情况

	近一年参与过的城乡教师教学共同体频次				Pearson 卡方值	Sig（双侧）
	没有	1—3次	4—6次	7次及以上		
城市	21.2%	39.7%	27.8%	11.2%	11.841a	0.019
农村	28.8%	24.7%	27.6%	18.8%		

（五）教学共同体评价方式分析

由图8—16中可以看出，当前F市城乡教师教学共同体评价方式比较单一，采用最多的评价方式是自评和多种评价综合，分别占28.97%和21.18%。

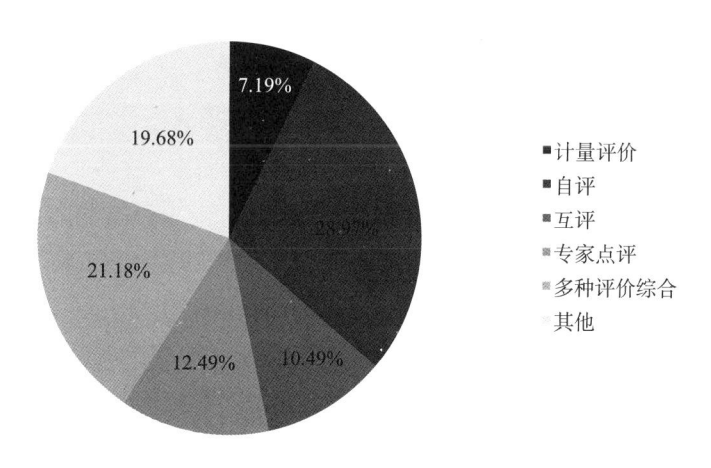

图8—16　城乡教师教学共同体评价方式统计

自评、互评和计量评价存在城乡差异。由表8—14可以看出，F市城区教师和农村教师在自评、互评、专家点评、多种评价和计量评价之间存在差异性。由图 8—17 中可以看出，在自评的比例上城区学校教师大于农村学校教师，而在互评、专家点评、多种评价综合和计量评价中农村学校教师的选择比例大于城区学校教师。

表 8—14　　　　城乡教师对教学共同体评价方式认知比较情况

共同体评价方式	卡方/F 值	自由度	Sig（单侧）
计量评价	19.634a	1	0.000
自评	3.204a	1	0.048
互评	21.872a	1	0.000
专家点评	13.637a	1	0.000
多种评价综合	27.950a	1	0.000

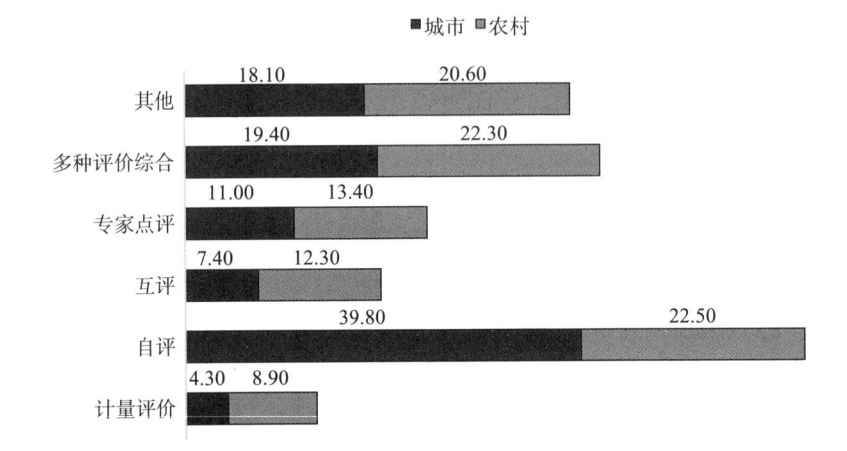

图 8—17　城乡教师对教学共同体评价方式认识的差异情况

（六）教学共同体激励机制分析

从图 8—18 可知，关于城乡教师教学共同体奖励情况，F 市城乡教师对于奖励机制并不了解，选择"有"的教师仅占 23.6%，而选择"没有"或"不清楚"的教师分别占到 24.1% 和 52.3%。从图 8—19 可以看出，有关"参加城乡教师互助活动的教师在评奖评优方面是否有优势"，选择"不清楚"和"没有"的城乡教师占 79%，说明当前 F 市城乡教师教学共同体活动奖励机制的缺失。

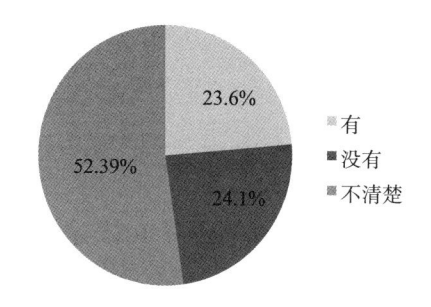

第八章 教育信息化促进民族地区城乡义务教育教师……对策研究 / 271

图 8—18 教师对教学共同体奖励情况的认识

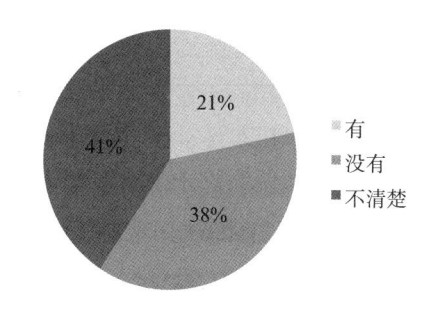

图 8—19 教师对教学共同体奖励功能的认识

(七) 活动的认可度分析

从图 8—20 中可知, 关于城乡教师对教学共同体活动认可的情况, 选择"有利于教师专业发展"的教师比例为 48.7%, 选择"可有可无, 意义不大"的教师比例为 26.4%, 选择"形式主义, 增加教师烦恼"的教师比例为 9.6%, 选择"有积极意义, 具体不清楚"的教师比例为 15.3%。可见, F 市城乡教师教学共同体的认可度还有待提升。本研究同样对城乡教师关于共同体的认可度做了卡方检验, 如表 8—15 所示, 城乡教师教学共同体认可度上存在显著差异, 农村学校教师比城区学校教师更认可共同体的活动效果, 主要原因在于城区学校教师认为从教学共同体活动中获益不多。

形式主义，增加教师烦恼　9.60%
可有可无，意义不大　26.40%
有积极意义，具体不清楚　15.30%
有利于教师专业发展　48.70%

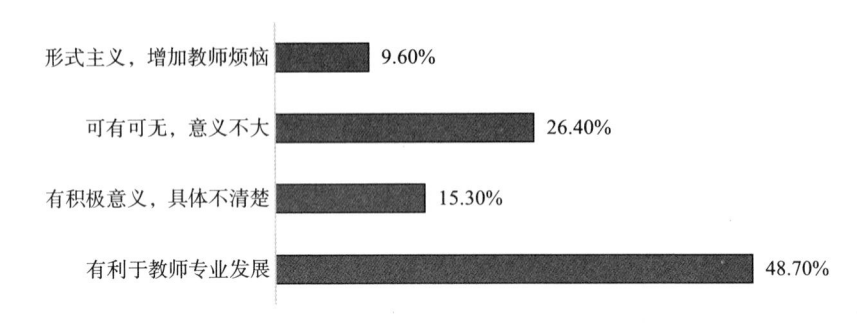

图 8—20　教师对教学共同体活动认可度情况

表 8—15　教师对教学共同体活动认可度的差异情况

	形式主义，增加教师烦恼	可有可无，意义不大	有积极意义具体不清楚	有利于教师专业发展	Pearson 卡方值	Sig（双侧）
城市	13.6%	28.7%	22.6%	46.1%	18.379a	0.000
农村	16.2%	22.2%	12.4%	51.2%		

四　城乡教学共同体工具与平台使用与需求情况

（一）平台与工具使用情况

1. QQ、微信等通信工具使用比例较大。从图 8—21 中可以看出，F 市城乡教师使用国家或地方公共资源服务平台较多，所选人数占调查总人数的 35.1%，其次是基于通信软件，如 QQ、微信等社交通信软件，所占比例为 19.8%，使用教育 APP、全国中小学教师继续教育网、博客或 BBS、同步教室（视频系统）、其他的教师比例分别为 3.9%、12.5%、21.4%、6.4%、0.9%。

2. 城乡教师每天访问网络学习空间的时长为 1—2 小时，且访问时长与教师所在学校、学历呈现正相关，与年龄和所教学段影响不显著。

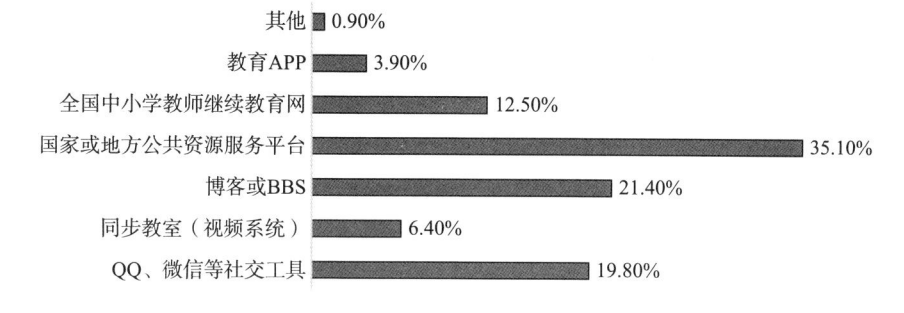

第八章 教育信息化促进民族地区城乡义务教育教师……对策研究 / 273

```
其他                          0.90%
教育APP                       3.90%
全国中小学教师继续教育网         12.50%
国家或地方公共资源服务平台       35.10%
博客或BBS                     21.40%
同步教室（视频系统）            6.40%
QQ、微信等社交工具             19.80%
```

图 8—21 教师访问共同体平台情况

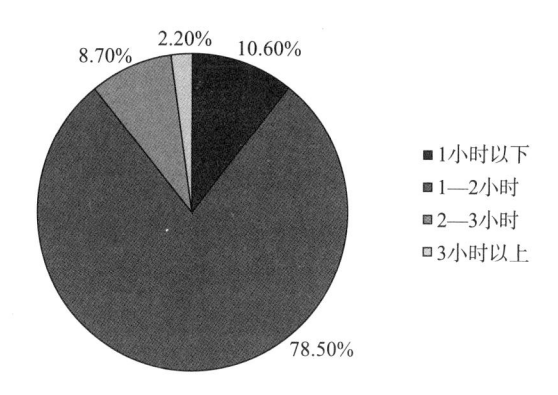

图 8—22 教师访问共同体平台时长情况

从图 8—22 中可以看出，城乡教师每天访问学习平台的时长 1—2 小时的教师最多，所占比例为 78.5%。选择 1 小时以下和 3 小时以上的教师比例分别为 10.6% 和 2.2%。由表 8—16 卡方检验可知，教师访问平台的学习时长与所在学校相关。由图 8—23 中可知，城乡教师每天访问平台的时长基本都在 1—2 小时，1 小时以下的农村学校教师的比例高于城区学校教师，2—3 小时的农村学校教师比例也多于城区教师。3 小时以上的农村学校教师和城区学校教师比例基本相同。教师访问平台的学习时长与所教学段、学历、年龄没有显著性相关。

表 8—16　城乡教师访问共同体平台时长差异卡方检验

		所在学校	学历	所教学段	年龄
每天访问共同体平台的时长	Pearson 系数	17.392ª	21.714	15.803	13.611
	Sig（双侧）	0.004	0.047	0.395	0.555

■城市　■农村

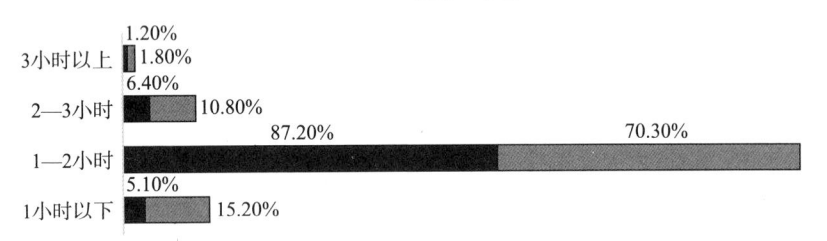

3小时以上　1.20%／1.80%
2—3小时　6.40%／10.80%
1—2小时　87.20%／70.30%
1小时以下　5.10%／15.20%

图 8—23　城乡教师访问共同体平台时长差异情况

（二）教师期望的工具功能情况

如图 8—24 所示，通过对 F 市城乡教师对共同体工具和平台期望功能分析，我们发现，选择"资源分享与存储"的教师比例为 26.1%，选择"视频资源回放"的教师比例为 23.9%，选择"交流互动"功能的教师比例为 15.6%，另外选择支持多平台、方便数据管理、具有绩效分析功能、其他的教师比例为 12.8%、7.9%、11.9%、2.7%。

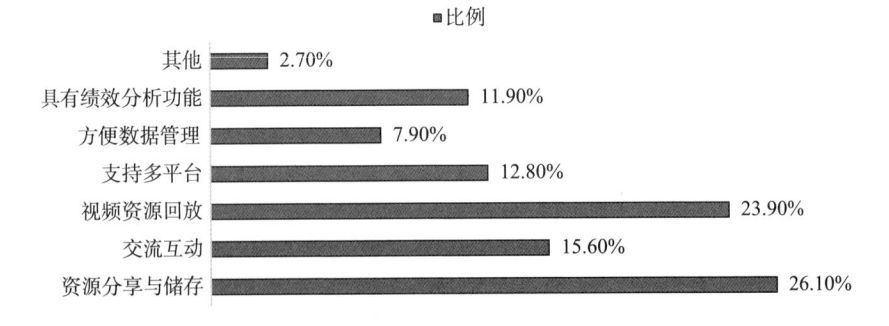

■比例

其他　2.70%
具有绩效分析功能　11.90%
方便数据管理　7.90%
支持多平台　12.80%
视频资源回放　23.90%
交流互动　15.60%
资源分享与储存　26.10%

图 8—24　教师期望共同体的工具和平台功能情况

通过卡方检验发现，F 市城乡教师期望的交流互动、支持多平台和方便数据管理上存在差异，在交流互动、支持及平台和方便数据管理方面，城区学校教师优于农村学校教师，城乡教师在资源分享与存储、视频资源回放及绩效分析方面无显著差异。

表 8—17　　　　城乡教师期望共同体工具功能的卡方检验

	卡方/F 值	自由度	Sig（单侧）
资源分享与存储	2.434a	1	0.487
交流互动	13.905a	1	0.001
视频资源回放	0.627a	1	0.428
支持多平台	11.903a	1	0.001
方便数据管理	7.003a	1	0.008
绩效分析	0.020a	1	0.887
其他	4.367a	1	0.037

五　教师教学共同体运行的困难与需求情况

（一）教师教学共同体运行困难情况

从图 8—25 中可知，教师教学共同体运行面临诸多困难，依次为"时间冲突、工学矛盾突出"（63.2%）、"领导不够重视"（47.5%）、"缺乏经费支持"（43.4%）、"缺少奖励机制"（42.5%）、"部分教师保守不愿意共享"（13.7%）、其他（10.9%）。这些数据表明，当前 F 市城乡教师教学共同体建设的支持性不足，尤其是时间和资金支持不足。

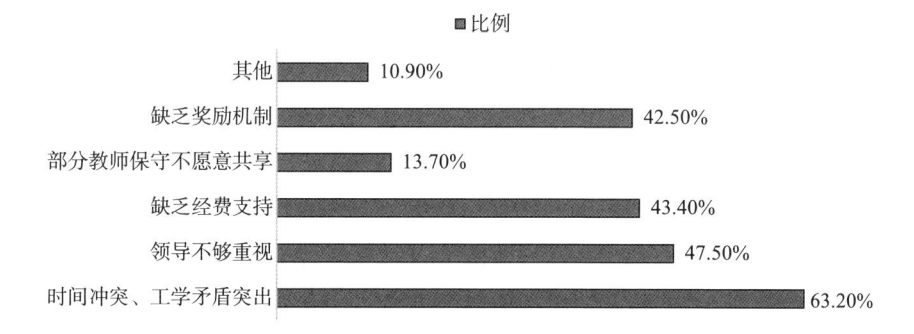

图 8—25　教师教学共同体建设存在困难的认知情况

同时，本研究对F市教师城乡教师教学共同体存在问题的原因做了相应统计。由表8—18中可知，当前城乡教师教学共同体存在问题的原因是多方面的，选择"缺少针对性"的教师比例为76.8%、选择"过于强调宏观理论建构"的城乡教师比例为74.3%、选择"缺乏同专家交流机会"的教师比例为63.9%、选择"受众面小"的城乡教师比例为53.9%、选择"过于强调微观知识点"的教师比例为9.1%。说明城乡教师教学共同体活动的内容过于宏大，不能解决教师的实际问题，也缺乏外来专家的高位引领。

表8—18　F市教师对信息技术支持的城乡教师教学共同体存在问题的认知情况

F市教师对共同体建设存在问题的情况认知情况（多选）	人数	比例（%）
过于强调宏观理论建构	238	74.30
过于强调微观知识点	29	9.10
受众面小	173	53.90
缺少针对性	246	76.80
缺少同专家交流机会	205	63.90
其他	47	14.70

（二）教师期望在城乡教师教学共同体中提升能力需求的分析

如图8—26所示，通过对F市城乡教师参与教学共同体的需求分析，我们发现，选择课改新概念、学科专业知识、学科教学法的城乡教师较多，比例为13.5%、14.4%、18.2%，选择一般教学策略，课堂管理策略，教育教学研究方法，信息技术、教育技术，人文修养、艺术鉴赏，儿童发展心理学，其他的比例分别为7.2%、12.5%、10.10%、9.3%、4.4%、8.8%、1.7%。由数据可以得知，教师更希望提高自己的学科知识、教学相关的素养，更希望提升自己教学相关的能力。

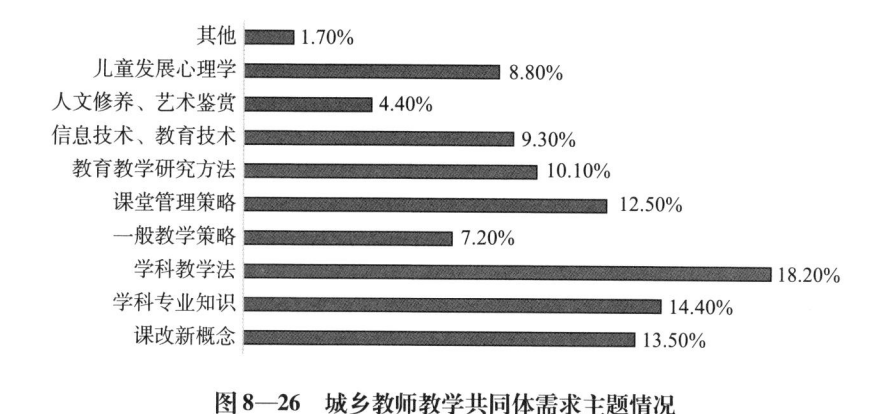

其他	1.70%
儿童发展心理学	8.80%
人文修养、艺术鉴赏	4.40%
信息技术、教育技术	9.30%
教育教学研究方法	10.10%
课堂管理策略	12.50%
一般教学策略	7.20%
学科教学法	18.20%
学科专业知识	14.40%
课改新概念	13.50%

图8—26　城乡教师教学共同体需求主题情况

第三节　民族地区城乡义务教育教师教学共同体建设与运行存在的问题及原因

研究发现，影响民族地区城乡教师教学共同体建设和运行的原因是多方面的，有政策方面的、管理方面的原因，也有学校方面的、教师方面的原因。具体来说，包括以下几个方面。

一　民族地区城乡教师教学共同体的外部支持不足，教师参与的积极性不高

调查发现，民族地区城乡教师教学共同体在政策、经费、活动场地等外部支持方面均存在许多问题，致使民族地区城乡教师参与教学共同体的积极性普遍不高。从城乡教师参与教学共同体的动机来看，可以分为内部动机和外部动机。教师参与教学共同体的内部动机是指教师基于教学问题解决和自身专业发展的需求，主动自愿地参与教学共同体活动的心理状态。教师参与教学共同体的外部动机是教师为了获得职称晋升、得到领导和同事的认可、获得物质和精神奖励而参与教学共同体活动的心理状态。从前期的调查数据和访谈资料中可以看出，民族地区城乡教师参与教学共同体的内部动机和外部动机都不强烈。其原因主要表现在以下几个方面：第一，许多教师自我发展的意识不强，对自身专业能力

的要求不高。调查中涉及的相当一部分教师对教师职业认同感不高，自身专业发展愿望不强、钻研教育教学的劲头明显不足。所以他们不愿意、不主动参与以解决教育教学问题、提升自身专业素养的教学共同体就显得合情合理了。第二，缺乏有效的激励机制。适度的物质奖励和精神激励在一定程度上可以调动和激发教师参与教学共同体的积极性。对于城区学校优秀教师来说，他们参与教师教学共同体主要是帮助农村学校教师提升其专业能力，虽然在参与的过程中也能使他们自己的专业能力，尤其是研究教育教学的能力得到相应的提升。但这些对城区学校教师来说还只是停留在认识层面。深度访谈发现，如果没有相应的奖励机制，城区学校教师不愿意积极投入到教学共同体活动中去。

二 教学共同体参与和组织形式多样，但教师满意度不高

研究发现，民族地区城乡教师教学共同体参与方式包括面对面的实体型共同体，线上协作学习、协作教研、协作教学的网络型共同体和线上线下混合进行的混合型共同体三种形式。组织形式包括区域教研共同体、教师工作坊、名师工作室、网络学习共同体四种形式。仅仅从参与和组织形成方面看，教学共同体的参与和组织形式多样。但从后期对教师参与教学共同体的满意度调查发现，教师对教学共同体的组织形式并不满意。其原因主要表现在以下几个方面。第一，组织和参与形式没有考虑教师的需要。教学共同体的组织和参与方式都是教育行政部门在借鉴其他地区开展教学共同体经验的基础上形成的，对教师的需要和实际困难考虑不足。如县级教研室在周末组织线上协作学习、协作教研、协作教学的网络型共同体时，要求所有参与教学共同体的教师周末都要到学校的电脑室去参与活动，很多教师家住在县城或离学校很远的地方，周末来学校就等于没有周末，所以教师非常不愿意在周末参与这种活动。第二，对活动过程关注不够，活动过程形式化严重。研究中许多参与教学共同体的教师告诉我们，组织教学共同体的教育行政人员主要是为了完成这样一项任务，所以，在共同体活动开展的过程中，他们更关注的是多少教师参与，在哪里参与。参与人数多、场面宏大是他们汇报工作所需要的。也就是说，只要留下组织和参与的痕迹他们的任务就算完成了，至于效果怎样，他们似乎无心关注。这样就造成了形式多样的背后

使活动真正走向了为形式而形式。这种形式化的活动自然不会产生理想的效果。

三 教学共同体主题设计和活动内容针对性不强，不能有效解决教师面临的实际问题

当前民族地区城乡教师教学共同体主题设计和学习内容存在的问题主要包括三个方面。第一，活动主题设计随意性较大，没有充分观照教师教育教学中遇到的实际问题。研究发现，民族地区城乡教师教学共同体虽然也有相应的主题设计和活动安排，但主题设计和活动安排随意性比较大。访谈中我们发现，负责教师教学共同体的教育行政人员在教学共同体活动的内容时，既不是按照教师教育教学存在的具体问题设计活动内容，也不是按照教师专业发展中存在的问题及需求设计内容。大多数情况下都是完全照搬其他地区相关活动的设计主题和活动内容。这种活动设计就必然导致教学共同体主题设计和活动内容针对性不强，不能有效解决教师面临的实际问题。第二，活动设计对教师信息技术能力的提升重视不足。查阅相关活动设计和活动记录发现，无论是活动设计还是最后正式实施的活动内容都对教师信息技术能力提升关注不够。调查发现，民族地区义务教育阶段城乡教师信息技术运用能力普遍不高，许多教师不会寻找网络上的优质课程资源，更不会将其转化成适合本班学生学习的课程资源。另外，教师信息技术能力欠缺，也影响了教师参与在线教学研讨的积极性和城乡教学共同体活动的效果。第三，活动主题对民族地区城乡教师特殊素质的关注不够。当前造成民族地区教师教学困境的普遍原因往往是对民族地区教师教学实践中需要的特殊素养关注不够。[1] 民族地区教师更需要将本土知识整合到学校教育教学过程中的能力。这种能力不仅包括了解本地学生的特殊心理特征，引导学生认同国家、热爱家乡，还包括引导学生认识多元文化并发展其跨文化的交往能力[2]和针对不同民族的学生采用不同的教育方法的能力[3]。民族地区教师

---

[1] 郝文武：《师范院校应努力建设好一流教师教育》，《教师教育研究》2018年第4期。
[2] 黄健毅、黎芳露：《新时代民族地区乡村教师的特殊素养及培养路径》，《民族教育研究》2020年第1期。
[3] 罗军兵：《实践取向视野下民族地区中小学教师特殊素养提升研究——基于云南省G县的教育考察》，《民族教育研究》2017年第6期。

往往缺乏结合民族地区的学生差异性和文化的多样性实施教学的能力，但教学共同体活动主题设计中对这方面的内容关注不够。其原因主要包括以下两个方面：第一，县域内城乡教师教学共同体活动主题设计和组织单位多，各单位之间沟通交流不够，活动设计缺乏系统性。有些活动是教育局教研室在负责设计和组织实施，有些活动是教师培训中心在负责设计和组织设施，还有一些活动是电教中心负责设计和组织实施。第二，活动主题和内容设计没有充分反映教师的实际需求。任何针对教育教学的活动设计都是基于深入了解现实问题和实际需求的基础上形成的。因此，没有对教师教育教学实际存在的问题和需求进行必要的调查，就不可能设计出解决教师面临的教学问题和引领教师发展的活动主题和内容。

四 教学共同体活动中高位专业引领不足

如前所述，本研究所涉及的四个民族地区义务教育阶段教师专业能力整体偏低，自我提升的意识也相对不足。如果仅仅依靠他们自己的力量很难在短期内提升城乡教师的专业能力。从现有的教学共同体的开展情况来看，对于一些教育教学问题的讨论和研究基本都停留在常识层面，而且还存在彼此不能说服对方的问题。往往是大家从很远的地方赶到一起或通过在线的形式讨论了很长时间，却没有得到应有的收获。偶尔有名师工作室的负责人莅临指导才能勉强解决部分教师的教学困惑。教学共同体活动中高位专业引领不足的原因有多方面。第一，组织活动教研员自身专业能力不足，对教师提出的问题不能进行引领性解答。调查发现，民族地区部分教研员不仅一线教学经验不足，而且教学研究能力较弱。在组织教学共同体时，对教师提出的教学困惑很难从教与学的原理层面给出科学的解答，只是在经验层面上谈一些认识和感想，这种专业指导和引领不可能有效提升教师专业能力。第二，不平等的对话方式使得交流讨论很难走向深入。调查发现，担任教学共同体活动指导者的角色通常是教育局的教研员。教研员虽然和教师之间不存在行政上的上下级关系，但由于教研员在优质课评比、教学新秀和教学骨干的评选中具有绝对的话语权，而这些评比和评选又会影响教师的职称晋升。因此，教师害怕"得罪"他们，所以在共同体的活动中基本都是按照教研员的要求来做，很少出现就一个问题争论的局面，对教研员发表的观点一般也不提出质疑。这种缺乏平等对话的教学共同体活动必然会走向低效或无效。

五　教学共同体平台与工具不能满足教师的需求

如前所述，目前的民族地区信息化设备条件已经得到了极大的改善，网络已覆盖了教学场所，许多学校都实现了班班通，建立了录播室，每个班和录播教室都拉了独立光纤，能满足师生信息化教学的需要，然而，关于教师教学共同体平台和工具的建设中还存在许多亟待解决的问题。第一，优质资源匮乏、更新不及时。目前民族地区教学共同体平台基本都存在优质资源匮乏且更新不及时的问题。第二，资源汇聚时缺少对资源的精细分类。不精细的资源分类，增加了教师寻找资源的难度，同时也增加了教师的工作量。第三，教学共同体学习平台呈现方式单一。调查所涉及的四个民族地区教师教学共同体的学习和交流基本都是基于网页的呈现，缺少对移动客户端的开发。网页传递内容的方式不能满足教师碎片化学习的需求，给教师在共同体内的学习造成了阻碍。第四，学习支持服务不完善。在线交流方面，调研所涉及几个地区的教学共同体平台仅支持在线讨论、在线评价，没有协同备课、精准推送等功能。学习支持服务不完善的原因主要包括以下两个方面：一是经费不足，没有专门针对教师教学共同体开发的平台，都是借助于某个教育资源平台来进行共同体活动，所以很难满足教师对资源存储、交流互动、精准推送、跟踪服务的要求。二是缺少专业技术人员的支持。调查发现，在民族地区教育领域，教育技术专业人员相对比较缺乏，因此不能及时解决教师在线教学研讨和交流中出现的技术问题，也不能及时维护教学共同体平台正常运行。运行不畅、管理不善的技术环境严重影响教学共同体的质量。

第四节　教育信息化促进民族地区城乡义务教育教师教学共同体建设的对策

一　整合教师教学共同体的组织和管理机构，落实组织和管理机构的主体责任

调查发现，当前民族地区教师教学共同体存在多头组织和管理问题，

这种多头组织和管理如果分工不清、责任不明，必然会造成教学共同体活动内容系统化不强，组织形式针对性不强，活动效果不理想等结果。因此，要实现教师教学共同体提升民族地区城乡义务教育教师整体教学能力，就必须重组和整合现有的教师教学共同体的组织和管理机构或部门，落实组织和管理结构的主体责任。具体包括以下两个方面：第一，将城乡教师教学共同体的组织和管理权力集中到教育局教研室。当前民族地区涉及教师教学共同体运行的相关机构和部门包括教育局教研室、电教中心和教师培训中心。从教学共同体运行过程来看，三个部门之间存在责任不明、分工不清等问题，无法实现教师教学共同体促进城乡教师教学能力提升的任务。教育局教研室是当地最好的教育教学研究机构，绝大多数教研员是既有一线教学经验又具备一定的教学研究能力的本土专家。由他们组织和管理教师教学共同体活动将会使教学共同体运行得更加规范和更具专业性。因此，本研究认为，应将城乡教师教学共同体的组织和管理权力集中到教育局教研室。另外，还应该将教师培训中心和电教中心的相关人员纳入由教研室负责的组织和管理团队中来，发挥他们在教师培训和信息化教学等方面的专长，共同促进教学共同体的高效运行。第二，落实教育局教研室组织和管理教师教学共同体的主体责任。之所以强调由教育局教研室负责组织和管理教师教学共同体，主要原因在于教育局教研室能够更加专业地引导教师教学共同体科学运行。因此，由教育局教研室负责的教师教学共同体在活动主题设计、活动内容和活动形式的选择等方面都要在充分了解教师教学实践和需求的基础上，从当地教师发展和教学存在问题的实际出发，科学系统地设计活动主题、活动内容和活动形式。而且要建立活动后的反馈机制，根据教师反馈，及时调整活动内容和活动形式，力求使每一个参与教学共同体的教师在每一次活动后都能得到应有的收获。

二 树立共同愿景，提高城乡教师参与共同体的向心力

研究发现，当前民族地区教师共同体普遍存在教师参与积极性不高的问题。教师不愿意参与教师共同体的原因除了共同体组织和管理存在问题之外，最主要的问题在于教师教学共同体缺少教师认同的共同愿景。

"没有共同愿景就没有学习共同体",① 每一个成功的共同体都是建立在成员认同共同愿景的基础上的。② 构建城乡教师教学共同体的目的是通过提升城乡教师教学能力实现城乡义务教育一体化发展,让每个孩子都能享有公平而有质量的教育。因此在建立城乡教师教学共同体时,一定要引导城乡教师树立基于促进县域内城乡义务教育一体化发展的共同愿景,其目的是提高城乡教师参与教师教学共同体的向心力。促进县域内城乡义务教育一体化发展的共同愿景要求每个教师都应该站在提升共同体内全体教师专业能力的角度来发展自己、帮助别人。也要求每一位教师将"小我"有机地融入"大我"之中。在共同愿景的引领下,城区学校优秀教师就不会将帮助农村学校教师当作额外工作,农村学校教师也会尽可能借助共同体的集体智慧提升自己的专业能力。当然,为了保证城乡教师都能认同共同愿景并心甘情愿地为共同愿景付出行动。除了通过政策宣讲引导城乡教师认同并为之而努力之外,最主要的是要通过建立一定的激励、约束等机制来保障共同愿景的顺利实现。

三 完善教学共同体组织与管理机制,保障教学共同体高效运行

调查发现,相应的机制不完善也是造成民族地区城乡教师教学共同体运行低效的主要原因之一。国内"三式"破"三难"的恩施模式、"一体双核四驱"的"咸安模式"和国外的 PDS 模式（Professional Development Schools）③,取得显著成效的主要原因是他们成立了专门的机构并建立了比较完善的组织与管理机制。要实现民族地区城乡教师教学共同体高效运行,必须建立相应的组织和管理机制。其思路和措施应该包括以下四个方面：第一,政策保障机制。制定和规范相关政策,为民族地区教师教学共同体运行创造良好的制度环境与政策环境。一是将教师教学共同体建设的权利和义务都收到教研室,由教研室成立专门的组织机

---

① ［美］彼得·圣吉:《第五项修炼——学习型组织艺术与实务》,郭进隆译,上海三联书店 1998 年版,第 237 页。

② 魏会廷:《教师学习共同体：促进教师专业发展的新途径》,武汉大学出版社 2014 年版,第 110—111 页。

③ 王继新、施枫、吴秀圆:《"互联网+"教学点：新城镇化进程中的义务教育均衡发展实践》,《中国电化教育》2016 年第 1 期。

构来负责全县教师教学共同体活动,二是县级教育局专门出台针对教师教学共同体建设的文件,明确教师教学共同体建设的价值意义、责任主体、实施方式等内容,并将其作为全县教师发展的重要工作常抓不懈。第二,经费保障机制。调查发现,当前民族地区义务教育经费基本能够满足义务教育发展的需要。因此,在经费能够基本保证的情况,要用好经费。在民族地区教师教学共同体建设过程中,一定要在教育局每年的财政预算中将其单列,以期保证教学共同体运行的相关费用,并在经费支出中要明确允许按照学校及教师在共同体建设中的贡献进行奖励和发放相应的劳务费,充分调动教师参与共同体活动的积极性。第三,技术保障机制。调查发现,民族地区义务教育教师信息技术能力普遍偏低,影响了教师在线参与教学共同体活动的质量。因此,必须建立相应的技术保障机制来提升教师在线参与共同体活动的效益。一是要加强对平台的管理和运营过程的监控,为教师教学共同体在线活动提供稳定的环境,并引导所有教师熟悉平台的功能、模块及使用方式。二是选派专门的技术人员为教师开展共同体活动提供在线的技术指导和帮助。第四,评估激励机制。评估是指对教师教学共同体运行的过程和成效进行监控和评价。在教师教学共同体评价中应该建立第三方评价机制,引进第三方专业评价机构对其运行目标、过程及成效进行客观评价,激励是对那些在教师教学共同体建设和运行中付出巨大劳动的单位和教师劳动给予一定的精神或物质奖励,进一步调动参与单位和教师的积极性。在民族地区教师教学共同体建设中,一定要重视评估激励在提供教师教学共同体建设中的作用。

四 厘清教学共同体建设思路,明确教学共同体发展方向

如前所述,民族地区义务教育阶段城乡学校硬件设施基本达到国家标准化建设要求。师资因素成为影响民族地区城乡教育优质均衡发展的最核心要素。因此,本研究以促进城乡师资均衡发展为目标,建立城乡教师教学共同体。具体建设思路包括以下三个方面:第一,整体提升民族地区城乡教师专业能力是教学共同体建设的目标。建立城乡教师教学共同体就是要通过城乡教师的学习、研究、交流等提升民族地区城乡教师的整体素质,促进城乡义务教育一体化发展。从这个意义上讲,民族

地区义务教育阶段城乡教师教学共同体承载着实现城乡教育一体化发展的特殊使命。因此，民族地区城乡教师教学共同体建设一定要围绕城乡教育一体化发展的目标展开。也就是说，当地教育行政部门在出台教师教学共同体建设的相关政策和文件时、教研室在规划和设计教师教学共同体活动时、学校安排教师参与教师教学共同体活动时、第三方评价教师教学共同体运行过程和效益时，都应该站在提升县域内教师整体素质的立场来思考和解决教师教学共同体建设和运行的问题。第二，充分运用信息技术手段是民族地区教师教学共同体建设的主要方式。由于自然环境和地理位置的原因，民族地区尤其是西北民族地区学校之间，城区学校与农村学校、农村学校与农村学校之间距离较远，交通相对不便。教师跨校参与共同体活动存在一定困难。因此，我们认为民族地区教师教学共同体建设一定要借助信息技术手段、充分利用信息技术和网络环境的优势，整合或搭建相应的网络平台，将教师聚集在网络空间，组织和引导教师实现在线教学研究、交流互动、答疑解惑等共同体活动。第三，全员参与，分组实施。全员参与是指民族地区义务教育教师教学共同体要求县域内全体义务教育阶段教师都要积极参与到相应的共同体中去。分组实施是指在教研室的统一规划下，按照一定的规则建立若干个教学共同体小组。即以学校为单位，一所优质城区学校教师与五所薄弱学校教师（包括城区薄弱学校和农村学校）结成一个教师教学共同体小组。每一个教研员负责一个教师教学共同体小组，若干个教师教学共同体小组组成一个县域内教师教学共同体。县教研室整合相关专家和一线教师，基于深入调查的基础上对共同体的目标任务、时间节点、实施路径等进行整体规划。每一个教师教学共同体小组根据县域内教师教学共同体的整体规划和目标任务，设计具体的活动主题、内容和形式。教研室将各教师教学共同体小组组织在一起开展深度交流和对话活动，旨在交流经验、分享成果，进一步促进县域内教师教学共同体的一体化发展，提升全县教师的教学能力。

五 整合专家资源，实现高位引领

结合调查研究所发现的问题，我们认为民族地区教师教学共同体建设一定要引进县域外专家资源，整合县域内的专家资源，让每一次教师教学共同体活动都能在专家的引领和指导下高质量地进行。第一，引进县域外优秀专家资源。如前所述，民族地区优秀专家资源相对比较匮乏，仅仅依靠县域内有限的优秀专业资源，无力引领教师教学共同体高质量运行。因此应该分两个层次引进县域外优秀专家。一是民族地区市级或省级优秀专家。民族地区市级或省级优秀专家遴选的标准是熟悉本地教育教学和教师专业发展实际，能够基于本地实际指导教师课堂教学实践和教学研究，每一学期深入活动开展的现场指导两次。二是引进发达地区优秀专家。当地政府和教育行政部门应该通过一定的协商机制引进北京、上海、江苏、浙江等基础教育发达地区的专家来引领和指导教师发展。发达地区专家主要是通过线上指导教师教学共同体活动和解决教师教学实践中遇到的问题。第二，整合县域内优秀专业资源。各县区都有自己的县区级教研队伍，有些县区的教研队伍归属在教育局下设的教研室，有些县区教研队伍归属于专门成立的教育科学研究所（院）。调查所涉及的几个民族地区县域内教研队伍归属在教育局下设的教研室，但都存在教研员数量不足，不能满足教师教学共同体运行对专业引领和实践指导的需要。因此，我们认为，在用好现有的教研员的基础上，还应该从各学校优秀教师中选择一部分具有研究意识和研究能力的教师做县级兼职教研员，由县教育局为他们颁发聘任证书。兼职教研员在聘任期内享受一定的待遇，也要承担一定专业指导和专业引领的任务。根据民族地区县域内教师队伍整体发展的实际，在选择兼职教研员时，最好能保证每一所学校有一位教师成为兼职教研员，这样能够方便日常活动的开展和指导。总之，要让教师教学共同体在专家高位引领下科学运行，确保每一位教师参加每一次共同体活动都有收获。

六 科学设计教学共同体的活动方案，切实提升教师教学能力

调查发现，教师不愿意参与教师教学共同体活动的原因除专家引领不够之外，最主要的原因是共同体活动的内容和形式与教师的实际需要差距太大。因此，县教研室要在深入了解教师教学实际和教师需要的基础上和兼职教研员一起协商设计共同体活动的方案。具体步骤包括以下五个方面：第一，教研员应通过问卷的形式向全县教师了解教师专业发展和教育教学存在的问题、困惑和需求。第二，通过有选择地听课的方

式了解教师课堂教学中存在的具体问题,然后将问题归类。第三,通过对不同年龄阶段教师代表深度访谈的方式,进一步了解教师参与教师教学共同体活动的期望和建议。第四,教研室汇总调研结果,在征求相关专家意见的基础上,形成初步的活动设计方案(包括活动时间、地点、内容和形式等)。然后将初步形成的方案通过邮件发给每一位教师,请教师提修改建议。第五,教研室汇总修改建议,进一步修改和完善初步方案,形成教师教学共同体开展的正式方案。之所以强调教师教学共同体设计方案形成的步骤,目的是让教师教学共同体设计方案既能直面教师教育教学存在的问题和困惑,又能观照教师专业发展的需求,还能实现引领教师专业发展的目标。

七 科学搭建教学共同体运行平台,保障线上活动顺利进行

如前所述,由于民族地区地理位置、学校布局等原因,需要充分运用教育信息化的优势推进教师教学共同体建设及运行。调查发现,民族地区缺乏教师教学共同体开展活动的技术平台,致使许多县域外专家资源无法助力县域内教师专业发展。因此,首先应为教师教学共同体运行搭建一个功能完备、运行流畅的网络平台,除了具备清晰、美观等基本特征外,还应该具有以下四个方面特征:第一,这个平台应该成为教师的学习平台。学习平台要求当地教育行政部门一定要根据教育教学发展的需要和教师的需求汇聚一些省内外优质的教育资源,包括电子图书、课标解读、专家讲座、教学视频、教学设计、试题库等供教师们学习借鉴。第二,这个平台应该成为教师的互助平台。互助平台是指教师可以将自己的教育教学困惑发布在平台的相关区域,有专门的教研员为教师分析问题和提供解决问题的建议,也有教师为其分享解决该问题的经验。第三,这个平台应该成为教师的展示平台。一是城区优质学校的优秀教师按照一定的规则和要求定期将自己的教学视频上传在平台上,供大家学习。二是农村学校青年教师也可以把自己的教学视频上传在平台上,提请共同体的教师和县域内外的专家进行指导。三是可以利用ZOOM等社会性软件或者直接运用"一直播"等直播软件,进行公开课的展示,在主持人(教研员或兼职教研员)的组织下,教师在约定的时间共同对当前教师教学进行观看、学习、研讨和评价。第四,这个平台应该成为教师的成长平台。共同体还可以利用技术手段，开展校内与校际不同层面的线上同课异构研讨活动，举行教师教学比武、教学开放日等系列教师专业发展活动。

另外，教师教学共同体平台还应设计个人空间。在个人空间部分，平台应具备信息管理、学习资源、交流互动、个性化服务、学习与绩效评价等功能。（1）信息管理。此模块可包含教师的基本信息，课表管理、学习时间等涉及个人学习和工作的相关信息。（2）学习资源。此模块主要包括教师根据自己需要下载收藏的优质教育资源、共同体根据学习要求为教师推送的资源和系统根据教师学习痕迹为教师推送的资源三部分内容。（3）交流互动。交流互动是指教师个人根据实际需要可自由选择向共同体内的某一位专家和教师请教问题或指导教师学习和教学，实现同行教师之间，教师与专家之间的无障碍交流。（4）个性化服务。此模块内容通过采集和分析教师浏览痕迹、上课的模式、发言讨论的风格等大数据，根据数据分析的结果为共同体教师进行相关学习资源及话题进行精准推送，也可以为教研员了解当前共同体教师学习的整体趋势及面临的困难与需求提供精准分析，从而对学习研讨过程进行监控和引导。（5）学习与绩效评价。此模块的内容可为教师提供自我评价和自我检测。它可以统计教师上传视频的质量与频次、参与活动的次数，也可以分析发言风格与质量，为教师改进自我学习提供服务。

八　加强教师信息素养培训，提升教师信息技术运用能力

信息技术运用能力不足是造成当前民族地区教师在线教学共同体开展质量不高的原因之一。教师的信息技术运用能力不仅包括教师能否在具体的情境中选择恰当的媒体技术进行学习和教学，还包括教师能否获取资源、加工资源以及能否熟练地使用技术手段与同行教师在网上进行交流与协作的能力。[①] 前期调查发现，民族地区义务教育学校教师信息技术运用能力普遍不足，农村学校教师比城区学校教师信息技术运用能力更弱。因此，在今后教师教学共同体活动内容的设计中，除了设计一些

---

① 谢海波：《网络环境下促进教师专业发展的模式和策略研究》，《中国电化教育》2011年第8期。

常见的信息技术运用策略和方法,重点要结合学科和具体内容引导教师将信息技术与课程教学、教学管理、激发学生学习兴趣等方面深度融合,如可以设计"对社会性的软件的认识和使用"这样一个学习专题,引导教师了解社会性软件交互协作性、共享性等特点,结合具体学科使用这种软件,让教师在使用软件的过程中体会信息技术助力教育教学的优越性,激发他们进一步学习信息技术的愿望。

九 建立表现性评价指标,引导教师深度参与共同体活动

根据教师教学共同体建设的目的和表现性评价的特点,我们认为应该采用表现性评价的方式对教师参与教师教学共同体的过程进行评价。表现性评价实际上就是对教师在参与教学共同体活动过程中的表现情况进行观察与评估。确定评价的指标,能够分解为构成表现成果的、可以观察的具体行为,再制定评价这些行为优劣的标准,是成功实施表现性评价的关键。通过对已有表现性评价指标研究的文献分析发现,表现性评价主要考察被评者的投入情况、态度、任务完成情况。教师参与教师教学共同体的表现性评价主要从两个方面进行。第一,对线下参与共同体活动教师的表现进行评价。一般来说,主要从参与次数、提出问题的次数、解决问题的次数、参与讨论的积极性、同伴的认同性、专业能力的提升情况等方面对教师线下参与共同体活动的表现进行评价。第二,对教师在线参与共同体活动的表现进行评价。对教师参与在线教学共同体活动的表现性评价首先要关注以下几个要素:一是在线时间。主要以时间量的形式来呈现教师参与教师教学共同体的投入情况。二是访问次数。主要以登录点击(如浏览量)的频次来呈现教师参与教师教学共同体的积极性。三是发布次数:主要以上传(如发帖)的频次来呈现教师参与教师教学共同体的活跃性。四是应用次数。主要以应用(如下载)的频次来呈现教师参与教师教学共同体的实践性。五是关注次数。主要以被点击(如被浏览)的频次来呈现教师参与教师教学共同体的成效。六是响应次数。主要以评论和回应(如回帖)的频次来呈现教师参与教师教学共同体的影响力。除此之外,还应该关注以下三个维度:一是关注参与性。考察的因素是在线时间。以时间量考察教师利用网络专业发展的投入。因时间是一个常量,教师一旦进入教师教学共同体平台,就

会有时间的投入，在线时间的长短基本上可以反映出教师利用平台参与共同体活动的情况。计算机自动进行总量统计、分段统计和累计统计。二是关注活跃度。考察的因素是访问次数（点击）、应用次数（下载）、发布次数（上传）。以频次考察教师参与教师教学共同体的表现。计算机自动进行总量统计和分段统计。三是关注影响力。考察的因素是关注次数（被点击）、响应次数（回帖），以反映考察教师利用教学共同体的专业发展的成效。计算机自动进行总量统计和分段统计。总之，之所以以参与表现性评价的方式来关注教师参与教学共同体的情况，主要是因为通过监督教师在共同体活动中的表现，督促其深入参与共同体活动，切实提升其专业能力，促进义务教育城乡学校一体化发展，让每一个孩子都能享有优质的教育。

参考文献

中文著作

安富海：《地方性知识于民族地区地方课程研究》，中国社会科学出版社2016年版。

哈经雄、滕星：《民族教育学通论》，教育科学出版社2001年版。

何怀宏：《公平的正义——解读罗尔斯〈正义论〉》，山东人民出版社2002年版。

黄荣怀、任友群主编：《信息化促进优质教育资源共享的理论与实践》，高等教育出版社2017年版。

劳凯声：《变革社会中的教育权与受教育权：教育法学基本问题研究》，教育科学出版社2003年版。

吕信伟、柯玲：《教育一体化水平监测与评价研究——以成都市为例》，人民出版社2013年版。

钱民辉：《多元文化与现代教育之关系研究——教育人类学的视野与田野工作》，民族出版社2008年版。

宋永忠、张乐天、顾建军：《城乡统筹背景下义务教育均衡发展研究》，南京师范大学出版社2016年版。

孙菊如、陈春荣主编：《课堂教学艺术》，北京大学出版社2018年版。

滕星主编：《族群、文化与教育》，民族出版社2002年版。

王定华主编：《全面推进义务教育均衡发展》，人民教育出版社2012年版。

王鉴、万明钢：《多元文化教育比较研究》，民族出版社2006年版。

王军、董艳主编：《民族文化传承与教育》，中央民族大学出版社2007

年版。

魏会廷：《教师学习共同体：促进教师专业发展的新途径》，武汉大学出版社 2014 年版。

徐同文：《城乡一体化体制对策研究》，人民出版社 2011 年版。

杨东平：《中国教育公平的理想与现实》，北京大学出版社 2006 年版。

张家军等：《有效教学策略论》，人民出版社 2018 年版。

张旺：《城乡义务教育一体化发展研究》，教育科学出版社 2017 年版。

中共中央文献研究室编：《十六大以来重要文献汇编（上册）》，中央文献出版社 2005 年版。

中华人民共和国教育部编：《中国教育统计年鉴（2016）》，中国统计出版社 2017 年版。

中译著作

［美］E. B. Tylor：《The Origins of Culture》，《Harper and Brothers Publishers》，1958 年版，第 1 页。

［法］埃哈尔·费埃德伯格：《权力与规则》，张月等译，上海人民出版社 2008 年版。

［美］彼得·圣吉：《第五项修炼——学习型组织艺术与实务》，郭进隆译，上海三联书店 1998 年版。

［美］戴维·波普诺：《社会学（第十一版）》，李强等译，中国人民大学出版社 2007 年版。

［古希腊］亚里士多德：《政治学》，吴寿彭译，商务印书馆 1965 年版。

［美］拉塞尔·哈丁：《群体冲突的逻辑》，刘春荣等译，上海人民出版社 2013 年版。

［美］理查德·斯科特、［美］杰拉尔德·F. 戴维斯：《组织理论：理性、自然与开放系统的视角》，高俊山译，中国人民大学出版社 2011 年版。

［美］罗伯特·J. 马扎诺：《教学的艺术与科学：有效教学的综合框架》，盛群力等译，福建教育出版社 2014 年版。

［德］马克斯·韦伯：《经济与社会》，林荣远译，商务印书馆 1998 年版。

［美］迈克尔·W. 阿普尔：《文化政治与教育》，阎光才等译，教育科学出版社 2005 年版。

[美]曼瑟尔·奥尔森：《集体行动的逻辑》，陈郁等译，上海人民出版社2011年版。

[法]米歇尔·克罗齐耶、[法]埃哈尔·费埃德伯格：《行动者与系统——集体行动的政治学》，张月等译，上海人民出版社2007年版。

[英]齐格蒙特·鲍曼：《共同体》，欧阳景根译，江苏人民出版社2007年版。

[美]Jane Bumpers Huffman、[美]Kristine Kiefer Hipp：《学习型学校的文化重构》，贺凤美等译，中国轻工业出版社2006年版。

[美]约翰·罗尔斯：《正义论》，何怀宏译，中国社会科学出版社1988年版。

[美]约翰·罗尔斯：《作为公平的正义——正义新论》，姚大志译，中国社会科学出版社2011年版。

中文期刊

安富海：《内涵发展：民族地区基础教育发展的路径》，《学术探索》2013年第11期。

安富海：《我国少数民族双语课程资源开发及政策研究》，《当代教育与文化》2014年第6期。

安富海：《我国义务教育学校教师交流研究：进展与反思》，《教育理论与实践》2015年第23期。

安富海：《学习空间支持的智力流动：破解民族地区教师交流困境的有效途径》，《电化教育研究》2017年第9期。

安富海：《信息技术支持的城乡教师教学共同体构建研究》，《电化教育研究》2019年第7期。

崔延虎：《跨文化交际教育：民族教育若干问题探讨——教育人类学的认识》，《新疆师范大学》（哲学社会科学版）2003年第2期。

陈丽：《远程教学中交互规律的研究现状述评》，《中国远程教育》2004年第1期。

陈兴淋：《组织边界的理论及其作用》，《学术界》2008年第2期。

冯博：《城乡教育一体化与和谐发展》，《重庆社会科学》2008年第2期。

陈大兴：《城乡基础教育一体化的文化逻辑与现实冲突》，《教育文化论坛》2010 年第 5 期。

范魁元、王晓玲：《城乡教育一体化背景下的教育管理体制改革研究》，《教育科学研究》2011 年第 6 期。

范玉凤、李欣：《活动理论视角下的虚拟学习共同体构建研究》，《中国电化教育》2013 年第 2 期。

曹青林等：《国外教育信息基础设施发展政策与建设运维模式探究》，《中国电化教育》2016 年第 4 期。

范先佐、战湛：《我国县域城乡义务教育发展存在的问题、原因及对策》，《贵州师范大学学报》（社会科学版）2016 年第 6 期。

郭彩琴、顾志平：《城乡教育一体化的困境与应对措施》，《人民教育》2010 年第 20 期。

高莉、李刚：《城乡教育一体化背景下的办学体制改革研究》，《教育科学研究》2011 年第 6 期。

郭清扬：《义务教育均衡发展与农村寄宿制学校建设》，《教育与经济》2014 年第 4 期。

高树仁、李潮海：《城乡一体化：教育发展新范式的内生与他构》，《中国教育学刊》2015 年第 9 期。

黄晓玲：《课程资源：界定 特点 状态 类型》，《中国教育学刊》2004 年第 4 期。

胡小勇、刘琳、胡铁生：《跨区域优质教育资源协同共建与有效应用的机制与途径》，《中国电化教育》2010 年第 3 期。

何万国、杨正强：《重庆市城乡初中教育一体化指标体系研究》，《现代中小学教育》2014 年第 1 期。

胡永斌、黄荣怀：《精品资源共享课的资源建设和开放共享现状调查——信息化促进优质教育资源共享研究（一）》，《电化教育研究》2015 年第 2 期。

黄荣怀等：《教育信息化促进基础教育变革的影响因素研究》，《中国电化教育》2016 年第 4 期。

黄荣怀：《互联网促进教育变革的基本格局》，《中国电化教育》2017 年第 1 期。

贺相春、郭绍青等：《网络学习空间的系统构成与功能演变》，《电化教育研究》2017年第5期。

郝文武：《师范院校应努力建设好一流教师教育》，《教师教育研究》2018年第4期。

黄健毅、黎芳露：《新时代民族地区乡村教师的特殊素养及培养路径》，《民族教育研究》2020年第1期。

纪德奎、张海楠：《城乡教育一体化进程中乡村学校文化的本土化选择》，《中国教育学刊》2013年第10期。

纪德奎：《城乡教育一体化进程中乡村学校文化的冲突与调适》，《教育发展研究》2013年第21期。

金太军、鹿斌：《制度建构：走出集体行动困境的反思》，《南京师大学报》（社会科学版）2016年第2期。

刘应杰：《中国城乡关系演变的历史分析》，《当代中国史研究》1996年第2期。

柳斌：《科教兴国战略要首先落实在义务教育（上）》，《人民教育》2001年第10期。

刘复兴：《我国教育政策的公平性与公平机制》，《教育研究》2002年第10期。

李克东：《在思与行中一路走来——李克东教授与一线教师谈教育信息化》，《中国信息技术教育》2006年第3期。

罗晓兰、肖希明：《我国信息资源共建共享的政策保障机制》，《情报科学》2009年第3期。

李慧凤、蔡旭昶：《"共同体"概念的演变、应用与公民社会》，《学术月刊》2010年第6期。

李潮海、于月萍：《城乡教育一体化若干基本问题的思考》，《现代教育管理》2010年第4期。

刘晓林、徐明：《高校数字教育资源共享激励机制与版权保护》，《现代教育技术》2011年第2期。

李玲、宋乃庆等：《城乡教育一体化：理论、指标与测算》，《教育研究》2012年第2期。

李克强：《在改革开放进程中深入实施扩大内需战略》，《求是》2012年第2期。

龙宝新:《村小"消逝"现象的文化学思考》,《中国教育学刊》2012年第6期。

刘秀峰、廖其发:《城乡教育一体化的成都模式及启示》,《教育与教学研究》2012年第7期。

柳世平:《城镇化进程中区域推进城乡义务教育一体化对策分析——以郑州市二七区为例》,《内蒙古师范大学学报》(教育科学版)2015年第6期。

刘清堂等:《云环境下区域教育资源共享的分层框架设计研究》,《中国电化教育》2016年第12期。

罗军兵:《实践取向视野下民族地区中小学教师特殊素养提升研究——基于云南省G县的教育考察》,《民族教育研究》2017年第6期。

刘丽丹、刘俊强:《城乡义务教育一体化的制度瓶颈与破解路径研究》,《教育评论》2017年第7期。

李玲、黄宸、薛二勇:《新阶段城乡义务教育一体化发展评估研究》,《教育研究》2017年第3期。

陆云泉、刘平青:《北京市海淀区教育集团化办学的实践与思考》,《教育研究》2018年第5期。

马元丽、费龙:《英国数字学习资源质量准则解析》,《现代远距离教育》2010年第3期。

彭红光、林君芬:《以信息化促进义务教育均衡发展的机制和策略》,《中国电化教育》2010年第10期。

钱冬明、管珏琪、祝智庭:《数字教育资源共建共享的系统分析框架研究》,《电化教育研究》2013年第7期。

秦建平、张惠、李晓康:《现代化进程中的城乡教育一体化评价研究》,《教育发展研究》2015年第1期。

秦玉友、宋维玉:《农村学校布局调整的"经济"与"不经济"》,《南京社会科学》2018年第1期。

曲铁华:《中国农村义务教育投入体制变迁及改革路径》,《社会科学战线》2017年第2期。

曲铁华:《城乡义务教育一体化:理论基础与必然性》,《河北师范大学学报》(教育科学版)2017年第3期。

任剑涛：《地方性知识及其全球性扩展——文化对话中的强势弱势关系与平等问题》，《厦门大学学报》（哲学社会科学版）2003年第2期。

任友群等：《我国教育信息化推进精准扶贫的行动方向与逻辑》，《现代远程教育研究》2017年第4期。

任友群等：《教育信息化：推进贫困县域教育精准扶贫的一种有效途径》，《中国远程教育》2017年第5期。

任友群等：《"十三五"贫困县域教育信息化的推进模式研究》，《中国电化教育》2017年第1期。

任友群等：《优质均衡视角下县域基础教育信息化发展策略》，《中国电化教育》2019年第8期。

孙立会：《信息化促进优质教育资源共享的挑战及对策》，《中国教育信息化》2014年第7期。

孙绵涛：《教育体制理论的新诠释》，《教育研究》2004年第12期。

孙绵涛、康翠萍：《教育机制理论的新诠释》，《教育研究》2006年第12期。

孙绵涛：《我国城乡教育一体化体制改革与机制创新研究》，《教育理论与实践》2011年第8期。

石中英：《教育公平的主要内涵与社会意义》，《中国教育学刊》2008年第3期。

陶西平：《关于集团化办学的思考》，《中小学管理》2014年第5期。

田俊、王继新、王萱：《"互联网+在地化"：乡村学校教学质量提升的实践研究》，《中国电化教育》2019年第10期。

王克勤：《论城乡教育一体化》，《普教研究》1995年第1期。

吴刚平：《课程资源的理论构想》，《教育研究》2001年第9期。

王鉴：《我国民族教育课程改革及其政策研究》，《西北师范大学学报》（社会科学版）2002年第6期。

邬志辉、马青：《中国农村教育现代化的价值取向与道路选择》，《中国地质大学学报》（社会科学版）2008年第11期。

王海英：《农村学校布局调整的方向选择——兼谈农村学校"撤存"之争》，《东北师大学报》（哲学社会科学版）2010年第5期。

魏峰：《城乡教育一体化：基于文化视角的分析》，《复旦教育论坛》2010

年第 5 期。

王鹏炜、司晓宏：《城乡教育一体化进程中的教师资源配置研究——以陕西省为例》，《陕西师范大学学报》（哲学社会科学版）2011 年第 1 期。

汪明：《关于农村中小学合理布局的几点思考》，《教育研究》2012 年第 7 期。

邬志辉：《城乡教育一体化：问题形态与制度突破》，《教育研究》2012 年第 8 期。

邬志辉：《当前我国城乡义务教育一体化发展的核心问题探讨》，《教育发展研究》2012 年第 17 期。

朱雪峰：《西北欠发达地区县域内城乡教师流动机制的构建——以甘肃省 Y 县为例》，《西北师大学报》（社会科学版）2013 年第 1 期。

王标、宋乃庆：《教师开发利用少数民族文化课程资源的现状调查与思考》，《民族教育研究》2013 年第 2 期。

王锋：《合作治理中的组织边界》，《公共管理与政策评论》2015 年第 3 期。

王正惠：《城乡义务教育一体化发展研究综述》，《上海教育科研》2015 年第 9 期。

王星：《教育信息化促进教育均衡转型发展路径研究》，《中国教育信息化》2015 年第 9 期。

吴孝：《试论城乡义务教育一体化师资配置政策路径》，《教育评论》2016 年第 1 期。

王继新、施枫、吴秀圆：《"互联网＋"教学点：新城镇化进程中的义务教育均衡发展实践》，《中国电化教育》2016 年第 1 期。

王汉江：《论城乡义务教育课程价值取向的"同"与"异"》，《教育导刊》2016 年第 12 期。

王星霞：《义务教育发展政策变迁：制度分析与政策创新》，《河南大学学报》（社会科学版）2017 年第 2 期。

魏国、张振改、严绍龙：《贫困县执行城乡义务教育一体化政策的壁垒与突破》，《教学与管理》2017 年第 7 期。

熊才平、吴瑞华：《以信息技术促进教师资源配置城乡一体化》，《教育研究》2007 年第 3 期。

谢海波：《高校网络教育资源评价的探讨》，《远程教育杂志》2011 年第 4 期。

谢海波：《网络环境下促进教师专业发展的模式和策略研究》，《中国电化教育》2011 年第 8 期。

薛二勇：《强化省级统筹推进城乡教育一体化发展的政策创新》，《教育研究》2014 年第 6 期。

袁维新：《教师学习共同体的自组织特征与形成机制》，《教育科学》2010 年第 5 期。

余胜泉、朱凌云：《〈教育资源建设技术规范〉体系结构与应用模式》，《中国电化教育》2003 年第 3 期。

杨晓宏：《全面解读教育信息化》，《电化教育研究》2005 年第 1 期。

尹睿：《区域基础教育信息资源共建共享机制的研究》，《情报科学》2007 年第 9 期。

余应鸿、董德龙、胡霞：《城乡教师流动及其一体化发展机制研究》，《教育理论与实践》2013 年第 31 期。

杨宗凯等：《论信息技术与当代教育的深度融合》，《教育研究》2014 年第 3 期。

杨卫安、邬志辉：《移植与创新——城乡教育一体化与城乡经济一体化的差别研究》，《教育理论与实践》2014 年第 10 期。

杨宗凯：《"三通两平台"促进教育教学创新——以苏州教育信息化发展实践为例》，《中国教育信息化》2014 年第 12 期。

闫德明：《城乡义务教育经费投入一体化水平实证研究——以 X 省为例》，《教育发展研究》2015 年第 3 期。

杨卫安：《城乡教育一体化：问题指向、内涵阐释与方法论选择》，《湖南师范大学教育科学学报》2015 年第 5 期。

余必健、谭净：《城乡教育一体化背景下县域中小学流动教师管理机制探究》，《教育与教学研究》2015 年第 11 期。

祝智庭：《教育信息化：教育技术的新高地》，《中国电化教育》2001 年第 2 期。

赵鼎新：《集体行动、搭便车理论与形式社会学方法》，《社会学研究》2006 年第 1 期。

祝智庭：《协同学习：面向知识时代的学习技术系统框架》，《中国电化教育》2006 年第 4 期。

褚宏启：《教育公平的原则及其政策含义》，《教育研究》2008 年第 1 期。

褚宏启：《城乡教育一体化：体系重构与制度创新——中国教育二元结构及其破解》，《教育研究》2009 年第 11 期。

褚宏启：《教育制度改革与城乡教育一体化——打破城乡教育二元结构的制度瓶颈》，《教育研究》2010 年第 11 期。

张乐天：《城乡教育一体化：目标分解与路径选择》，《复旦教育论坛》2011 年第 6 期。

赵恕敏、纪德奎：《城乡教育一体化进程中乡村学校文化的定位与转型》，《社会科学战线》2013 年第 3 期。

张爽、孟繁华、陈丹：《城乡学校一体化发展模式探究》，《中国教育学刊》2013 年第 8 期。

周晔：《城乡义务教育一体化的时代意蕴、形态与政府财政职责厘定》，《当代教育与文化》2014 年第 5 期。

周晔：《城乡义务教育一体化治理及其路径探析》，《当代教育科学》2015 年第 4 期。

祝智庭：《智慧教育新发展：从翻转课堂到智慧课堂及智慧学习空间》，《开放教育研究》2016 年第 1 期。

张旺、李慧：《城乡义务教育一体化进程中的教育问责制建构》，《教育理论与实践》2016 年第 13 期。

周凤霞、黎琼锋：《试论城乡教师专业发展共同体及其构建》，《教育理论与实践》2016 年第 23 期。

汪基德：《教育信息化促进基础教育均衡发展》，《教育研究》2017 年第 3 期。

张力：《城乡一体化发展是义务教育均衡发展的更高要求》，《中国教育学刊》2017 年第 12 期。

张建、程凤春：《名校集团化办学中的校际合作困境：内在机理与消解路径——基于组织边界视角的考量》，《教育研究》2018 年第 6 期。

附　　录

附件一

民族地区城乡义务教育一体化发展现状调查问卷

尊敬的老师：您好！

　　我们在做一项民族地区城乡义务教育一体化发展现状调查，本次调查只为促进民族地区城乡义务教育一体化发展收集一些真实和客观的资料，不会给您的工作带来任何不利影响，请您认真选出符合您实际情况的答案。谢谢您的合作与支持！

民族地区城乡义务教育一体化发展现状调查组
2018 年 10 月

第一部分

　　请在最符合选项前的□上画"√"，谢谢您的合作！

1. 您的性别：　　□男　　□女
2. 您的婚姻状况：□未婚　□已婚
3. 您的年龄：□25 岁及以下　□26—30 岁　□31—35 岁　□36—40 岁　□41—45 岁　□46—50 岁　□51—55 岁　□56 岁以上
4. 您的学历：□中专、高中及以下　□大学专科　□大学本科　□研究生及以上
5. 您所学的专业是否为师范类：□是　□否
6. 您参加工作的年限：□3 年以下　□4—7 年　□8—11 年　□12 年及以上

7. 您所在学校的规模：□100人以下　□100—300人　□400—600人　□600人以上

8. 您所在学校的类型：□村小　□乡（镇）中心校　□教学点　□城乡接合部学校　□县城学校

9. 您目前的职称是：□小学高级　□小学一级　□小学二级　□小学三级　□中学高级　□中学一级　□中学二级　□中学三级　□未评职称

10. 所教学科：□语文　□数学　□外语　□音乐　□美术　□体育　□其他

11. 您目前同时教授班级的个数：□1个　□2个　□3个　□4个　□5个

12. 您是否为班主任：□是　□否

13. 您目前的教师身份是：□在编教师　□代课教师　□特岗教师　□交流轮岗教师　□支教教师

第二部分

请将您认为最适合的答案写在题后的括号里，谢谢您的合作！

14. 您认为工作压力主要来自：（可多选，依据压力程度，从大到小的次序是）（　　　）

　　A. 教学任务重　B. 社会的期望高　C. 升学率压力

　　D. 体制改革聘任制的压力　E. 课程改革　F. 家庭生活压力

　　G. 其他

15. 如果有机会从事收入高于教师职业的其他工作，您愿意吗？（　　　）

　　A. 愿意　B. 视具体情况而定　C. 不愿意

16. 您对目前的工作最不满意的是：（仅选一项）（　　　）

　　A. 工资待遇　B. 工作量　C. 工作环境　D. 其他（如　　　）

17. 您认为教学中最重要的是：（可多选）（　　　）

　　A. 教给学生学习方法　B. 教学生学会做人　C. 引导学生产生浓厚的学习兴趣和积极的学习态度　D. 完成教材规定的教学内容　E. 系统传授本学科知识和技能　F. 其他（如　　　）

18. 您觉得"在教学中要照顾到每一个学生"可能吗？（　　　）

　　A. 完全可能　B. 只要努力还是有可能的　C. 不可能

D. 根本不可能

19. 在您所教的学生中经常回答问题的大约有：（　　　）

A. 所有学生　B. 绝大多数　C. 一半左右

D. 三分之一　E. 少数几个

20. 在指导学生学习方面，您认为最主要的是指导他（她）（　　　）

A. 学习的方法和策略　B. 解决不懂的问题　C. 其他（如　　　）

21. 您平时参加的教研活动的形式主要有：（可多选）（　　　）

A. 和教师们一起交流备课　B. 说课、听课、评课

C. 开展问题讨论、案例分析　D. 专题讲座　E. 校际交流

F. 其他（如　　　）

22. 您处理学生心理问题的途径主要有：（可多选）（　　　）

A. 谈心　B. 家访　C. 求助心理咨询教师　D. 无暇顾及

23. 在处理学生心理问题时，您感到最欠缺的是：（仅选一项）（　　　）

A. 相关知识和技术　B. 相应的条件和环境

C. 没有精力　D. 其他（如　　　）

24. 您在工作中感到最棘手事情是：（仅选一项）（　　　）

A. 学生厌学　B. 学生难以管理　C. 专业知识缺乏

D. 教学资源不足

25. 您认为制约自己专业发展的主要因素是：（　　　）

A. 没有充足的时间　B. 缺乏良好的环境　C. 缺乏专业指导

D. 其他（如　　　）

26. 您认为影响民族教育发展最主要的因素是：（仅选一项）（　　　）

A. 教育观念落后　B. 教师的整体素质有待提高

C. 教育经费短缺　D. 教育行政管理水平不高

27. 为提高自己业务能力，您经常采用的学习方式是：（可多选）（　　　）

A. 自学　B. 与同行交流　C. 专业培训　D. 网络学习

E. 报告讲座　F. 学术会议

28. 您接收过电教中心对您教学的帮助吗？（　　　）

A. 从来没有　B. 不知道电教中心是干什么的

C. 偶尔接收　D. 经常会有

29. 您参加过何种层次的教育教学的培训？（　　　）

A. 乡（镇）　B. 县级　C. 地区　D. 省级　E. 国家级　F. 没有

30. 您认为哪一种培训对您的教学最有用？（　　）

A. 乡（镇）　B. 县级　C. 地区　D. 省级　E. 国家级

31. 您平均每年参加各种形式的培训次数有：（　　）

A. 没有　B. 1 次　C. 2—3 次　D. 3 次以上

32. 近一年您参加培训的时间是：（　　）

A. 没参加　B. 不足 7 天　C. 7—10 天　D. 10 天以上

33. 您认为培训对您的教学与科研的帮助大吗？（　　）

A. 帮助很大　B. 一般　C. 没什么效果

34. 您希望在继续教育学习中学习哪方面知识？（　　）

A. 课改新理念　B. 学科专业知识　C. 学科教学法知识

D. 一般教学策略　E. 课堂管理策略　F. 教育教学的研究方法

G. 信息技术知识和能力　H. 人文修养、艺术鉴赏方面的知识

I. 儿童心理发展方面的知识　J. 其他

35. 在继续教育学习中您喜欢哪种形式的学习方式？（　　）

A. 专家讲座　B. 收看录像或 VCD　C. 集中培训　D. 教学观摩

E. 小组讨论　F. 自我反思　G. 案例分析

H. 与课题结合的教育教学研究　I. 其他

36. 您认为当前教师培训存在的最大问题是：（　　）

A. 与教学工作结合不紧密　B. 单向灌输，忽视学员的感受

C. 培训计划一刀切　D. 只重视数量，不顾质量

E. 其他，请补充：（　　　　）

37. 您最想提高自己哪些方面的专业能力？（　　）

A. 教学能力　B. 班主任工作能力　C. 教育科研能力

D. 现代教育手段运用能力　E. 其他请说明（　　　）

38. 您觉得您现有的教育教学能力主要得益于：（　　），请按程度由高到低选择五项排序。

A. 师范院校的理论学习　B. 教学中的自我摸索和不断反思

C. 参与教育教学研究　D. 继续教育培训　E. 同事间的交流

F. 校内外其他教师公开课经验交流　G. 其他（　　　）

39. 您认为教师希望从农村学校调进城区学校的主要原因是：（　　）

A. 农村教师经济待遇比城里差　B. 城里的文化娱乐生活丰富

C. 农村教育的社会环境比较差　D. 农村教师的学习机会比城里少

E. 其他（　　）

40. 您认为农村教师在专业发展上与城区教师相比：（　　）

A. 互有优势　B. 不如城市教师机会多　C. 条件上无法相比

D. 发展的关键在个人　E. 教学的硬件条件太差　F. 其他（　　）

41. 您认为影响民族地区教师专业发展的最主要因素在于：（　　）

A. 教师专业发展的意识不足　B. 同伴无力互助　C. 缺乏专家引领

D. 领导重视不足　E. 家长、社会的支持与配合不够　F. 其他（　　）

42. 您每次备课的时间为？（　　）

A. 3小时以上　B. 2小时以上　C. 1小时以上　D. 0—1小时

43. 您每天为学生辅导答疑的时间为？（　　）

A. 2小时以上　B. 1小时以上　C. 0—1小时　D. 不辅导

44. 您在课外与学生主动交流的时间大约为？（　　）

A. 2小时以上　B. 1小时以上　C. 0—1小时以上

D. 不主动与学生交流

45. 您在课堂教学中教学方法的使用情况为：（　　）

A. 主要是讲授　B. 讲授加偶尔提问　C. 经常使用小组讨论

D. 多种教学方法相结合

46. 您经常与同事讨论教学问题吗？（　　）

A. 经常讨论　B. 偶尔遇到问题会讨论　C. 基本不讨论

47. 您更新教学内容的情况是：（　　）

A. 经常更新　B. 偶尔更新　C 基本不更新

48. 您是否在意学生对您的评价？（　　）

A. 完全不在意　B. 不在意，学生的评价不会对您产生实质性的影响

C. 不确定　D. 非常在意，会影响您的教学热情

49. 您希望学校增加以下哪种类型图书（　　）［多选题］

A. 学科专业知识书籍　B. 教育教学法书籍

C. 提高技术能力的书籍　D. 教育研究方法的书籍

E. 学生心理发展的书籍　F. 其他（请说明）_____

50. 您在课堂中使用的教学资源来源于：（　　）［多选题］

A. 校本资源　B. 自己制作的资源　C. 网上直接下载的资源

D. 网上获取再加工资源

51. 在信息技术环境下，您在教学过程中明显感觉到：(　　)[多选题]

A. 对多媒体教学不适应　B. 多媒体技术懂得少

C. 多媒体与课程教学结合有困难　D. 师生互动不充分

E. 不会利用资源　F. 其他_____

52. 您提高使用多媒体设备和数字化资源能力的途径有：(　　)[多选题]

A. 自学　B. 校本研修　C. 校外培训　D. 其他（请说明）_____

53. 您每天访问网络学习平台的时间为：(　　)

A. 1小时以下　B. 1—2小时　C. 2—3小时

D. 3小时以上　E. 几乎没有

54. 您认为影响自己课堂教学质量提升的主要因素有：（可多选）(　　)

A. 自己的专业素质不高　B. 缺乏教学动力　C. 生源质量差

D. 家长对学生学习不够重视　E. 学校事务性工作多

F. 学校领导不重视　G. 社会环境差　H. 其他

55. 您进行板书设计的依据是：(黑板及PPT)（多选）(　　)

A. 教学目标　B. 学习者的程度　C. 教学内容　D. 教学重难点

E. 其他（　　）

56. 您的课堂提问，主要是：(　　)

A. 选择举手的学生回答　B. 自己点名叫学生回答

C. 全班同学一起回答　D. 按一定形式请同学依次回答

57. 学生回答完问题，您一般会：(　　)

A. 对学生进行针对性的表扬　B. 简单的表扬、概括

C. 没有评论，进行下一步

58. 学生回答的问题不正确或不确切的情况下，您会：(　　)

A. 不给评论，直接换下一位　B. 对该学生继续追问，并提供线索

C. 认真倾听，总结概括　D. 指出错误，并批评

59. 学生在进行讨论时，您一般会：(　　)

A. 观察全班讨论动态　B. 参与某一小组讨论

C. 干自己的事，准备后续教学活动

60. 对于课堂中的违纪行为，您是：（多选题）（　　）

A. 鼓励良好行为以激励、控制违纪行为　B. 给违纪学生信号暗示

C. 对违纪学生有意忽视　D. 劝其暂离课堂　E. 直接批评

61. 您最希望提高哪方面的教学能力？（　　）

A. 课堂讲解的能力　B. 多媒体课件制作的能力

C. 问答学生的能力　D. 指导学生的能力

E. 激发学生学习兴趣的能力　F. 课堂管理能力

62. 您认为城乡义务教育差异主要体现在哪些方面？（多选题）（　　）

A. 师资水平　B. 校长综合素质　C. 学校文化　D. 生源质量

E. 学校硬件　F. 教育经费　G. 教育信息与技术　H. 课程建设

I. 其他_____

63. 您所在学校教师是否缺编严重？（　　）

A. 非常严重　B. 比较严重　C. 基本够用　D. 不缺编

64. 目前您所在的学校师资是否充足？（　　）

A. 严重不足　B. 稍有不足　C. 充足　D. 人员富余

65. 您所在的学校师资不足的主要原因是：（　　）

A. 无空编，难以招聘新教师　B. 个别小科目课程师资难配齐

C. 招聘途径不畅　D. 教师待遇不够好　E. 缺乏起引领、示范作用的教学与科研团队　F. 其他

66. 您所在学校教师所面临的主要工作问题是：（　　）

A. 教学工作负担过重　B. 知识体系与教学方法落后

C. 课程资源开发能力不足　D. 科研能力薄弱

E. 缺乏起引领、示范作用的教学与科研团队　F. 其他

67. 教师教育信息化素养与教学需要匹配度：（　　）

A. 匹配度很高　B. 匹配度较高　C. 匹配度基本够用

D. 匹配度很差，急需培训

68. 您认为学校科研方面存在哪些不足？（　　）

A. 高级别科研课题少　B. 教师科研意识与研究能力弱

C. 缺乏高水平科研团队　D. 科研管理制度不健全　E. 其他

69. 您认为校长教师跨校轮岗交流的最大障碍是下列哪一项？（　　）

　　A. 工作面临新挑战　　B. 照顾不到家庭　　C. 住宿交通成本高

70. 您所了解的跨校轮岗交流的教师类型主要是下列哪一类？（　　）

　　A. 高级职称骨干教师　　B. 中级职称骨干教师　　C. 刚入职青年教师

71. 您认为教师流失走向是：（　　）

　　A. 流向城区优质民办学校　　B. 读硕或读博

　　C. 考取公务员或其他收入较高事业单位　　D. 流向市外优质学校

　　E. 流向高收入的国企或外企　　F. 其他

72. 学校哪种类型的教师流失最严重？（　　）

　　A. 优秀骨干教师　　B. 初入职年轻教师　　C. 远离家乡工作的教师

　　D. 两地分居教师

73. 您所在区市对薄弱学校和乡村学校的扶持办法是：（　　）

　　A. 经费倾斜　　B. 安排优秀教师支教　　C. 提供教师培训

　　D. 优质教育资源共享　　E. 专家教师诊断　　F. 不了解　　G. 其他

74. 您所在的县域内优质教育资源共享情况是（　　）

　　A. 没听说过优质教育资源共享这件事

　　B. 个别学校建立了优质教育资源，但没有实现县域内共享

　　C. 县域内有教育资源共享平台，但资源质量不高

　　D. 网络环境不畅通，无法实现优质教育资源共享

　　E. 教师信息素养不足，无法更好地共享优质教育资源

75. 请您按照重要程度由重到轻，对当前城乡义务教育一体化发展尚需着力解决的突出问题进行排序。

　　□统一并落实城乡教师编制足额配置

　　□统一城乡生均公用经费、教育仪器设备购置费

　　□缩小城乡教师培训费用与培训机会的差距

　　□完善落实寄宿制学校、乡村小规模学校办学标准，加快其标准化建设进程

　　□缩小城乡学校大班额问题差距

　　□增强城区学校到农村学校、优质学校向薄弱学校跨校跨岗交流的实效和实际贡献度

　　□职称评聘向农村学校、薄弱学校倾斜，需要强化落实

76. 您在教育教学中遇到的最大困惑是什么？需要得到哪些帮助？

77. 您认为当前城乡教育一体化发展面临的最大困难是什么？请给出您的建议？

78. 您认为民族地区城乡义务教育一体化发展的形式应该是怎样的？请谈谈您的看法？

问卷至此结束，再次感谢您的支持！

附件二

访谈提纲

教育行政部门管理人员访谈提纲

1. 本县促进城乡义务教育一体化发展的主要措施是什么？遇到的主要问题是什么？

2. 您认为本县城乡教师队伍建设存在哪些问题（学历、职称、理科教师、双语师资等）？下一步主要的解决思路是什么？

3. 近年来，本县在促进农村教师专业发展方面都采取了哪些措施？取得了哪些成绩？还存在哪些问题？今后的改进思路和措施是什么？

4. 您认为本县城乡教师参与培训的机会、效果有差异吗？为什么？

5. 本县在优质教育资源的建设和共享方面都做了哪些工作？取得哪些成绩？还存在什么问题？

6. 本县教育有没有考虑引进县域外的优质教育资源，如果有，具体的思路是什么？如果没有，主要顾虑是什么？

7. 本县教研队伍整体建设情况如何？他们对于教师专业发展的指导和引领作用是如何发挥的？

8. 请您结合实际，就促进民族地区城乡义务教育一体化谈谈您的看法和建议。

教研员访谈提纲

1. 您之前是在哪里工作？为什么会来到这里工作？您的日常工作主要包括哪些方面？

2. 您职前毕业于哪所学校？学什么专业？现在从事哪个学科的研究？

3. 您主要采用什么方法指导教师专业发展，效果怎么样？

4. 您平时通过什么方式进行自我发展？

5. 您认为本县教师专业发展存在的主要问题是什么？请举例说明。

6. 您认为本县城乡教师专业发展方面存在哪些差异？如何才能有效消解这些差异？

7. 对当前教师专业发展，您有什么好的建议？

8. 本县城乡教师素质存在差异吗？主要表现在哪些方面？为什么会

存在这些差异？

9. 本县采用的促进城乡义务教育一体化发展的具体措施有哪些？实施的效果如何？

10. 请您谈谈关于促进本县城乡义务教育一体化的看法和建议。

校长访谈提纲

1. 您职前毕业于哪所学校？学什么专业？现在从事哪个学科的教学？
2. 您认为贵校教师整体素质怎么样？原因是什么？
3. 您认为贵校教师队伍建设和教师专业发展主要存在哪些问题？为什么？
4. 您认为县级教研员对贵校教师专业发展的指导和引领效果怎么样？为什么？
5. 您认为本县的教研队伍的数量和质量能否满足教师专业发展的需要？为什么？
6. 本县在校长教师交流方面，具体是如何运行的？效果怎么样？
7. 贵校在促进教师专业发展方面都采取了哪些措施？效果如何？
8. 贵校在课程资源建设方面都采用了哪些措施？效果如何？
9. 您认为贵校在哪些方面还需要得到教育行政部门和政府的支持？
10. 本县采用的促进城乡义务教育一体化发展的具体措施有哪些？实施的效果如何？
11. 请您谈谈关于促进本县城乡义务教育一体化的一些看法和建议。

教师访谈提纲

1. 您前所学的什么专业？现在从事什么学科的教学？
2. 您参加过哪些机构组织的教师培训？效果怎么样？存在哪些问题？
3. 您认为县级教研员对您的专业发展有没有帮助？主要表现在哪些方面？
4. 您所在的学校为促进教师专业发展，主要采取了哪些措施？效果怎么样？
5. 您个人有没有制订一些专业发展计划，具体是怎么做的？
6. 您平时教学中遇到困惑时，主要通过什么途径去解决？
7. 您带几门课程，多少班级，课时量多少，您认为您教学任务量大吗？

8. 您认为您目前用于教学的时间是否充足？有哪些影响因素？

9. 您准备一节新课需要多长时间？影响您备课的主要因素有哪些？

10. 您上课、课后和学生如何进行互动交流？（频率、方式等）

11. 您主要采用的教学方法和手段有哪些？

12. 您认为您所在的学校和本县其他同类学校的学生存在差异吗？差异主要表现在哪些方面？

13. 您认为影响民族地区教师课堂教学行为的因素有哪些？请谈谈您的改进建议？

14. 本县采用的促进城乡义务教育一体化发展的具体措施有哪些？实施的效果如何？

15. 请您谈谈关于促进本县城乡义务教育一体化的一些看法和建议。

学生访谈提纲

1. 你喜欢你的学校吗？最喜欢学校里的什么？

2. 你最喜欢学哪一门课程，为什么？

3. 你对老师的教学方法满意吗？为什么？请举例说说。

4. 你经常与老师交流吗？为什么？

5. 你的老师能够按时批改你的作业吗？

6. 你的老师愿意听取同学的意见并改善他的教学吗？

7. 你的老师经常指导你的学习吗？是如何指导的？对你有帮助吗？

8. 你回答完问题，老师一般会怎么做？你希望老师怎么做？

9. 你最喜欢哪位老师的板书？为什么？（为你的学习提供线索）

10. 课堂上，如果你的认识和老师的讲解不一样时，老师一般会怎么做？

11. 同学在课堂上捣乱时，老师一般是怎么处理的？

12. 你心目中的好老师是什么样的？能给我说说吗？

13. 你知道你们学校和其他同类学校（按照当地的学校名称给出具体的学校名称）有哪些不同吗？为什么？

14. 你们学校最近有没有调走老师，他去了哪里？为什么会调走？

15. 你们学校最近有没有调来其他学校的老师？他们教得好不好？

附件三

学校基本情况调查表

学校名称：_____

学校教学设施建设情况	图书资料建设情况	图书资料（册）	
	教室建设情况	传统教室（个）	
		多功能教室（个）	
		录播教室（个）	
	信息化教学设备建设情况	联网计算机（台）	
		未联网计算机（台）	
		DVD播放机（台）	
		扫描仪（台）	
		卫星接收设备（套）	
		打印机（台）	
		教学用电视（台）	
		复印机（台）	
		录音机（台）	
		屏幕投影设备（套）	
		交互式电子白板（个）	
		触控一体机	
	网络建设情况	是否接入宽带网络	
		是否能正常浏览相关网页	
		是否能正常下载资源	
教师师资情况	教师结构情况	教职工总数（人）	
		专任教师总数（人）	
		近三年平均每年教师交流数（次）	
		能够熟练利用数字化资源进行教学的教师（人）	
	骨干教师情况	国家级骨干（人）	
		省级骨干（人）	
		市（县）级骨干（人）	

续表

学校建设情况	校园面积及体育设施建设情况	校园占地面积	
		校园建设面积	
		体育设施达标情况	

附件四

课堂观察量表

时间		地点		课名	
观察者		姓名		学科	

学生学习的维度

视角	观察点	记录
准备	①学生课前准备了什么？是怎样准备的？	
	②准备得怎么样？有多少学生做了准备？	
	③学优生、学困生的准备习惯怎么样？	
倾听	①有多少学生能倾听老师的讲课？对哪些问题感兴趣？	
	②有多少学生能倾听同学的发言？对哪些问题感兴趣？	
	③倾听时，学生有哪些辅助行为（笔记、查阅、回应）？有多少人？	
互动	①有哪些互动行为？学生的互动能为目标达成提供帮助吗？	
	②参与提问、回答的人数、时间、对象、过程、质量分析？	
	③参与小组讨论的人数、时间、对象、过程、质量分析？	
	④参与课堂活动（个人、小组）的人数、时间、对象、过程、质量如何？	
	⑤学生的互动习惯怎么样？出现了怎样的情感行为？	

续表

视角	观察点	记录
自主	①学生可以自主学习的时间有多少？有多少人参与？学困生参与情况怎样？	
	②学生自主学习形式（探究、记笔记、阅读、思考）有哪些？各有多少人？	
	③学生的自主学习有序吗？学生有无自主探究活动？学优生、学困生情况怎样？	
	④学生自主学习的质量如何？	
达成	①学生清楚这节课的学习目标？	
	②预设的目标达成有什么证据吗（观点、作业、表情、检测、成果展示）？有多少人达成？	
	③这堂课生成了什么目标？效果如何？	

教师教学的维度

视角	观察点	
环节	①本节课由哪些环节构成？是否围绕教学目标展开？	
	②这些环节是否面向全体学生？	
	③不同环节/行为/内容的时间是怎么分配的？	
呈示	①怎样讲解？讲解是否有效（清晰、结构、契合主题、简洁、语速、音量、节奏）？	
	②板书怎样呈现的？是否为学生提供了帮助？	
	③媒体怎样呈现的？是否适当？是否有效？	
	④教师在课堂中的行为和动作（如走动、指导）是怎样呈现的？是否规范？是否有利教学？	
对话	①提问的学生分布、次数、知识的认知难度、候答时间怎样？是否有效？	
	②教师的回答方式和内容如何？是否有效？	
	③对话围绕哪些话题？话题与学习目标的关系如何？	

续表

视角	观察点	
指导	①怎样指导学生自主学习（阅读、作业）？是否有效？	
	②怎样指导学生合作学习（讨论、活动、作业）？是否有效？	
	③怎样指导学生探究学习（教师命制探究题目、指导学生围绕学习内容自命题目并自主探究）？是否有效？	
管理	①教学设计与预设的有哪些调整？为什么？效果怎样？	
	②如何处理来自学生或情景的突发事件？效果怎么样？	
	③呈现了哪些非言语行为（表情、移动、体态语）？效果怎样？	
	④有哪些具有特色的课堂行为（语言、教态、学识、技能、思想）？	

附件五

民族地区城乡义务教育数字化课程资源共建共享调查问卷——教师卷

尊敬的老师,您好!

我们在做一项民族地区城乡义务教育数字化课程资源共建共享现状调查,本次调查只为促进民族地区城乡义务教育一体化发展收集一些真实和客观的资料,不会给您的工作带来任何不利影响,请您认真选出符合您实际情况的答案。谢谢您的合作与支持!

民族地区城乡义务教育数字化课程资源共建共享调查组
2018 年 10 月

一 基本情况

1. 您的性别是(　　)

A. 男　　B. 女

2. 您的民族(　　)

A. 汉族　B. 回族　C. 维吾尔族　D. 哈萨克族　E. 藏族　F. 其他

3. 您的年龄是(　　)

A. 25 岁以下　B. 25—30 岁　C. 35—45 岁　D. 45 岁以上

4. 您的教龄是(　　)

A. 5 年以下　B. 5—10 年　C. 11—20 年　D. 20 年以上

5. 您的职称是(　　)

A. 中教三级　B. 中教二级　C. 中教一级　D. 中教高级　E. 小教二级　F. 小教一级　G. 小教高级　H. 未评定

6. 您所教学科是(　　)

A. 语文　B. 数学　C. 英语　D. 物化生　E. 政史地　F. 音体美　G. 信息技术、通用技术、科学

7. 您的现有学历是(　　)

A. 中专及以下　B. 大专　C. 本科　D. 硕士及以上

8. 您所带年级为（   ）

　A. 1—3 年级　B. 4—6 年级　C. 7—9 年级

9. 您所在的学校是（   ）

　A. 城市小学　B. 城市初中　C. 农村小学　D. 农村初中　E. 教学点

二　数字化课程资源建设和共享现状

10. 您所在学校硬件设施（   ）［多选题］

　A. 基本达标，满足教学要求　B. 有塑胶跑道　C. 有理化生实验室

　D. 有音乐美术专用教室　E. 有多媒体教室　F. 学校有网络

　G. 有计算机机房　H. 有图书馆或阅览室

11. 您认为学校设施设备闲置的原因是（   ）［多选题］

　A. 教师不会使用设施设备　B. 教学设施设备维修不及时

　C. 教学设施设备陈旧　D. 教学设施设备操作难

　E. 学校重视程度不够　F. 教师使用积极性不高

　G. 其他（请说明）_____

12. 您通常在哪种教室开展教学（   ）［多选题］

　A. 传统教室（黑板、粉笔）　B. 配有投影机、投影幕的教室

　C. 配有交互式电子白板的多媒体教室

　D. 配有触控一体机的多媒体教室

13. 您目前在课堂中使用信息化教学设备过程中遇到的问题有（   ）［多选题］

　A. 学校硬件设施不稳定，更新维护不及时　B. 学校网络状况较差

　C. 自身信息技术能力薄弱　D. 缺少技术支持人员

　E. 其他（请说明）_____

14. 您提高使用多媒体设备和数字化资源能力的途径有（   ）［多选题］

　A. 自学　B. 培训　C. 校本研修

　D. 其他（请说明）_____

15. 您在课堂中使用的教学的课程资源来源于（   ）［多选题］

　A. 校本资源　B. 自己制作的资源　C. 网上直接下载的资源

　D. 网上获取再加工资源

16. 您比较了解国家的以下哪些教育平台（   ）［多选题］

A. 全国中小学教师网络研修网　B. 全国中小学教师继续教育网

C. 中国教师研修网　D. 一师一优课，一课一名师

E. 教学点数字教育资源全覆盖项目　F. 学科网

G. 都不是很了解　H. 其他（请说明）_____

17. 您经常使用网络学习平台交流的原因有（　　）［多选题］

A. 交流方便快捷　B. 教学资源丰富　C. 教育信息更新及时

D. 学习氛围好　E. 有志同道合的同人　F. 学校布置的任务

18. 您每天访问网络学习平台的时间（　　）［单选题］

A. 1 小时以下　B. 1—2 小时　C. 2—3 小时　D. 3 小时以上

E. 几乎没有

19. 您在教育网站与平台中最经常做的是（　　）［多选题］

A. 搜集和下载教学资源用于教学　B. 上传教育资源

C. 观摩优质课程　D. 论坛发帖与跟帖

E. 其他（请说明）_____

20. 您最需要以下哪类数字化课程资源（　　）［多选题］

A. 多媒体素材资源　B. 教学课件、试题、试题库、案例等学科资源

C. 图书馆文献资料　D. 网络课程资源　E. 学习工具等软件资源

F. 教学管理信息资源　G. 校内优秀实训、实操、实验录像视频

21. 您认为获取数字化课程资源的主要困难有（　　）［多选题］

A. 在获取、下载、转换格式或者应用软件等信息技能方面有难度

B. 缺乏足够的支持数字化教学的软件

C. 硬件设备陈旧老化

D. 获取资源花费时间太长，增加教师备课负担

E. 缺乏足够的本专业优质共享资源

F. 学校缺乏相应的鼓励和推动措施

G. 校园网速度慢　H. 其他（请说明）_____

22. 您认为城乡课程资源不能共享的主要原因有（　　）［多选题］

A. 没有有效引进优质课程资源

B. 资源分类不合理，难在众多的资源中及时找到自己最需要的

C. 资源的学科知识点覆盖少，针对性差，有些学科没有形成完整的网上资源

D. 没有建成适合地方教学需要的特色资源库

E. 学校不重视、资金不支持

F. 学校之间缺乏交流

G. 其他（请说明）_____

23. 您认为能保障城乡课程资源共建共享的途径有（　　）[多选题]

A. 建立健全课程资源质量监控机制

B. 教育行政部门建立资源共享标准，提高资源利用率

C. 建立资源供需信息的服务平台，保证信息畅通

D. 建立数字化课程资源的在线交易模式，实现资源流通

E. 引入先进的制作工具，降低资源开发成本和技术门槛

F. 学校制定科学的考核机制，激励教师共建共享优质课程资源

G. 建立优质课程资源评估标准，整合现有课程资源，建设优质资源

H. 其他（请说明）_____

24. 您所在学校有哪些新型教学设备（　　）[多选题]

A. 综合实验室　B. 特色实验室　C. 学科功能教室

D. 教育创客空间　E. 师生自制教具

25. 您所在学校对数字化课程资源经费情况是（　　）[多选题]

A. 非常充裕，完全能够保证学校教学的正常运行

B. 充裕，能够保证学校教学的正常运行

C. 基本充裕，能够保证教学的正常运行

D. 有点紧张，勉强能够维持学校的正常运行

E. 非常紧张，很难能够维持教学的正常运行

26. 您认为城乡义务教育差异主要体现在哪些方面（　　）[多选题]

A. 师资水平　B. 校长综合素质　C. 学校文化　D. 生源质量

E. 学校硬件　F. 教育经费　G. 教育信息与技术　H. 课程资源

I. 其他_____

27. 解决城乡义务教育资源不均衡的问题，可以从哪些方面着手（　　）[多选题]

A. 改善办学条件　B. 提升现有师资水平

C. 寻找自身优势，形成造血机制　D. 招生政策向远郊地区倾斜

E. 引进优质教师和课程资源

请根据您的实际情况选择最符合的项：1—>5 表示完全不同意—>完全同意

	完全不同意	不同意	不确定	同意	完全同意
28. 我所在学校网络全覆盖并能流畅浏览和下载各种软件和资源					
29. 我所在学校目前拥有的数字化课程资源能满足教学需要					
30. 我认为现有课程资源种类丰富、数量众多，能够覆盖所教学科的范围					
31. 我认为现有课程资源能适应大部分教学情境，便于教师结合具体知识点进行加工与再造					
32. 我认为数字（网络）课程资源对您教学起到较好的帮助作用，达到了预期的效果					
33. 我会经常将数字化课程资源应用于课堂					
34. 我愿意将自己的优质课程资源共享给其他教师					
35. 我认为数字化教育资源的共建共享有助于缩小区域、城乡之间资源的不均衡现象					
36. 我认为采用"区域结对、学校结群、教师合群"的方式，有助于缩小区域、城乡之间资源的不均衡现象					

37. 您认为实现城乡优质课程资源的共享最大的障碍是什么？请谈谈您的理由？

38. 您认为当地实现城乡优质课程资源的有效途径和方式是什么？请谈谈您的建议？

问卷至此结束，再次感谢您的支持！

民族地区城乡义务教育数字化课程资源共建共享调查问卷——学生卷

亲爱的同学：

我们在做一项民族地区城乡义务教育数字化课程资源共建共享现状调查，本次调查只为促进民族地区城乡义务教育一体化发展收集一些真实和客观的资料，不会给您的学习带来任何不利影响，请您认真选出符合您实际情况的答案。谢谢您的合作与支持！

民族地区城乡义务教育数字化课程资源共建共享调查组
2018年10月

1. 你的年级是（　　）

A. 四年级　B. 五年级　C. 六年级　D. 初一　E. 初二　F. 初三

2. 你的民族是（　　）

A. 汉族　B. 维吾尔族　C. 哈萨克族　D. 回族　E. 藏族　F. 其他

3. 你所在的学校是（　　）

A. 农村小学　B. 县城小学　C. 农村初中　D. 县城初中

4. 你的老师平时上课会经常引用以下哪种课程资源？其他视频、动画、音乐等课程资源（　　）

A. 文字　　B. 图片　C. 动画　D. 音视频

	完全不同意	不同意	不确定	同意	完全同意
5. 我的老师经常使用多媒体上课					
6. 我喜欢老师使用多媒体或者电子白板上课					
7. 我喜欢老师上课使用丰富的数字化课程资源					

续表

	完全不同意	不同意	不确定	同意	完全同意
8. 学校网络良好，能够顺利浏览网页或者下载资料					
9. 我在网络学习平台上下载过学习资料					
10. 我认为使用数字化课程资源能够促进我的学习					
11. 我认为使用数字化课程资源我的注意力能够更集中					
12. 我认为在学习中使用数字化课程资源能帮助我获得更多知识					
13. 我认为老师使用数字化课程资源上课能使我更清晰地了解上课内容					
14. 我认为我们老师用数字化课程资源与我们的学习实际不相符					
15. 我们老师用的课件都是直接从网上下载来的					
16. 我们大多数老师在用多媒体上课时，经常会出现操作不熟练的问题					
17. 年龄大一点的老师不喜欢用多媒体上课					
18. 我们校长非常重视数字化课程资源的运用					
19. 我希望我们学校能有更多的好的数字化课程资源					

问卷至此结束，再次感谢您的支持！

访谈提纲

教育行政部门人员提纲

1. 本县（本市）城乡课程资源最大的差距体现在哪些方面？

2. 本县（本市）教师主要是通过哪些国家的或者地方网络平台获取网络学习或者课程资源？这些平台对教师教学能力和教学质量的提升作用如何？

3. 您认为这几年本县（本市）城乡数字化课程资源共享取得了哪些成绩？主要采取什么措施或者途径？

4. 您认为本县（本市）城乡数字化课程共享建设方面存在哪些问题（网络、硬件、信息化能力、资源本身、体制机制等）？下一步主要的解决途径或思路是什么？

5. 请您谈谈您对城乡数字化课程资源共享的建议和您所期待的城乡数字化课程资源共享的方式。

校长或教导主任访谈提纲

1. 贵校在硬件资源建设方面（体育设施、操场、实验室、多媒体设备等）还有什么需求？

2. 您认为城乡数字化课程资源的差距主要体现在哪些方面？目前城乡课程资源共享最大的问题在哪些方面？（网络、硬件、信息化能力、资源本身、体制机制等）如何改进？

3. 贵校教师主要是通过哪些国家的或者地方的网络平台获取网络学习或者数字化课程资源？这些课程资源对教师教学能力和教学质量的提升作用如何？

4. 您认为组织什么样的活动可以促进城乡间的教师智力资源共享？您愿意共享您所在的学校优秀教师的智力资源吗？

5. 您认为要实现县域内优质课程资源的共享，政府或教育行政部门还应该提供哪些政策支持？

6. 请谈谈您对城乡优质课程资源共享的建议和您所期待的城乡优质课程资源共享的方式。

教师访谈提纲

1. 您经常用多媒体教学设备、电子白板或者触控一体机等设备教学吗？您觉得这些设备在教学方有没有帮助？具体体现在哪些方面？

2. 您平时是通过什么渠道获取优质课程资源的？具体在什么平台上或者网站上？您认为什么样的网络资源能有效促进您的教学？您最需要什么样的课程资源？

3. 您所在的学校能否流畅浏览网络资源，能否顺利下载优质课程资源？如果不能，是因为什么问题呢？

4. 您有没有兴趣加入到一个平台中，定期上传或者下载视频与其他民族地区教师或者发达地区教师共享和交流？您所在学校的教师有没有制作课堂教学视频或者其他课程资源的能力？

5. 据您了解，县教育局或者教研室关于本县城乡课程资源共建共享都做了哪些工作？谈谈您对这些做法的意见和建议。

6. 教育行政部门或者学校对教师运用优质课程资源进行教学有没有激励措施？

7. 关于促进城乡优质课程资源的共享，请您谈谈个人的建议。

学生访谈提纲

1. 你喜欢老师在课堂上使用各种媒体资源讲课吗？
2. 你更喜欢资源以哪种形式呈现？
3. 你觉得使用多媒体形式进行教学对你学习有哪些帮助？
4. 你们的老师都能熟练地运用多媒体进行教学吗？
5. 关于多媒体教学，如果请你给老师一些建议，你会说什么？

附件六

民族地区义务教育城乡教师教学共同体建设调查问卷

尊敬的老师：您好！

  我们在做一项民族地区义务教育城乡教师教学共同体建设现状调查，本次调查只为促进民族地区城乡义务教育一体化发展收集一些真实和客观的资料，不会给您的工作带来任何不利影响，请您认真选出符合您实际情况的答案。谢谢您的合作与支持！

民族地区义务教育城乡教师教学共同体建设现状调查组
2018 年 10 月

一　教师基本信息

1. 您的性别是（　　）

A. 男　B. 女

2. 您的民族是（　　）

A. 汉族　B. 回族　C. 维吾尔族　D. 哈萨克族　E. 其他

3. 您的年龄是（　　）

A. 25 岁及以下　B. 36—35 岁　C. 35—45 岁　D. 46 岁及以上

4. 您的职称是（　　）

A. 中教三级　B. 中教二级　C. 中教一级　D. 中教高级

E. 小教二级　F. 小教一级　G. 小教高级　H. 未评定

5. 您所带年级为（　　）

A. 1—3 年级　B. 4—6 年级　C. 7—9 年级

6. 您所教学科是（　　）

A. 语文　B. 数学　C. 英语　D. 物化生

E. 政史地　F. 音体美

G. 信息技术、通用技术、科学

7. 您的第一学历是（　　）

A. 中专及以下　B. 大专　C. 本科　D. 硕士及以上

8. 您所在的学校是（   ）

A. 城市学校   B. 农村学校

二　教师教学共同体开展现状

9. 目前学校师资是否充足（   ）［单选］

A. 严重不足   B. 稍有不足

C. 充足   D. 教职人员富余

10. 您认为师资不足的主要原因是（   ）［多选］

A. 无空编，难以招聘新教师   B. 个别小科目课程师资难配齐

C. 招聘途径不畅   D. 待遇不够好，留不住教师

E. 其他_____

11. 您所在学校跨校轮岗交流的教师类型主要是下列哪一类？（   ）［多选］

A. 骨干教师   B. 普通教师

C. 新任教师   D. 空闲教师

12. 您参加哪种城乡教师互助方式的次数最多（   ）［单选］

A. 实地型   B. 网络型   C. 混合型

13. 您是否有时间参与城乡教师互助活动（   ）［单选］

A. 通常有时间   B 有时有时间   C. 几乎没时间

14. 相关部门是否经常组织城乡教师互助活动（   ）［单选］

A. 经常组织   B 有时组织   C 几乎不组织

15. 近一年参加过城乡教师协作学习、协作教研、协作教学等城乡教师互动学习的次数（   ）［单选］

A. 没有参加过   B. 1—3次   C. 4—6次   D. 7次及以上

16. 您参与城乡教师互助活动的主要原因是（   ）［单选］

A. 迫于学校硬性工作要求   B. 提升自身专业素养

C. 学校奖励、福利机制的诱导   D. 学习文化氛围浓厚、成果共享

E. 其他_____

17. 您不愿意参加城乡教师互助活动，主要原因是（   ）［多选］

A. 没有时间和精力   B. 收获不大

C. 形式简单，内容枯燥   D. 经费支持不够

E. 其他_____

18. 城乡教师教学共同体的开展的主要场所（　　）[单选]

A. 现实场地　B 虚拟场地

19. 您参加过的城乡教师互助活动采用哪种组织方式？（　　）[单选]

A. 分享合作式（基于共同体学习平台）

B. 工作坊、校园师徒结对、学科教研小组（基于名师工作室）

C. 对话式（基于社交通信软件）

20. 您参加过以下哪种形式的城乡教师协作学习活动？（　　）[多选]

A. 观摩名师课堂教学　B. 专题讲座与研讨　C. 同行教学展示

D. 网络学习空间个性化学习　E. 协同备课　F. 案例评析

G. 课题（项目）研究　H. 同步课堂　I. 其他＿＿＿＿

21 您认为当前共同体内容的设计存在哪些问题？（　　）[多选]

A. 过于强调专业知识的宏观理论建构

B. 过于强调专业教学微观问题点

C. 缺乏对专业教学的有效针对性

D. 缺乏与专家学者沟通的机会

E. 受众面小

F. 其他＿＿＿＿

22. 在参加城乡教师交流学习活动中，对您哪些方面的提升最大？（　　）[多选]

A. 学科专业知识　B. 课堂教学问题　C. 课题研究　D. 班级管理

E. 信息技术、教育技术　F. 学生身心发展

G. 其他＿＿＿＿

23. 您经常使用哪些平台进行城乡教师合作学习？（　　）[多选]

A. 全国中小学教师继续教育网　B. 博客或 BBS　C. 教育 APP

D. 国家或地方公共资源服务平台　E. 同步教师等视频系统

F. QQ、微信等通信软件　G. 其他＿＿＿＿

24. 您每天访问共同体平台学习的时长（　　）[单选]

A. 1 小时以下　B. 1—2 小时　C. 2—3 小时　D. 3 小时以上

25. 您经常使用网络平台交流的原因有（　　）[多选]

A. 交流方便快捷　B. 教学资源丰富　C. 教育信息更新及时

D. 学习氛围好　E. 有志同道合的同人　F. 学校布置的任务

G. 其他_____

26. 您在平台参与过的城乡教师教学共同体有哪些环节？（　　）[多选]

A. 教学研讨　B. 说课听课评课　C. 共同备课　D. 专题讲座

E. 案例分析　F. 教学反思　G. 跟踪指导　H. 答疑解惑

I. 其他_____

27. 有无相关政策来奖励参与共同体活动的老师？（　　）[单选]

A 有　B. 没有　C 不清楚

28. 参加城乡教师共同体的教师在评奖评优方面是否有优势情况（　　）[单选]

A. 有　B. 没有　C. 不清楚

29. 信息技术支持的城乡教师教学共同体评价方式（　　）[单选]

A. 自评　B. 互评　C. 计量评价　D. 专家点评

E. 多种评价方式结合　F. 其他_____

30. 您认为当前信息技术支持的城乡教师教学共同体的效果（　　）[单选]

A. 有利于教师专业发展　B. 形式主义，增加教师烦恼

C. 可有可无，意义不大　D. 不清楚

31. 民族地区的城乡教师教学共同体活动有专门的资金支持（　　）[单选]

A. 同意　B. 不同意　C. 不确定　D. 同意　E. 完全同意

32. 您期望共同体工具具有哪些功能？（　　）[多选]

A. 资源分享与存储　B. 交流互动　C. 方便管理

D. 支持多平台　E. 视频、资料回放功能　F. 具有绩效分析功能

G. 其他_____

33. 您希望通过城乡教师教学共同活动得到哪方面的提高？（　　）[多选]

A. 课改新概念　B. 学科专业知识　C. 学科教学法

D. 一般教学策略　E. 课堂管理策略　F. 教育教学研究法

G. 信息技术、教育技术　H. 人文修养、艺术鉴赏

I. 儿童心理学　J. 其他_____

34. 您认为影响城乡教师共同体发展的原因是（　　）[多选]

A. 领导不够重视　B. 城乡教师缺乏协同发展的愿景

C. 时间不够、工学矛盾突出　D. 部分教师保守不愿共享

E. 缺少经费支　F. 缺乏激励机制　G. 其他_____

35. 您认为当前建设教师教学共同体面临的最大困难是什么？请给出您的建议。

问卷至此结束，再次感谢您的支持！

访谈提纲

管理者访谈提纲

1. 县域内设置了哪些组织机构对城乡教师活动进行管理？城乡教师协同学习、协同教研、协同教学等活动的组织者通常是哪些部门？他们的主要工作是什么？遇到了哪些困难？

2. 为保障民族地区城乡教师共同体活动的有序、高效开展，您所在地区采取了哪些措施？

3. 您所在的地区对城乡教师进行协同学习、协同教研、协同教学活动采取何种评价机制？

4. 为鼓励城乡教师积极参与城乡教师共同体活动，采取了哪些激励机制？

5. 您认为当前的民族地区城乡教师教学共同体活动的效果如何？

6. 您在管理城乡教师教学共同体的过程中遇到了哪些问题？有哪些改进建议？

7. 关于教育信息化促进城乡教师教学共同体建设，请您谈谈自己的意见和建议。

教师访谈提纲

1. 共同体组织与参与方式

您是否参与过城乡教师协作学习、协作教研、协同教学等共同体活动？分别是由哪些部门发起和组织的？

2. 共同体活动情况

（1）您参与的共同体主题是如何选择的，都开展过哪些主题？

（2）在城乡教师的协作学习、协作教研、协同教学的活动开展之前，您会进行哪些准备工作？会使用哪些信息技术手段来完成准备工作？

（3）您参加过哪些形式的城乡教师教学共同体活动，例如观摩名师课堂教学、工作坊、同步课堂等？描述一下印象深刻的共同体活动过程。

（4）您多久参加一次城乡教学共同体活动？共同体活动包括哪些环节？

（5）当前教育行政部门城乡教师共同体活动采用什么评价机制和奖励机制？效果如何？

3. 共同体工具与平台

（1）在城乡教师的互助活动中，您是否使用过网络学习平台？请列举您常用的平台？您希望这些平台添加什么功能？您期待的城乡教师教学共同体平台是什么样子的？

（2）当前城乡教师使用何种信息化工具进行对话？您是否愿意主动参与城乡教师协作学习？

（3）城乡教师教学共同体活动对您的专业发展有帮助吗？是否写过心得或培训日志等？

4. 共同体需求与困难

（1）您理想的城乡教师教学共同体是哪些形式？

（2）您希望信息技术在哪些方面帮助城乡教师教学共同体的有效运行？

（3）在城乡教师教学共同体的建设和运行方面，您希望教育行政部门和学校提供哪些支持？

后 记

从我国义务教育发展的整体现状来看，不均衡是当前义务教育发展面临的主要问题，表现在三个层面：一是地区之间。中西部地区义务教育与东部地区义务教育发展不均衡，这种不均衡主要是经济发展水平决定的。二是城乡之间。主要是指地区内部市民和农民在享受的教育资源、教育质量和教育机会等方面不均衡。这种不均衡既有经济发展水平的影响，也有政策引导的不足。三是阶层之间。由于我国义务教育阶段存在公办和民办两种类型，所以在城市中，尤其是在东部发达城市中，许多优质教育资源集中在民办学校，经济资本成为享受优质教育的基本条件，低收入阶层很难享受优质的教育资源。从理论上来讲，教育信息化可以突破时空局限，聚合优质资源、扩大优质资源的辐射范围，实现优质资源共享，促进优质教育均衡发展。但实践发展状况远比我们想象的要复杂得多。新冠肺炎疫情发生以来，教育信息化在促进教育发展中的作用得到了应有的彰显。同时也暴露出许多问题，中西部地区、民族地区、农村地区的教师信息技术运用能力，家庭的信息化学习环境等都还不能有效支持和完全满足学生日常学习的需要。如果不正视并及时研究解决这些问题，新一轮的义务教育发展不均衡问题就会出现。教育权利平等与教育机会均等是社会公平价值在教育领域的延伸和体现，也是现代教育的基本价值追求。教育信息化促进民族地区城乡义务教育一体化发展一定要指向让每一个孩子都能享受公平而有质量的教育。

课题研究得到了云南师范大学王鉴教授、广西师范大学孙杰远教授、西北师范大学郭绍青教授、杭州师范大学肖正德教授的指导和帮助；程瑛、李倩、刘晓梅、陈妍四位研究生全程参与了课题调研和数据整理工作；甘肃甘南藏族自治州的图布丹校长、仁子校长，青海省教育科学研究所的王娜主任，宁夏回族自治区吴忠市教研室白忠明主任、马长革主任，新疆昌吉地区阜康市的阿里·吐尔迪校长、阿依肯主任等为课题深入学校和课堂开展调查研究提供了许多帮助。在此向他们致以诚挚的谢意。最后，还要感谢中国社会科学出版社的责任编辑张林老师，她为本书的出版付出了很多艰辛的劳动。

美国"公立学校之父"的贺拉斯·曼认为："教育是实现人类平等的伟大工具，它的作用比任何其他人类的发明都伟大得多。"掩卷深思，促进城乡义务教育一体化发展，任重道远，我们要做的还很多。

安富海

2020年11月6日